Master of
Business Negotiation

快速成为
商务谈判高手

· 张文学　张海婷◎编著 ·

经济管理出版社
ECONOMY & MANAGEMENT PUBLISHING HOUSE

图书在版编目（CIP）数据

快速成为商务谈判高手/张文学，张海婷编著 . —北京：经济管理出版社，2020.4
ISBN 978 - 7 - 5096 - 7080 - 4

Ⅰ.①快…　Ⅱ.①张…　②张…　Ⅲ.①商务谈判　Ⅳ.①F715.4

中国版本图书馆 CIP 数据核字（2020）第 058916 号

组稿编辑：胡　茜
责任编辑：胡　茜　姜玉满
责任印制：黄章平
责任校对：张晓燕

出版发行：经济管理出版社
　　　　　（北京市海淀区北蜂窝 8 号中雅大厦 A 座 11 层　100038）
网　　址：www. E - mp. com. cn
电　　话：(010) 51915602
印　　刷：北京晨旭印刷厂
经　　销：新华书店
开　　本：720mm×1000mm/16
印　　张：15
字　　数：261 千字
版　　次：2020 年 8 月第 1 版　　2020 年 8 月第 1 次印刷
书　　号：ISBN 978 - 7 - 5096 - 7080 - 4
定　　价：59.00 元

前　言

　　进入 21 世纪，在经济全球化的大力推动下，中国的市场经济迅猛发展，各类国际、国内商务活动空前高涨，贯穿于各项经济活动中的商务谈判越来越频繁，其作用也越来越明显、越来越重要，它已成为保证经济活动顺利进行的基本手段和重要的"润滑剂"。因此，在竞争日趋激烈的经济活动中，商务谈判成功与否直接关系到一个企业的生存乃至整个国家经济的发展。商务谈判能力业已成为经济活动参与者的一项最基本的能力。

　　商务谈判既是一门科学，也是一门艺术，它蕴含着丰富的技巧、策略和智慧。只有熟练掌握了商务谈判的理论、技巧和策略，才能在激烈的商战中获得胜利，为企业带来效益。目前，具有高水平商务谈判能力的复合型人才受到国内外企业的普遍欢迎，在人才需求榜上名列前茅。

　　笔者在高校从事国际贸易理论、实务及商务谈判的教学和研究工作，同时在数家国际贸易公司中长期担任贸易谈判顾问，对商务谈判的理论和实践有一定的理解和认识。应广大学子的要求和企业界朋友的建议，同时，也是为了使更多的从业者快速了解和掌握商务谈判的理论、技巧及策略，我们写作了此书。

　　此书分为上、下两篇，上篇为理论篇，下篇为计谋篇。文字通俗易懂，案例丰富实用，寓教于乐。让您一旦拥有，定会爱不释手！

　　"一书在手，可成谈判高手；一劳永逸，何必东奔西走。"

　　此书在写作过程中借鉴了众多专家、学者和企业从业者的研究成果和建议，在此表示衷心的感谢！同时，由于笔者水平所限，本书还有很多不足乃至疏漏和不当之处，敬请读者批评指正。

目　录

上篇　商务谈判之理论篇

下篇 商务谈判之计谋篇

商务谈判之理论篇

你具备成为商务谈判高手的潜能

很多人一说到谈判，就觉得很高大上，谈判被认为是高层次的活动，与普通人无关。甚至不少人认为能从事谈判工作的人一定是口若悬河、字字珠玑的人。其实不然，任何一个普通人，只要经过适当的学习和合适的训练，在克服了自己知识层面和心理上的一些障碍后，都能创造出惊人的成绩，甚至会成为你那个行业的谈判高手。

一、你生下来就有无穷的谈判潜能

其实，我们的日常生活中处处都存在谈判，是一种无处不在的社会现象。每个独立的个体是构成整个社会的细胞，人们要相互交往、协商处理问题、改善关系等，都离不开谈判。正如谈判大师赫伯·寇恩所说："人生就是一张大谈判桌，不管喜不喜欢，你已经置身其中了。"

回忆一下你有记忆以来所经历的事情，就能发现其实你一直生活在谈判中：

小时候好想吃棒棒糖被妈妈拒绝后和妈妈交涉；

不想做作业想看动画片和妈妈力争；

想摆脱繁多的特长培训班和爸爸理论；

极力想说服同学接受你的意见或观点；

到市场上购物和商家讲价，据理力争；

长大后谈恋爱想尽一切办法、采取一切手段说服对方成为你的恋人；

大学毕业后到企业应聘希望能被公司录用；

为了薪水或职级的事情要与老板沟通；

身为老板要与属下员工就公司发展和业绩进行交流等。

诸如此类都是谈判。

因此，人生在世，你无法逃避谈判；从事商业经营活动，除了谈判你别无选择。正如哈佛大学教授约克·肯所说："生存，就是与社会、自然进行的一场长期谈判，获取你自己的利益，得到你应有的最大利益，这就看你怎么把它说出来，看你怎样说服对方了。"

所以，只要生命不止，你的谈判就一直在路上……

二、感觉谈不好，并不是你的谈判水平不高

有时候，很多人感觉到自己缺少谈判天赋，对一些问题不知如何应对，总也达不到自己满意的程度，甚至会产生一些挫败感。其实这是对自己要求的过于严苛了。一次成功的谈判涉及好多因素，如果当事人只站在自己的利益和角度去思考，以达到自己的最优为目标，那岂不知对方也是和你一样的考虑啊。如果双方都是这样的话，岂有谈判成功的道理呢。所以说好多谈判不顺利不是你水平不行，而是双方都站在了自己的角度上。当然，这本身其实并没有什么对错。

我的学生经常找到我抱怨大学毕业找工作时，一些公司的面试官提出一些令自己很不爽又无所适从的问题。其中不少长相姣好的女生都遇到过类似的提问，诸如："如果你到我们公司，公司可能有一些需要你陪客户应酬的业务，例如陪客户共进晚餐、喝喝酒、唱唱歌等娱乐活动，对此你怎么看？"大多数女生听到这个问题后第一反应很反感，不太愿意回应这样的问题，大多会直接予以拒绝，更有个别女生反应激烈，当场和公司面试官拍桌子："你什么意思？你在侮辱我的人格吗？你这是让我去犯法吗？这样的公司我不去也罢！"然后拂袖而去。面试成功的概率当然也可能就降低了。

其实，面对这样的问题，我经常告诫我的学生不要急躁，你要想一想，其实公司这样的应酬或者说商务活动很多啊，在某段时间可能是公司的一个常态化工作而已。公司领导自然很关心你对这个问题的态度或看法，同时也想考察一下你的应变能力。另外，面试官的问题中使用了"如果""可能"等假设的文字，即使用肯定的语气，它也仅仅只是个问题啊。所以，大可不必急躁，更不必往坏处想。

那遇到以上这样的问题到底怎么应对呢？我告诉我的学生应对的方法有很多种，没有一个标准的答案，但有一点你要记住，我们必须站在对方的角度，也就是公司的角度考虑问题，这是回答这个问题的核心和原则。当然如果你要想应对

得完美，请考虑以下三点：

第一，站在公司角度；

第二，站在法律角度；

第三，站在面试官角度（因为面试官掌控着是否录用你的权利，自然不可忽视）。

下面，我们把这三点总结在一句话里，看看是不是有更好的效果："如果是为了公司的利益，我当然愿意服从公司的安排陪客户应酬，我想贵公司是一个合法的企业，公司领导绝对会守法经营，时刻保护员工的合法权益，不会让我的人身权益受到任何的伤害，而且我从面试官您身上也看得出贵公司领导具有很高的素质修养，我愿意成为贵公司的一员。"这样回答是不是很严密，而且显得很高大上！

是的，这样的回应确实很棒！其原因就是你思维的角度正确了。

三、成为商务谈判高手必须具备的素质能力

商务谈判是实力与智慧的较量，也是谋略与技巧的角逐，它既是一门科学也是一门艺术，因为商场如战场，一个优秀的谈判人员首先得具备一些基本的素质和能力。

和朋友聊天的时候，每每聊到商务谈判这个话题时，我总会讲到一个谈判高手应该首先具备的素质和能力。对此，朋友很不以为然。他们常常认为这些都是"教科书式的"说教，他们常常对此提出质疑和反驳。他们甚至举例说他们认识的不少朋友并没有受过多少教育，也没有经历过多少大风大浪，年龄也不是很大，但他们脑子反应很快，谈判水平非常高，而且谈判计谋老道，哪有像您说的左一个素质右一个能力的。对他们的观点，我以微笑回应，"英雄出少年"也是很正常的嘛！这些人往往具有先天的禀赋，使其具有超出常人的谈判能力，但是要成为一个优秀的、成熟的谈判高手，仍然离不开谈判素质和能力的培养啊。

争论到最后，朋友大多会抛出几乎同样的一个问题："您就直接告诉我吧，我怎样做才能马上提高谈判能力，快速成为一个谈判高手？"

对这种"短、平、快"成才的要求，我也是既高兴又无语。高兴的是这种要求是每一个想提高谈判水平和谈判能力的朋友的共同心声，感到无语是因为不

是一两句话就能把这个话题表达得非常清楚的。因此，需要大家继续有耐心地读下去。

要想成为一个谈判高手，自身的素质能力就显得非常重要！

这些素质能力既受先天禀赋的影响，又可以后天学习获得。

而后天的刻苦学习、实践则是获得个体谈判素质和能力的主要途径！

我们知道，一个人的素质是个体体能和教养水平的综合体现，是其从事一切活动的基本条件。实践证明，一个人的反应能力、思维方式、行为方式、语言表达能力、洞察力和对问题的分析能力等很大程度上取决于个人的素质。而一个人的能力又是人的心理素质和技能的综合反映，它包括体能、知识、技能、性格、修养等。

谈判者个体能力的差异，直接影响商务谈判的效率和结果。

（一）商务谈判者的基本素质

1. 较高的职业道德素质

较高的职业道德素质是商务谈判者必须具备的首要条件。商务谈判中，谈判者要做到以下几点：

第一，正确地处理国家、企业、个人三者之间的利益关系，把谋求组织利益和国家利益放在首位，决不允许在商务谈判中损公肥私、假公济私。

第二，必须遵纪守法、廉洁奉公，要忠于自己的组织，对于所从事的谈判工作尽心、尽力、尽职、尽责，要有奉献精神。

第三，要有正确的价值取向，强烈的事业心、进取心和责任感，要既能坚持原则，又有必要的灵活性，同时要有耐心、信心、开拓精神和团队精神。

第四，要树立平等互惠的观念，尊重谈判对手，诚信为本，恪守商业秘密；要注重礼仪、礼节，举止优雅、谈吐大方，防止一切形式的妄自菲薄和妄自尊大。

我在向学员强调以上四点的时候，有些人表示出了一些不同的声音，认为有些过于夸大其词。但我认为较高的职业道德素质必须放在第一位，它是一个谈判高手的灵魂和核心。

试想，一个没有职业道德的人，即使再有谈判能力，即使可能会取得暂时的成功，但他的结局也是可以预见的，他最终只能成为社会的垃圾，为社会所不齿，被社会所淘汰。

2. 必备的专业知识素质

商务谈判者必须具备良好的专业基础知识，尤其是要掌握和熟悉每次谈判所涉及的商贸专业方面的知识内容。系统地讲：

第一，要熟悉我国有关国内外经济贸易的方针政策、法律法规、商业惯例、税收制度以及产品的市场供求、价格水平及变化趋势等。

第二，要具有丰富的相关商品知识，如相关商品的性能、特点和用途，技术要求和质量标准、检验方法，要熟悉相关商品的生产潜力、未来趋势以及今后发展的可能性。

第三，要具有公共关系学、心理学、消费者行为学、谈判学、市场营销学、推销学等方面的相关知识，要了解谈判对手所在国家或地区的风土人情、风俗习惯、谈判风格及特点等。

第四，如果是国际商务谈判，熟练地掌握一门外语则是不可或缺的。

专业知识素质是一个成熟的商务谈判者最基本的素质要求和其取得成功的保证，否则，他就难以应对复杂的商务谈判局面，承担谈判任务。

所以，从某种意义上讲，商务谈判高手几乎是一个全能型的专家。

3. 良好的心理素质

商务谈判中，谈判者心理素质的好坏往往会起到关键性的作用。从心理学角度讲，一个人的心理素质是在先天素质的基础上经过后天的环境与教育的影响而逐步形成的。它包括人的认知能力、情绪和情感品质、意志品质、气质和性格等个性品质诸方面。具有良好心理素质的个体一般具备以下特质：

第一，良好的个性。如自信、自强、自律、乐观、开朗、坚强、冷静、善良、热情、敬业、负责、认真、勤奋等。

第二，较好的智力。如灵敏的感觉、知觉、记忆、思维、想象力等。

第三，较强的心理适应能力。如自我意识、人际交往、心理应变、竞争协作、承受挫折、调适情绪、控制行为的能力。

第四，积极而强烈的内在动力。如合理的需要、广泛的兴趣、适当的理想、科学的信念等。

第五，健康的心态。如情绪积极、个性良好、人际和谐、行为适当等。

第六，适当的行为表现。如符合社会规范、道德和法规。

成熟的商务谈判者应该努力具备这些良好的心理素质。

4. 较好的语言文字素质

一般来说，人的语言文字素质包括两个方面：一方面是个人的表达能力，包括说话和写作的能力；另一方面是个人正确、熟练地使用规范文字的能力。商务谈判过程需要当事人通过语言文字的表达，不断地进行信息的沟通、交流、磋商，最后才能达成商务合同。如果在这个过程中，沟通交流不力，就会严重影响谈判的进程，即使最后勉强签署了合同，也有可能使合同的最终履行困难重重。

所以，商务谈判者必须拥有较好的语言文字素质，能有效地运用语言、文字把自己的思想、感情、目的、要求、建议等准确、清晰、生动、流利、恰当地表达给对方。如此，才能保证商务谈判沟通的顺利进行。

(二) 商务谈判者应具备的七个能力

1. 坚定顽强的意志力

意志力是一个人自觉地确定目的，并根据目的来支配、调节自己的行动，克服各种困难，从而实现目的的品质。这是商务谈判者应首先具备的能力。

商务谈判如同战场作战，谈判双方为了各自的利益必然是奋力厮杀，你来我往，互不退让。因此，谈判者一旦接受了任务，就要按照己方制定的目标和原则，以勇往直前的姿态和顽强的毅力去与对手周旋抗争，以保证实现己方的最终目标。在谈判中，不管遇到何种困难和压力，都要有不达目的誓不罢休的勇气和决心。顺境时要乘胜前进、步步深入；逆境时要坚持原则据理力争、不轻言放弃。即使最后决定妥协求和，也需在经过奋力抗争后以强者的大度予以提出。

2. 清晰的认知能力

人的认知能力是指人脑加工、储存和提取信息的能力。即人们对事物的构成、性能与他物的关系、发展的动力、发展方向以及基本规律的把握能力。它是商务谈判者成功完成商务谈判活动最重要的心理条件。具体包括谈判者的观察分析能力、逻辑判断能力、思维推理能力、信息评价能力、信息筛选能力、直觉反应能力等。

3. 高度的自控能力

自控能力是一个人控制自己思想感情和举止行为的能力。在紧张的商务谈判中，由于双方利益的持续性抗衡，不可避免地出现针锋相对、气氛紧张的场面，使得谈判者心理上承受了巨大的压力。在此情况下，谈判者要克服自身的心理压力，控制自己的感情和行为，以恰当的语言和举止与对方进行沟通。

4. 良好的协调能力

协调能力是指决策过程中的协调指挥才能。现代的商务谈判基本上都是多人对多人的中、大型谈判活动，都不是一个谈判人员唱独角戏，而是一个谈判团队与对方谈判团队进行的洽谈、磋商活动。所以，每一个谈判人员都必须具有较好的协调能力，包括有效的人际沟通能力、高超的员工激励能力、良好的人际交往能力等，遇事要从大局出发，集思广益，发挥大家的潜能，靠集体的力量攻克难关。

5. 灵活的应变能力

应变能力是指面对意外事件等压力，能迅速地做出反应，并寻求合适的方法，使事件得以妥善解决的能力，通俗地说就是应对变化的能力。

商务谈判中最难的是需要与各色人等打交道，而且谈判环境也复杂多变，往往有很多意想不到的不确定事件发生。当这些异常事件、情况出现时，一旦谈判人员缺乏处理异常情况的临场应变能力，就有可能使谈判招致失败或不利的后果。此时，谈判者的应变能力就显得非常重要。这就要求谈判人员能够审时度势，及时把握对方的动向、变化，做到随机应变，采取灵活的方式、方法予以应对。

6. 优良的语言表达能力

语言表达能力在商务谈判人员的能力中占有重要地位，其大小直接决定了其谈判能力与水平的高低。这是由于商务谈判主要是借助语言形式进行。语言表达能力主要包括三种不同的形式：口头表达能力、书面表达能力和肢体语言表达能力。语言作为谈判和交际的手段，谈判人员必须不断提高自身的语言修养，做到熟练地掌握并灵活地运用。

7. 敏锐的洞察、准确的预见和快速的决策能力

通俗地讲，洞察力就是指透过事物的现象看本质的能力，最简单的就是要做到察言观色。预见能力则是指当事人根据事物的发展特点、方向、趋势所进行的预测、推理的一种思维能力，是思维能动性的表现，是职业素养的重要方面。同时，商务谈判中又有很多事务的决策需要在谈判现场做出，这就需要商务谈判人员具备良好的对事务的判断和决策能力。

大家知道，商务谈判过程瞬息万变，信息真真假假，变化多端，优秀的谈判者必须要善于察言观色，通过对事物现象的观察分析，做到由此及彼，由表及里，去粗取精，去伪存真，排除各种假象的干扰，看清事物的本质，做出正确的

判断和决策。具体表现在能及早地洞察存在的问题或关键所在；准确地预见事物发展的方向和结果；能科学运用各种方法、手段，对不同条件、不同形势下的问题及时做出正确的决策，并采取必要的应对措施予以解决。

四、学习完本书，你一定会成为一个商务谈判高手

我相信乍听到这个信息——学习完本书，你一定会成为一个商务谈判高手——你也许会不信，也许会稍微有些兴奋。不信的人可能是对自己缺乏一些自信，有点儿小兴奋的人会想象它可能带给你的潜力和机会，期望自己会在竞争激烈的商业社会中有更多的发展和取得更大的成功。

当然，我是一定相信的，相信你学完本书，就会为自己建立起系统的商务谈判思维，再假以时日的实践和训练，你就一定能行！

一个学生听了我的课后找到我，告诉我他特别想利用小假期和同学一起去登泰山看日出，其实预算也不多，也就是 600 元钱。但向老妈申请经费时总会被拒绝。为此，他想尽了一切办法，讲了好多大道理，可老妈就是不同意："太贵了，就知道乱花钱，待在学校里好好学习吧。"因此，总是抱怨他老妈不通情理。

我在大体询问了他老妈的性格和排除了家庭经济困难的情况后，我建议该同学换一种思维，站在谈判的角度，用一点声东击西的小策略，也算是检验你的学习效果，看看能不能奏效。

过了一段时间，该同学兴高采烈地找到我："老师，大功告成了！"

"告诉我，你是怎么实现的?"

"我告诉老妈，五一放假，同寝室的同学计划到北京登长城，我也想去。老妈问那得需要多少钱? 我说也就是 1200 元钱吧。老妈嫌太贵了不让去。我告诉老妈知道爸妈挣钱不容易，要不您让我和同学去曲阜岱庙看看吧，也了解一下儒家文化。老妈问这得需要多少钱啊，我说只要 600 元就够了，我节省点花。老妈很痛快地就答应了，还表扬我知道节约了。其实啊老师，我压根就没打算去什么长城。"

我郑重告诉同学，其实，爸妈都是关心子女成长的，任何家长都舍得在子女身上投资，只是担心子女不好好用功学习，养成大手大脚花钱的毛病。总是希望你们既能获得更多的知识，又要养成勤俭节约的好习惯。这次虽然用谈判计策达

到了目的，和老妈开了一个善意的玩笑，但和爸妈之间一定要实话实说哦。

你看，树立谈判思维对你是何等的重要！

我在为公司做实训时，一些公司员工在谈判时总是不能很好地树立谈判思维，谈价格就只谈价格，争得面红耳赤；谈付款方式就只谈付款方式，搞得硝烟四起，大有"咬定青山不放松"（出自郑板桥《竹石》）的气势。其实，谈判过程是一盘棋，当价格谈判出现僵局，卖方无论如何就是不降价时，那买方是不是可以考虑从其他方面提出要求来打破僵局呢？例如是否可以要求卖方在接受付款的方式上变通一下，同意买方由原来的一次性付款方式改成延期付款，或者由原来的付款交单（Documents against Payment，D/P）改为承兑交单（Documents against Acceptance，D/A）呢？这样又使谈判出现了新一轮的平衡。只有如此，才能实现各自的利益、达到双赢。这就是我们俗话说的"东方不亮西方亮，农业损失副业补"的浅显道理吧。

这正如英国学者 P. D. V. 马什所说："谈判是使两个或数个角色处于面对面位置上的一项活动。各角色因持有分歧而相互对立，但他们彼此又互为依存。他们选择谋求达成协议的实际态度，以便终止分歧，并在他们之间创造、维持、发展某种关系。"[①]

当然，涉及国家大事、外交事务、政事活动的谈判需要有该领域的一定的相关专业知识的谈判人员。本书仅是从商务谈判的角度告诉你，你一定可以成为商务谈判的高手。

---

① P. D. V. 马什 . 合同谈判手册［M］. 章汉山译 . 上海：上海翻译出版公司，1988.

商务谈判有原则，成功高手须记牢

一、你必须知道的商务谈判

其实你早已经感受到了，在现实生活中人们之所以要进行谈判，首先彼此之间一定是有着十分明确的目的性行为的，各方都是为了满足和实现各自的利益需求；同时，各方利益的实现又是相互依赖、相互关联、相互冲突的。因此，为达到彼此目的，各方必须通过磋商来寻求一种协调一致的行动去获取更有利的结果，达到最终实现"双赢"。图2-1就能体现出谈判的这种一般属性。

图2-1　谈判的一般属性

现实生活中的"商务"一词通常是指商品的买卖行为，广义层面上是指市场主体之间发生的一切有形商品和无形服务的交换以及商务合作的活动。

这样，我们就可以很容易地理解商务谈判的内涵，就是指两个或两个以上从事商务活动的组织或个人，为了实现各自的经营目标和满足双方的需要，对涉及谈判各方切身利益的分歧进行磋商协调的过程。

实际上广义的商务谈判内容甚广，具体细节各有不同。但不管是何种商务谈判，一般都包括了合同外谈判和合同内谈判。

合同外谈判是合同内容以外相关事项的谈判，诸如：双方什么时间谈判；在什么地点谈判；谈判的议程怎么安排，先谈什么、后谈什么、该谈什么、不该谈什么、主要谈什么、次要谈什么等以及其他事项如人员安排和会谈场所布置；等等。它的功能是为合同谈判服务的，是商务谈判的一个重要组成部分，直接影响着合同本身的谈判效果。因此，不能掉以轻心，要给予足够的重视。

合同内谈判是商务谈判的主要内容，首先包括双方最为关心的合同标的物价格的谈判，这是商务谈判中最为敏感、最艰难，也是商务谈判策略与技巧的集中体现；其次是合同主要交易条件的谈判，包括诸如数量、质量、付款方式、运输方式、包装等方面；最后是合同条款的谈判，主要包括双方的权责约定、违约责任、纠纷处理、合同期限和合同附件等多个方面的内容。

因此，商务谈判作为人类的一种有意识的社会活动，它具有自身的一些属性和特征（见图 2 - 2）。

图 2 - 2 商务谈判的一般特征

1. 以经济利益驱动

大家都知道，在买卖市场上，卖方总想把价格报得高一点，而买方则想把买价压得低一些，卖方想多得一点，买方则希望少给一些，双方的目的当然是为了各自获取更多的利益，其他商务活动亦是如此。因此，商务谈判之所以能发生，其根本原因在于人们有经济利益的驱动。

有没有不以经济利益为目的的商务谈判呢？答案是没有。

我的一个学生曾经问我，他熟悉的一家企业老总以成本价就把产品卖给对方了，亏了不少，这家企业岂不是无利可赚？又怎么符合商务谈判的利益驱动属性呢？

同样的例子还有很多，还有一个学员曾经痛心疾首地告诉我，他的老板有一辆限量版的汽车，很有收藏价值，但他的老板却以跳楼价卖给了另一家公司的老板，公司的所有员工都心疼得要命，感觉他们的老板是不是疯了。

对此，我曾经开玩笑地对我的学员说："你老板是商人，在商言商啊，所以，你老板是狂而不是疯啊，个中缘由只有你老板才最清楚呢。"

其实，商务谈判的利益有些是显性的，有些则是隐性的。表面上看这家企业以成本价把产品卖给对方，貌似这笔交易无利可赚。但我们要看清楚该交易背后的隐性利益：企业也许是转产清仓消除仓储成本，盘活资金；也许是低价抢占市场；也许是采取让步型谈判谋求和对方建立长期的商务关系以取得更大的经济利益；等等。

所以，以经济利益驱动是商务谈判的最主要属性。

2. 对立与协作统一

商务谈判中的双方都想在谈判中各自获取最大的经济利益，所以必然存在双方利益上的冲突和行为企图上的排斥。当然，假设谈判双方没有冲突和排斥，自然也就没有谈判的必要了。反过来说，如果只有这种冲突与排斥，没有协商与合作，谈判也就无法进行下去。所以说，谈判是一种对立与协作的统一。

事实上，商务谈判的过程就是双方在彼此竞争与抗衡的态势下通过相互协调、不断调整各自的需要，最后达成一致的过程。在这个过程中，双方都会意识到"对立"与"协作"是一对无法避开的矛盾，解决这一矛盾的最好办法就是及时调整各自的需求和利益。所以，任何一方的固执己见，都有可能使谈判走向末路，造成两败俱伤，对双方都没有什么益处。

因此，双方最好的做法就是努力争取在不损害双方合作关系的前提下，尽可能为本方谋取最大的利益。达到对立与协作的完美统一。

3. 互惠与双赢共生

如果商务谈判的一方只是一味地想从对方获取利益而不想给予，则谈判必然失败。只有通过谈判实现互惠、互利，双方共赢才是商务谈判成功的必然归宿。当然，商人趋利是商人的本性，你也不要奢望坐等双赢，坐等双赢是不可能也不现实的。所以，一味地想从对方获取利益而不想给予，则谈判必然失败；同样，一味地坐等双赢亦是一种幻想。只有彼此努力，才能实现互惠与双赢。

4. 平等不对等共存

大家都清楚，商务谈判的双方经济实力、声誉商誉都有不同，双方谈判的实力自然有差别，谈判地位就必然有差异。在这种双方地位不平等的商务谈判中，应当遵循法律地位彼此平等的原则，谈判中不能恃强凌弱。但商务谈判又有其"不对等性"，主要表现在商务谈判最终利益的享有是不会完全一样的，总会有一方获利的可能更大一些。

5. 科学与艺术结合

从科学的视角看，商务谈判需要精密的计算、准确的数据、严格的推理、翔实的论证。谈判桌上差之毫厘，谈判桌下就可能谬之千里，绝对马虎不得。从艺术的角度看，商务谈判需要揣摩对方的心理，观察场上的气氛，灵活掌握原则，恰当使用策略技巧。因此，对于一个成熟的谈判者来说，在谈判中既要讲科学，又要讲艺术。

6. 法律与惯例并行

商务谈判人员首先必须严格遵守国家法律、行业的政策性规定，才能保证商务谈判的正常进行。同时，每个行业都有行业内部特定的惯例性要求，而有些惯例则可能发展为行业规则，甚至法规，在商务谈判中当然也要严格遵循。

二、商务谈判有原则，成功高手须牢记

原则是灵魂、是方向、是灯塔，商务谈判也有自己赖以遵循的基本原则。如果谈判一方违背了这些基本原则，就有可能在谈判中处于劣势，或者可能暂时处于优势，但从长远看，将来有可能会失去更多的商业机会。因此，商务谈判有原则，成功高手须牢记。

1. 双赢原则

大家都明白，商务谈判就是双方通过谈判后进行经济合作，继而为谈判双方各自获取一定的经济利益。如果谈判一方想要囊括所有的谈判利益，另一方就必然没有合作的动力基础，谈判必然走向失败。因此，用双赢思想和原则来主导谈判，就会使双方建立更为长久的、密切的合作关系。其实双赢的标准至少应该有三层含义：其一，双方形成一个明智的协议；其二，谈判必须有效率；其三，谈判不会伤害到谈判各方的关系。

2. 平等原则

商务谈判应当遵守法律地位平等的原则，谈判双方都是作为民事商务行为的平等主体进行谈判的，切不可恃强凌弱，以大欺小。此外，平等原则还强调在大的谈判目标和方向上双方应该相对平等。在具体的商务谈判的特定细节方面并不需要绝对的平等。例如谈判礼仪上遵循的是"等级制度"，谈判双方同一级别的谈判人员，其谈判礼仪应处于同一规格，这也是平等原则的体现。至于说因为谈判双方企业的实力强弱不同而采取的策略有别，这并不妨碍双方民事法律地位的平等性。

3. 求同存异原则

求同存异是商务谈判成功的关键。谈判中双方面对利益分歧和冲突，各方都应该从合作的大局着眼，要放眼于自身发展的整体利益和长远利益，更多关注双方的共同利益，把对方的合作伙伴关系放在首位。要坚持"两利取重，两弊取轻"，善于妥协，优势互补，劣势互抵，趋利避害，求同存异，把双方的利益做到最佳。

4. 友好原则

商务谈判的各方都应本着友好协商的原则，以建立彼此之间长期的合作关系和互利互惠为主要目标，而不应仅仅拘泥于一次谈判中某几个方面的损失。我们很清楚在商务谈判中各方利益分配不可能完全平等，一般情况下总是会有获利较多或获利较少的一方。在此情况下，获利较少的一方务必保持冷静，要从长远的合作关系出发，以宽容之心礼敬对手，保持友好协商的态度，以争取后续更多的合作机会。这既体现出谈判者较好的谈判素养又体现出谈判者较高的智慧。

5. 人与事分开原则

在商务谈判中，作为成熟的谈判者要注意把握分寸，牢记"在谈判桌上是对手，在谈判桌下可以是朋友"原则。在处理己方与对手之间的相互关系时，必须要做到人与事分开，要切记"朋友归朋友、谈判归谈判"，两者之间的界限不能混淆。

6. 遵法守约原则

遵法守约是商务谈判的前提和根本。双方必须遵守本国的法律、法规、政策，如果涉及国际商务谈判还应该遵守有关的国际法和对方国家的法律、法规。具体表现在双方谈判主体要合法、谈判内容要合法、谈判手段要合法。守约则是双方对彼此之间在自愿意思一致基础上达成的合同、协议或约定具有权威性、指导性和约束力，双方必须相互承诺、恪守约定。只有如此，商务谈判的协议才有法律效力，才能受到法律的保护。

第三部分

商务礼仪最廉价，获得收益却最大

美国成功学家拿破仑·希尔曾说："世界上最廉价，而且能得到最大收益的一项特质，就是礼节。"

孔子曰："恭而无礼则劳，慎而无礼则葸，勇而无礼则乱，直而无礼则绞。"① 翻译成白话文就是说：一味恭敬而不懂礼法就会烦劳、忧愁；过于谨慎而不懂礼法就会显得胆小怕事；只知道勇敢而不懂得礼法的人就会鲁莽惹祸；心直口快的人不懂得礼法就会伤人。

可见，恭敬、谨慎、勇敢、直率，如果不讲礼貌，不受礼法约束，就会变得不文明，甚至不道德，造成人际关系的紧张，破坏了人际之间的和谐。

所以，"不学礼，则无以立"。

而只有先知礼，才能做到后有礼。

一、商务礼仪的八大黄金法则

1. 保护隐私

商务谈判中经常遇到或听到一方打探询问对方收入支出、年龄大小、恋爱婚姻、身体健康、家庭地址、个人经历、信仰政见等，这些实际上都属于个人隐私，对方如果不主动谈，别人就不便询问，更不必说添油加醋地胡乱传播了。这种行为不但令对方非常不爽，也降低了询问者和传播者的素养，是一种很没有教养的行为。当然，如果是别有用心，就更不可取了。

事实上，保护和尊重隐私是商务谈判礼仪非常重要的法则。商务谈判中我们不但要尊重和莫问他人隐私，而且还应当树立自我保护意识，努力保护好自己的隐私，争取做到不传播、不泄露，重视当事人的私人空间，维护当事人的自尊。

---

① 参见《论语》泰伯篇。

2. 求同存异

俗话说："十里不同风，百里不同俗"，而我们都明白，通常是"礼出于俗""俗化为礼"，两者联系密切。大家在国际社会交往中常常会有这样的感觉，同样一件事情，在不同国家、不同地区、不同民族，往往存在着不同的处理方式。面对同一难题，来自不同国家、不同地区、不同民族的人们，通常会给出截然不同的答案。其实这是不同地域的人们的思维方式与风俗习惯不同造成的。

那么在商务谈判中面对这些不同国家、同一国家不同地区、不同民族的千差万别的风俗习惯，应当怎样保持清醒的头脑，科学、合理、妥善地予以处理呢？答案只有一个，就是必须坚持求同存异，遵守惯例。

求同就是要在商务谈判中善于回避差异，善于寻求共同点；就是要遵守惯例，取得共识、避免周折。存异就是注意"个性"，善于发现差别、注意差别、重视差别，了解具体交往对象的礼仪、习俗、禁忌，并予以尊重。

因而，商务谈判人员只有做到"入国而问禁，入乡而问俗，入门而问忌"，求同存异，遵守惯例，才能实现知礼而做到不失礼。

3. 女士优先

从妇女是人类的母亲角度讲，国际社会公认女士优先为一条重要的礼仪原则，它要求男士都有义务主动而自觉地以自己的实际行动尊重妇女、照顾妇女、体谅妇女、保护妇女，并尽心尽力地为妇女排忧解难。倘若因为男士的不慎而使妇女陷入尴尬、困难的处境，则意味着男士的失职。在商务谈判实践中，女士优先原则的运用已逐渐演化为一系列具体的、具有可操作性的做法。

首先是适用范围方面：从地区上讲，女士优先主要通行于西方发达国家、中东欧地区、拉丁美洲地区以及非洲的部分地区。但是在阿拉伯国家、南亚地区、东亚地区，尤其是在以崇尚传统文化而著称的一些东方国家里，女性地位一般不高；从场合上讲，根据惯例，只有在社交场合中，讲究女士优先才是最为得体的。

其次是行为方式方面：在正式的社交场合里，男士必须对每一名成年妇女无一例外地给予应有的尊重。

4. 以右为尊

以右为尊是商务礼仪通用的黄金法则，在商务谈判中如果需要将人们分为左右而进行并排排列时，依照国际礼仪的惯例，应以右为尊、为上、为大，以左为卑、为下、为小，这个原则千万不要忘记。

5. 维护形象

在商务谈判中，每个参与谈判的人员都代表着一个国家、一个民族、一个地区、一个城市或一个企业的形象，如果任由自己蓬头垢面、不修边幅、随性而为，不注意自己的言谈举止、仪容服饰等，会被认为是对对方的不尊重，是一种公认的失礼行为。

6. 不卑不亢

在商务交往中，作为当事一方既不要畏惧自卑、低三下四，更不应该自大狂傲、目中无人。既要做到在大国、强国、大企业面前不自卑，又要做到在小国、弱国、小企业面前不自亢。既要做到不自吹自擂、自我标榜，也不可自我贬低，过分谦虚。要做到自尊尊重、从容得体、堂堂正正。

7. 信守时约

在商务交往中，信守时约非常重要，它主要体现在信守承诺和遵守时间。信守承诺要求双方在商务交往中一定要说话算数，言而有信、兑现承诺。一个人是否信守自己的承诺，关系到他的信誉，从某种意义上讲，信誉就是生命、信誉就是形象。一个信守承诺、言行一致的人就会赢得对方的尊重，就会在商务交往中获得好的口碑。相反，如果视个人承诺为儿戏，出尔反尔、言而无信、有约不守、守约不严，甚或随意撕毁自己的承诺，则不但失信于人，更不会得到别人的尊重。

当然，在商务谈判中一定要慎于承诺，三思而后行。做出承诺后一旦难以兑现，要及时向对方说明原委，并采取必要的补救措施尽可能地挽回己方的信誉。绝对不允许扯皮推诿、避而不谈、得过且过。更不能容忍出现对失约之事加以否认、拒绝道歉的行为发生。

8. 热情有度

商务谈判待人接物从礼仪上讲当然要热情友好，但要热情有度，切忌过犹不及。交往中要善于把握沟通时的情感尺度，与不同的人交往应有不同的热情程度。所谓有度，就是要做到感情有度、谈吐有度、举止有度。下面以与人交往的距离为例，说明与不同的人交往应保持不同的热情程度。美国西北大学爱德华·T. 霍尔博尔博士《人体近身学》研究结果指出：

亲密距离为小于 0.15 ~ 0.45 米，一般限于家人、情侣、夫妻、至交之间。

私人距离为 0.45 ~ 1.2 米，表现为伸手可以握到对方的手，但不易接触到对方的身体，这一距离对讨论个人问题是很合适的，因为它减少了直接的身体接触，能使相互关系有一定分寸感，一般的朋友交谈多采用这一距离。

社交距离为1.2~3.6米，属于礼节上较正式的交往关系。表现出交往的正式性和庄重性。办公室里的工作人员多采用这种距离交谈，在小型招待会上，与没有过多交往的人打招呼可采用此距离。

公共距离为大于3.6米，正式场合中一般适用于演讲者与听众。

当然，以上距离不是一成不变的，在把握以上原则的基础上，还要考虑双方的性别、性格、社会地位、交往场合、心理状态等因素，在商务谈判中，根据活动的对象和目的，选择和保持合适的距离是极为重要的。

二、你必须熟知的商务谈判礼仪

（一）迎送礼仪

迎来送往是商务谈判中最基本和最重要的环节，是常见的一项基本礼仪。体贴周到的安排能为双方谈判奠定良好的基础，要做好迎送工作，必须注意以下几个问题：

首先，要注意商务谈判中主要迎送人与来宾的身份和地位通常要对等。若当事人因故不能出面或不能完全对等，应灵活变通，由职位相当的人士或副职出面，但是应非常礼貌地向对方做出解释。当然，有时也会从发展双方关系或其他需要出发，破格接待，安排较大的迎送场面。同时，接送的交通工具、下榻宾馆的食宿安排要符合一定的规格。

其次，对来宾抵离的时间务必要把握清楚。如果临时有变化，应及时通知到迎送人员。迎接来宾时，迎接人员应在交通工具抵达前15分钟左右提前到达机场、车站或码头，以示对对方的尊重，绝不能让客人在那里等。送别来宾时，送行人员则应提前到达来宾住宿的宾馆，陪同来宾一同前往机场、车站或码头；也可以直接前往机场、车站或码头恭候来宾，握手话别。

（二）见面礼仪

1. 握手礼仪

在商务交往中见面礼仪非常多，但握手礼仪是中西方商务活动中使用最频繁的一种通用礼仪。在现实活动中，我们很多人认为见了比自己地位高的人一定要主动热情先伸手，其实，这种做法是不符合礼仪要求的。我们在使用握手礼时，要注意两个问题：

其一，握手顺序。位尊者享有握手的主动权。即：

上下级握手，下级要等上级先伸出手；

长幼握手，年轻者要等长辈先伸出手；

男女握手，男士要等女士先伸出手；

宾主握手，主人应向客人先伸手。

所以说，正确的握手顺序是上级先伸、长辈先伸、女士先伸、主人先伸。

其二，握手的规矩。宜用右手握手，握手力度要适中，握手时间应保持三秒左右。当然，握手时间的长短和力度的大小往往表明对对方的热情程度，但不可过分，否则，可能会适得其反。同时，要做到：男士不能戴手套握手；不可多人同时交叉握手；要等别人握手完毕后再伸手；男女握手不可握得太紧也不可太久等。

2. 介绍礼仪

在商务活动中，介绍他人相互认识是常见的商事行为，介绍时务必牢记以下原则：

其一，介绍顺序。要始终记住"位尊者有先知情权"。

先把年轻的介绍给年长的；

先把身份低的介绍给身份高的；

先把男性介绍给女性；

先把客人介绍给主人。

其二，介绍规矩。介绍者态度要热情友好，不要厚此薄彼，语言要清晰准确，手势要文雅大方；被介绍者要大方地面向对方，并做出礼貌回应。

3. 递接名片礼仪

名片在商事活动中作为一种交际工具在中国已经有上千年的历史。在西方，名片还被认为是一个人身份的延伸。所以，商事活动中彼此交换名片是一种非常重要而且常见的礼节，值得我们引起足够的重视。

在青岛某公司就曾因递接名片发生了一件非常不愉快的事情，青岛某公司和德国一家公司就出口某商品达成一致意向，后德国公司经理到青岛某公司考察并准备签署书面合同。在青岛某公司总经理办公室接待了德国客人，德国客人双手奉上名片，此时，中方经理手机响了，经理忙于接手机而单手接过客人的名片并顺手放在办公桌上，在随后的交流中，德国客人明显表现出不悦。谈毕，在送德国客人离开时，中方经理的衣服不小心把客人的名片刮到地上，中方经理没注意又用脚踩在了名片上，此时，德国客人的表情大为不爽。德国客人离开办公室后很快给中方经理打来电话，明确表示取消双方合作。中方经理丈二和尚摸不着头脑，还不知什么原因。

就因为一张名片，上百万美元的生意泡汤了。

后来，德方表示，他们不愿意和一个严重不尊重对方的公司打交道，他们甚至认为这样的公司也不会有好的诚信。

所以在递接名片时，要遵守以下原则：

双手递、双手接；

若双方同时交换名片，则右手递，左手接；

接到后务必认真看一遍名片，以示尊重；

看后把名片放入上衣口袋或名片夹，或暂时摆放干净的桌面，不可随意乱放。

我曾经和一中方公司老总去参加一个商务宴会，宴会上中方公司总经理给各位分发了名片，其中对方一位部门经理接到名片后顺手放在面前的餐桌上，一会酒水菜汤全洒在名片上了，整个宴会期间中方公司总经理对对方该部门经理的情绪再也无法提起来。

（三）位次礼仪

1. 行进中的位次礼仪

平面行进礼仪：位次前者高于后者，内侧高于外侧，中央高于两侧；在客商前方1.5米左右的距离引导。

上下楼梯礼仪：在楼梯上行走不要并行，纵向行走，位次顺序以前方为上。

出入电梯的礼仪：出入有人控制的电梯时，请客人先出入；出入无人控制的电梯时，陪同人员先行进入，手按开门按钮，另一手拦电梯门，请客人入，到达后同样动作请客人出。进入电梯后，电梯内越靠近里面，越是尊贵的位置。梯内"上座"为电梯按钮一侧最靠后位置，其次是该位置的旁边，再次是这个位置的斜前方，最差的"下座"是挨着操作盘的位置，相当于司机一职。

2. 乘车的位次礼仪

李维是一家外贸公司的老板，近期有一项目需要合作伙伴，有一家企业来函表示有合作意向，李维决定约上对方老总张雍吃工作餐并商谈一下合作事宜。次日，李维按约定时间亲自开车接张雍，到达地点后，李维等了近20分钟，张雍才下楼。双方寒暄几句后，李维打开副驾驶位置的车门，笑容可掬地请张雍上车。而张雍好像没看见似的打开右后侧的车门，坐在了后座上。到了地点后，张雍等李维给他打开车门后才下车。双方餐毕，张雍表示很希望和李维合作。几日后，李维考虑再三，还是打消了和对方合作的念头。

在商务谈判中，轿车是比较常见的交通工具，在乘坐时务必注意位次礼仪，稍有疏忽，就可能影响到双方的商务合作。

（1）有专职司机轿车位次礼仪。以双排五人座轿车为例，车内座位由尊而卑依次为后排右座（右为上）、后排左座、后排中座、副驾驶座（见图3-1）。如果考虑到安全问题，车内座位由尊而卑依次为后排左座（司机后座最安全）、后排右座、后排中座、副驾驶座（见图3-2）。车内最安全的座位是后排左座（司机后面），最不安全的座位是副驾驶座。

（2）当主人亲自驾车时，以副驾驶座为上座，这既是为了显示对主人的尊重，也是为了显示与之同舟共济，也便于交流。这时，车内座位由尊而卑依次为副驾驶座、后排右座、后排左座、后排中座（见图3-3）。

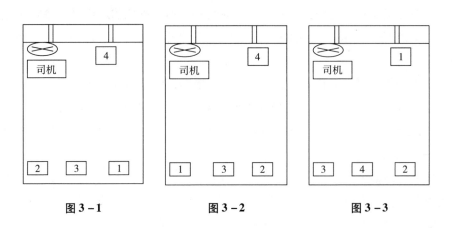

图3-1   图3-2   图3-3

3. 会客与谈判的排列位次礼仪

在商务交往中，会客或会晤与谈判是商务人士之间相互交往的一种商务活动方式。在商务会客与谈判中，安排位次遵循一定的礼节至关重要。通常遵守"门面为上"和"以右为上"的原则。

（1）会客的位次礼仪。宾主相对式排列礼仪：其一，"门面为上"，通常以门为参考，即面对正门为上座为客人座，背对正门为下座为主人座（见图3-4）。其二，"以右为上"，以门为参考，进门后右侧之座为上座为客人座，左侧为下座为主人座（见图3-5）。

宾主并列式排列礼仪：商务活动中，宾主会晤，双方为表示地位平等、关系密切而采取并排就座的形式。此时，讲究"门面为上"和"以右为上"的原则。即宾主一同面门而坐，主人请客人坐在自己的右侧，双方的其他随行人员各自按身份高低依次坐在主人或主宾（客人）的侧面（见图3-6）。

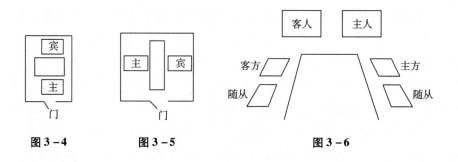

图3-4　　　　图3-5　　　　　　图3-6

（2）谈判时的座次礼仪。谈判是商务活动的一种特殊形式，由于商务谈判直接关系到交往双方的切身利益，因此谈判具有不可避免的严肃性，举行正式谈判时，谈判双方在谈判现场的座次安排是非常严格的。一般有以下两种基本情形。

双边谈判时的座次礼仪：如果谈判桌是横桌，则以门为参考，客方人员面门而坐为上座，主方人员背门而坐为下座。双方首席谈判代表在自己一方居中而坐，各方的其他人员则依其身份高低，各自先右后左，自高而低地分别在自己一侧就座（见图3-7）。

如果谈判桌为竖桌，则以进门时方向为准，右方为客人座为上座，左方为主人座为下座，双方首席谈判代表在自己一方居中而坐，各方的其他人员则依其身份高低，各自先右后左，自高而低地分别在自己一侧就座（见图3-8）。

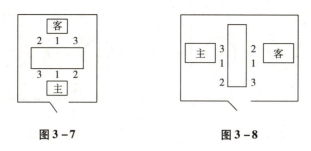

图 3－7   图 3－8

多边谈判时的座次礼仪：三方或三方以上商业人士举行的谈判，其座次礼仪通常有两种情况。

其一是自由式排列，谈判各方人员自由就座，无须事先正式安排。为了避免失礼，按照国际惯例，一般以圆桌为洽谈桌，这样可以淡化尊卑的界限。

其二是主席式排列，在洽谈室内，面向正门设置一个主席位，由各方代表依次发言时使用，其他各方人员背对正门、面对主席位分别就座。

（四）宴请礼仪

在组织商务宴会时，宴会的位次安排是最重要的一个环节，通过宴会的位次安排可以把对客人的尊重表现出来。

1. 桌次的安排

其一，"以右为上""面门为上"。当餐桌分为左右时，在室内以门为参考，居右之桌为上（见图 3－9）。请大家注意是在室内以门为参考，而不是以进门的方向为参考。

其二，"以远为上"。当餐桌距离餐厅正门有远近之分时，通常以距门远者为上（见图 3－10）。

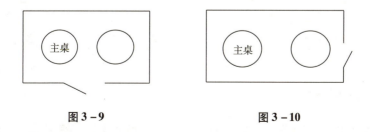

图 3－9   图 3－10

其三，"居中为上"。当多张餐桌并排排列时，一般以居中者为上，其余餐桌则根据情况"以右为上"（见图 3－11）或"以远为上"（见图 3－12）。

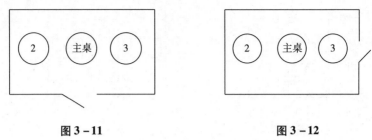

图 3 – 11   图 3 – 12

当然，在商务宴请中，不管宴请多少桌次，要坚持"室内面门定位""居中为上""以右为上"和"以远为上"等相关原则，同时还要考虑距离主桌的远近。通常距离主桌越近，桌次越高；距离主桌越远，桌次越低（见图 3 – 13、图 3 – 14）。

2. 座次的安排

通常以"室内面门定位"，坚持"以右为尊"的原则，通常宴请方（主人方）会安排两人陪席。多桌宴请时，每桌主人也可能安排一位主人代表在座。主陪位置面门而坐，副陪位置背门而坐；主陪右侧位次最高，客方最尊贵的来宾坐之，主陪左侧位次之，副陪右侧位第三，副陪左侧位第四，来宾按照职位高低依次坐之。桌上其他位次则不分高低，其他客人可选择而坐（见图 3 – 15）。在国际商务宴请中，主宾一般交叉就座，便于认识和交流。如果来宾中有夫妻共同出席宴请的，夫妻双方一般不必分开，位次以其中位尊者为准。

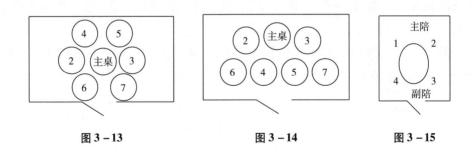

图 3 – 13   图 3 – 14   图 3 – 15

（五）签字礼仪

商务谈判的双方在签订合同、协议时要举行签字仪式。签字仪式不仅是对双方谈判成果的一种固定化、仪式化，更是谈判各方对自己严格履行合同所做出的一种正式承诺。因此，签字仪式是商务活动中重要合同、协议必经的重要程序。

1. 签字仪式的位次排列

签字仪式一般有双边签字仪式和多边签字仪式，通常有三种基本形式。

其一，并列式。这是双边签字仪式最常见的形式。双方签字人员居中面门而坐，客方居右，主方居左。双方各自的助签人分别站立在各自一方签字人的外侧，以便随时对签字人提供帮助。双方出席仪式的全体人员作为陪签人员在双方签字人员身后并排排列，也可以依照职位的高低客方自左至右，主方自右至左排成一行，分别站立于己方签字人员的身后（见图3-16）。

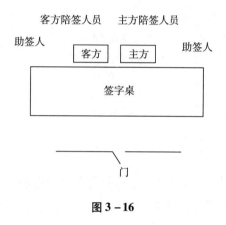

图3-16

其二，相对式。相对式签字仪式和并列式签字仪式基本相同，两者的主要区别是双方的陪签人员移至签字人的对面，按照一定的顺序在己方签字人的正对面就座（见图3-17）。

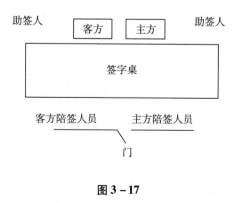

图3-17

其三，主席式。主要适用于多边签字仪式。签字桌在室内横放，唯一签字席设在桌后，面对正门。举行仪式时，包括签字人员在内的所有各方人员背对正门、面向签字者就座。签字时，各方签字人员以规定的顺序依次到签字席就座签字，签完后退回原位就座（见图 3 – 18）。

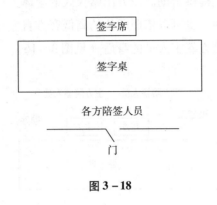

图 3 – 18

2. 签字旗帜礼仪

在国际商务谈判中，举行签字仪式时可能需要摆放双方的国旗，国旗排列礼仪非常重要，因为国旗代表国家的尊严，是国家之标志，因而备受重视。

旗帜摆放的礼仪坚持"以右为上"的原则，以双边谈判为例，常见的方式是双方签字人员居中面门而坐，客方居右，主方居左。双方大小规格相同的旗帜分别摆放在各方签字人员面前（见图 3 – 19）。还有一种形式就是谈判桌上不摆放小旗帜，而是把双方大小规格一致的大旗帜分别对应树立在客方和主方的背后。

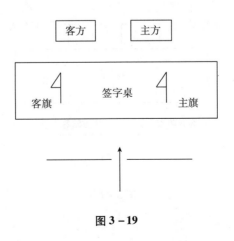

图 3 – 19

第四部分

谈判惟有知彼己，方能主动战不殆

我们都知道，要想取得一次成功的商务谈判，不仅仅是谈判桌上策略、战术和技巧的灵活运用，更重要的有赖于谈判前的各项信息准备工作。谈判前的信息准备工作是谈判策略、战术、技巧灵活运用的前提和基础。《孙子·谋攻篇》云："知己知彼，百战不殆；不知彼而知己，一胜一负；不知彼，不知己，每战必殆。"意思是说，在军事纷争中，既了解自己，又了解敌人，百战都不会有危险；不了解敌人而只了解自己，胜败的可能性各半；既不了解敌人，又不了解自己，那只会每战都有危险。毛泽东主席也曾论述过："不打无准备之仗，不打无把握之仗，每战都应力求有准备……"① 商场如战场，商务谈判准备工作做得好，我们就能增强信心、从容应对，就能把握商务谈判的主动权，增加取得成功的胜算。

一、为什么要准备商务谈判信息

商务谈判信息是指与谈判内容有关的消息和情报，它涉及人类社会的方方面面，如政治状况、经济形势、宗教信仰、风俗习惯及自然条件等。谈判信息的准备是制定谈判战略的依据，是谈判取胜的重要法宝。对谈判取得最终成功具有重要的作用。

（一）准备商务谈判信息是制定谈判战略的依据

商务谈判战略运用的正确与否，在很大程度上依赖于获取大量可靠的谈判信息，否则，谈判战略就成了无源之水、无本之木。实践证明，在商务谈判中，谁能拥有谈判信息上的优势，能够了解、熟悉和掌握谈判对手的真正需要和他们的

---

① 参见《毛泽东选集》第4卷。

谈判利益界限，谁就有可能在谈判中占据优势，并在谈判中掌握主动权，使谈判立于不败之地。因此，只有搜集大量可靠的信息，才能制定出正确的谈判战略和计划。

（二）准备商务谈判信息是控制谈判过程的手段

在商务谈判中，为了实现既定的商务目标，使谈判合理、有序、有节地正常进行，就必须有谈判资料和信息作为谈判的准则和尺度。否则，任何谈判过程都无法被有效地加以控制和协调。商务谈判过程千变万化、内部关系错综复杂，如果没有准备好谈判信息或者谈判信息不真实，就可能会发生谈判过程的导向错误，贻误时机；如果缺乏必要的信息反馈，就可能会失去控制谈判过程的能力。

在实际谈判过程中，只有正确运用已收集到的信息情报，而且要审时度势，及时反馈，不断调整，才能使谈判活动得到及时调节、控制，按照预定的谈判目标顺利进行。

（三）准备商务谈判信息是谈判双方相互沟通的中介

商务谈判是一个相互沟通和磋商的过程，谈判双方都是利用谈判信息来相互交流的。如果没有谈判信息作为双方之间沟通的中介，谈判就无法排除许多不确定因素和彼此的异议，当然也就无法更进一步协商、调整和平衡双方的利益。

只有掌握了一定量的谈判信息，才能从扑朔迷离、纷繁复杂的谈判过程中，发现机会和排除风险，消除影响谈判双方的不利因素，促成协议的最终达成。

二、谈判信息收集的途径和方法

（一）谈判信息收集的途径

一般来说，谈判信息收集的途径有两类：其一是正式途径，即通过正式和相对公开的媒介刊载和传递信息的途径。其二是非正式途径，即通过组织之间、人与人之间的私人关系而获得信息的途径。

两种途径在商务谈判实践中互为补充。

（1）统计数据。一方面包括政府、机关、企事业单位及各部门、社会组织等发布的公开资料、各类统计年鉴；另一方面包括各大银行或国内外咨询公司的统计数据和各类报表等。

（2）纸质媒介。包括报纸、杂志、内部刊物及专业书籍、图片和数字等。

（3）网络途径。互联网上公开的国内外公司信息、市场信息、产品信息及其他信息等。

（4）媒体途径。广播电台、电视台等媒体播放的国内外新闻、经济资讯、金融动态、市场动态、各类记者招待会甚至各类广告等。

（5）驻外机构。有关国际商务方面的资料可通过驻地使、领馆，商务代表处，中国银行及国内其他金融机构在国外的分支机构，本行业集团或本行业在国外的分支机构，本行业集团或本行业在国外开设的营业、分支机构，各大企业（或公司）驻外商务机构和地方贸易团体等获取有关的资料。

（6）其他可视媒介。如往来函电涉及企业商务的很多方面，是了解企业经营情况的最佳途径；通过名片可以获悉商务伙伴的基本情况、身份、所从事的业务范围；通过商务广告可以了解商品的产地、厂家、电话、网址等相关信息，以及产品的性能和销售价格等。

（7）信息集中场所。各类商品交易会、展览会、订货会、博览会等，以及有关可以进行直接商务活动的会议和商务报告会、讨论会等。

（8）其他途径。接触与企业及企业高层管理人员有交往和接触的知情人员，包括朋友、客户、家属、消费者、谈判对手现在或过去的雇员、对方内部受排挤人员等了解所需资料。

（二）谈判信息收集的方法

收集商务谈判信息最常用的方法就是市场调研法，它是以科学的方法，有目的地、系统地收集、整理、分析和研究所有与商务谈判有关的信息，从而提出解决问题的建议，并以此作为商务谈判决策的依据。

按照不同的分类标准，它又分为几种不同的市场调研类型（见表4-1）。

表4-1 市场调研类型

序号	分类标准	类型
1	按调研问题性质	探索性调研、描述性调研、因果性调研

序号	分类标准	类型
2	按调研对象范围	全面调研、局部调研
3	按调研时间	定期调研、不定期调研
4	按获取资料方法	间接调研、直接调研

按照不同的调查途径，商务谈判市场调研法又可以作不同细分（见表4-2）。

表4-2　商务谈判常用调查方法细分

序号	分类标准	主要内容
1	文案调查法	间接调查法，对现有资料收集、分析、研究对手
2	实地调查法	直接调查法、问卷法，直接收集、整理、研究对手
3	网上调查法	利用网络了解、收集资料
4	购买法	从市调公司购买取得信息
5	专家顾问法	借用"外脑"，聘请专家进行调查

三、商务谈判信息调查的内容

在举行商务谈判之前，谈判人员要尽可能多地利用各种渠道和方法，搜集与商务谈判密切相关的各种谈判信息，为商务谈判最终取得成功打好前期基础。

由于商务谈判信息调查内容繁杂，涉及各个方面，按照不同的标准可有不同分类（见表4-3）。

表4-3　商务谈判信息调查内容分类

分类标准	信息类型	信息含义
按内容分类	产品相关信息	产品的价格、包装、商标、销售渠道等信息
	自然环境信息	地理位置、交通情况、自然资源、气候特点等
	社会环境信息	文化、人口、政治、法律、风俗、宗教、时尚等
	竞争对手信息	生产或经营同类产品的其他竞争企业的信息
	消费者信息	消费者购买行为、购买动机、消费习惯、价值观等
	消费需求信息	消费者对商品品种、数量、规格、价格、式样、色彩等的需求信息
	购买力信息	消费者收入、支出、支出趋向等信息

续表

分类标准	信息类型	信息含义
按范围分类	经济性信息	与企业发展有关的各种经济活动类信息。如财政、金融、信贷等信息
	政治性信息	某种政治活动的发生、政治事件的出现引发的市场变化的信息。如某种事件引发的物价变动、投资减少、商品供求变化等
	社会性信息	与市场经营、产品销售有关的不同国家或地区的社会风俗、社会习惯、社会心理、社会状况等信息
	科技性信息	与企业产品的研制、设计、生产、包装有关的科技信息

作为一名成熟的商务谈判者，都会从纷杂的信息中有目的地归纳整理出自己需求的信息资料。具体来说我们一般需要搜集以下资料信息。

（一）宏观环境方面的信息

主要了解政治环境方面的信息，如国家对企业的管理制度、经济运行机制、政府当局的稳定性以及政府与买卖双方之间的政治关系等；了解宗教信仰方面的信息，如宗教信仰中的禁忌、双方打交道应注意的宗教问题等；了解法律制度和社会习俗方面的信息以及基础设施和具体商业做法等方面的信息。

（二）市场信息

市场信息是反映市场经济活动特征及其发展变化的各种消息、资料、数据、情报的统称。

（1）市场分布情况。主要是与商务谈判有关的商品市场的政治经济条件、市场分布、地理位置、运输条件、市场潜力和容量、某一市场与其他市场的经济联系等。通过市场分布情况的调查，有助于谈判目标的确定。

（2）市场产品需求情况。与商务谈判有关的商品的市场容量；消费者的数量、构成、收入、购买力情况；潜在需求量及消费趋势；消费者对该产品及服务的特殊要求以及本企业产品的市场占有率等。

（3）市场产品销售情况。与商务谈判有关的商品的市场销售量、销售价格、商品的发展趋势及生命周期，消费者对该产品的需求、购买频率、季节性因素以及消费者对产品的评价等。

（4）产品竞争方面情况。主要包括竞争者数目、经济实力、营销能力；竞争者的产品数量、种类、质量、知名度、信誉度；竞争产品的品质、性能与设计；各主要竞争对手所提供的售后服务方式，顾客及中间商对此类服务的满意程度；各主要竞争对手使用销售组织的形态，是生产者的机构推销，还是中间商负责推销；各主要竞争对手使用销售组织的规模与力量、使用的广告类型与广告支出费用等。

通过对产品竞争情况的调查，谈判者能够掌握己方同类产品竞争对手的情况，寻找他们的弱点，有利于在谈判桌上击败竞争对手；也能使谈判者预测己方的竞争力，保持清醒的头脑，在谈判桌上灵活掌握价格弹性。

（三）有关法规政策信息

商务谈判开始前，谈判者应当详细了解与谈判有关的法规、政策，避免在商务谈判时因不熟悉法规、政策而出现失误，导致谈判破裂或失败。

谈判者务必要了解谈判双方所从事行业的有关法令、熟悉与双方谈判内容相关的法律法规，这是双方谈判是否合法的依据和前提。

了解各种国内税的税率、税则和征税方法等方面的资料；如果是国际商务谈判还要了解交易国家或地区各种关税的税率、税则和征税方法、双方签订的贸易协定和条约，熟悉相关国家的外汇管理制度，各种关税和非关税壁垒等。

（四）金融信息

对于国际商务谈判者要随时了解各种主要货币的汇兑率及其浮动现状和发展趋势；了解进出口地主要银行的营运情况，以免因银行倒闭而影响收汇；熟悉进出口地的主要银行对开征、议付或托收等方面的规定以及有关承办手续、费用和银行所承担的义务等。

（五）科技信息

科技信息对于机械设备买卖的谈判非常重要，它是保证谈判成功进行的先决条件。在技术信息方面，主要应收集该产品与其他产品在性能、质量、标准、规格等方面的优缺以及该产品的生命周期、竞争能力等方面的资料；同类产品在专利转让或应用方面的资料；该产品的配套设备和零部件的生产与供给状况以及售后服务方面的资料；该产品的品质或性能进行鉴定的重要数据、指标以及各种鉴定方法和鉴定机构；同时要详尽地了解可能导致该产品发生技术问题的各种潜在因素。

（六）有关谈判对手的信息

在正式的商务谈判开始之前，对与谈判有关的环境因素进行分析必不可少，而收集谈判对手的信息并对其进行分析则更为重要。我们试想一下，如果事先对谈判对手毫不知情，谈判的困难程度和风险程度可想而知。所以，谈判者只有充分把握谈判对手的信息，才能制定出正确的谈判策略，才能使自己的谈判有的放矢而立于不败之地。

1. 对谈判对方主体资格的审查

符合法律资格的谈判主体是商务谈判顺利进行的保障，谈判主体资格不合格或者不具备合同要求的履约能力，那么所签订的协议就是无效的协议，谈判者就会蒙受损失。在贸易实践中，存在大量关系主体欺骗的例子，所以一定要鉴别、考察清楚以后，再进行谈判。否则，就会付出沉重的代价。为了避免因谈判主体不合格而导致谈判失败和遭受损失，在谈判之前应当通过直接或间接的途径，审查对方的主体资格。对于谈判对手法人资格的审查，可以要求对方提供必备的证件和材料，如自然人的证件、法人资格的证件、资信方面的证件、代理权方面的证件等。

在取得这些证件后，还要认真验证其真伪，确认其主体资格和各种证件的合法性。

对谈判对手主体资格的审查还包括对前来谈判的对方谈判代表资格或签约资格进行审查。通常情况下，谈判的往往是公司的董事长、总经理，但更多情况下是公司内部的某一部门的负责人，如果是后者就存在一个代表资格或签约资格审查的问题，从法律上讲，只有董事长和总经理才能代表其公司或企业对外签约，公司其他人员代表公司签约必须要有授权委托书。因此，在洽谈签约之前，一定要要求对方出示法定代表资格的文件，如授权书、委托书等证明材料，以确定其是合法的代表人。

2. 对谈判对手资信情况的审查

对谈判对手资信情况的审查主要包括对谈判对手的注册资本、资金状况、公司营运状况、销售状况和财务状况、公司商业信誉情况的审查。

贸易实践中，有时候对方虽然具备了法律上的主体资格，但不一定具备很强的履约能力。因此，应该通过公共会计、审计组织审计的年度报告以及银行、资信咨询机构出具的证明来证实对方的资信和履约能力。即使是一个注册资本很大的股份有限公司，也可能会由于经营不善而负债累累，甚至导致破产。如果在谈判前不了解对方公司的资信情况和履约能力，一旦对方公司破产，就会遭受不能收回全部债权的损失。

3. 对谈判对手商业信誉的审查

商业信誉是指社会公众对某一经营者的经济能力、信用状况等所给予的社会评价，是经营者在经济生活中信用、声望的定位。商业信誉是商品经济运行的根本基石。通过调查对方企业的产品质量、服务质量、技术标准、产品的技术服务、商标及品牌等就能大体了解谈判对手的商业信誉。

4. 对谈判对手的真正需求、目标、动机等的审查

商务谈判中，还要尽量了解谈判对手的真正需求、对此次谈判的真正动机、想要达到的目标；对方能接受的最低条件、对方可能采用的谈判策略以及谈判的诚意等；了解对方谈判决策者的个性特征、对方谈判小组成员的知识结构、人际交往、谈判能力、心理素质、性格特征、个人经历、专长爱好、谈判作风以及对方谈判小组的人数、职务、年龄及其分工等情况。

（七）对谈判者自身的了解

在商务谈判前的准备中，不仅要调查分析谈判对手的情况，而且应该了解和评估谈判者自身的情况，只有知己知彼，才能百战不殆。谈判者自身情况通常是指谈判者所代表的公司及本方谈判人员的相关信息。

第一，要了解自身的经济实力。包括财务状况、企业资产情况、公司产品质量和市场竞争力情况、售后服务以及企业管理水平等。

第二，要对此次商务谈判项目进行可行性分析。要对此次项目涉及的资金，需要的原材料，涉及的技术、管理、销售前景等进行全面的评估。

第三，要清楚己方此次谈判所要解决的问题和要达到的目的、明晰己方对本次商务谈判的最低目标定位和最高目标定位、己方的谈判方案和备选方案以及谈判所采用的战术、策略等。

第四，必须要清楚此次谈判己方的优势和劣势，双方今后合作关系的必要性、重要性和长远性。

第五，要对己方参加谈判成员的年龄结构、知识结构、心理素质、谈判能力以及彼此配合水平、谈判经验等有一个科学合理的评价。

第六，对己方就本次谈判搜集准备的信息的完整性进行确认，并详细进行分

类。要清楚哪些信息必须要求己方谈判成员熟悉和把握，哪些信息可以作为背景材料提供给对方，哪些信息在不同的谈判阶段起独特的作用等。

四、对商务谈判信息的处理

对商务谈判搜集到的信息必须运用科学的方法进行整理、分析，剔除那些虚假的和无效的信息，进一步确定信息的真实性和可靠性，并依据这些信息制定出具体的谈判方案和策略，才能有效地为商务谈判工作服务。

第一要对搜集的信息进行鉴别。鉴别信息必须满足以下几点要求：

其一，资料的真实性。信息资料的来源必须客观、真实。

其二，资料的准确性。要剔除那些含糊不清的、笼统的以及互相矛盾的资料。

其三，资料的完整性。要关注每份调查资料的完整性与调查资料总体的完整性。

通常鉴别信息的方法有：查重法，目的是剔除重复资料，选出有用的信息资料；时序法，逐一分析按时间顺序排列的信息资料，在同一时期内，较新的留存，较旧的舍弃，这样可能使信息资料在时效上更有价值；类比法，将信息资料按市场营销业务或按空间、地区、产品层次分类对比，接近实质的保留，其余的舍弃；评估法，这种方法需要信息资料收集人员拥有比较扎实的市场学专业知识，即对自己所熟悉的业务范围，凭市场信息资料的题录决定取舍。

在信息的鉴别过程中，发现问题应依情况分别予以处理：对于核实后确认是错误的，由信息资料收集者代为更正；对于信息资料中的可疑之处或有错误和出入的地方，应进行补充调查；对于无法进行补充调查的有错误的资料应坚决剔除，以保证资料的真实性、准确性。

第二要对搜集的信息进行分类。在商业活动中，谈判信息多种多样，纷繁复杂。科学地区分谈判信息的类型是研究、分析谈判信息的基础，可以使我们更加明确工作的目的，从而提高谈判信息工作的效益。

第三要对信息进行整理。对搜集到的信息进行鉴别分类后，还需要整理出完整的检索目录和内容提要，采用科学的、迅速的查询方法和手段，以便检索查询，便于谈判所用，为谈判及时提供决策依据。

第四要对信息进行分析与运用。信息的分析是在加工整理后进行的，这一步对商务谈判至关重要，处理不好可能"差之毫厘，谬以千里"，错误的信息甚至可能导致谈判的失败。因此，需要对鉴别、分类、整理后的信息进行定性分析、定量分析，以便使信息更加准确，更加有价值，更加方便于谈判的运用，从而使己方在商务谈判中占据优势，掌握谈判的主动权，争取更多的利益。

五、如何做好商务谈判方案的准备

《礼记·中庸》云："凡事预则立，不预则废。"意思是不论做什么事，事先有准备，就能得到成功，不然就会失败。毛泽东也曾言："没有事先的计划和准备，就不能获得战争的胜利。"[①] 商务谈判情势变化多端、复杂多变，如果事先不能制定出一套周全的谈判方案，就很难控制谈判方向、左右谈判局势，从而取得谈判胜利。因此，提前做好谈判方案的准备对谈判取得最终成功具有重要的作用。

（一）商务谈判方案准备的三原则

谈判方案准备的内容可长可短，长可以是几十页文件，短也可以是几张纸的备忘录。但不管方案准备的内容多寡，必须坚持三个基本原则：

其一是简明，就是尽量用凝练的文字对谈判内容高度概括，使谈判人员印象深刻、容易记住，在谈判中信手拈来、应付自如。

其二是具体，要求把谈判内容进行细化、分类，内容具体明晰，具备可操作性。

其三是灵活，是指谈判方案准备的内容具有一定的灵活性，使谈判人员在面对复杂多变的情况下能灵活机动地去处理相关问题。一般来说，在制定谈判方案时，对可控因素和有规律的事项可安排得细致一些，对无规律可循的事项可安排得粗略点，便于谈判人员在谈判中机动灵活地去把握。

---

① 参见《毛泽东选集·论持久战》。

（二） 商务谈判方案需要准备的内容

商务谈判方案内容的准备需要围绕谈判的标的进行，通常一套完整的谈判方案应该包括谈判的目标、谈判的策略、谈判的期限、谈判的议程、谈判的人员、谈判的替代/备选方案等。

1. 商务谈判目标的确定

商务谈判目标的确定是谈判最终能否顺利进行的关键。在整个谈判过程中，谈判目标是指导商务谈判的核心，不管是谈判策略的选择、准备到实施，还是一系列的其他工作，都是以该谈判目标为依据的，所以，作为谈判者必须认真而慎重地加以考量。通常，商务谈判目标分为三个层次。

（1）最低限度目标。最低限度目标通常是谈判者必须达到的最基本的目标，是谈判能够成交的最低界限，也就是大家俗称的"谈判死线"或"谈判最底线"。对谈判一方来说，如果达不到这一目标，宁肯谈判破裂也不能降低标准。因此可以说最低目标是谈判者此次谈判的最后防线。

（2）可接受目标。可接受目标就是谈判一方经过综合分析、反复论证后确定的可接受的目标范围，在这个范围之内均可接受。如果说最低目标是一个点的话，那么可接受目标就是一个区间，只要在这个区间范围之内，就基本实现了谈判者的预期目标。

（3）最高期望值目标。最高期望值目标是谈判者期望实现的最高目标，是谈判者最大化地满足己方的利益。当然谈判者这一目标也是谈判对手最不愿接受的条件。因此，最高目标往往是一种理想化的状态，大多难以实现或者很少有实现的可能。如果谈判者一直追求这个目标不放就有可能导致谈判的破裂。但是确立最高期望值目标又非常有必要，它除了能够激励谈判人员努力拼搏去争取实现最高期望值外，还可以让谈判人员清楚地评估出己方谈判最终结果与最高期望值目标之间的差距。同时，最高期望值目标又是谈判报价的起点，是谈判进行的风向标。科学评估的最高期望值目标往往会使谈判者在谈判中处于非常有利的地位。当然，最高期望值目标要根据谈判的综合因素考虑，可以是一个目标也可以是数个目标，如果是不同角度考量的数个目标，则应对各个目标进行排队，选择最重要的目标努力实现，其他目标可作为让步的条件。

商务谈判目标的制定是商务谈判最关键的一项工作。因此，在确定谈判目标时：

第一，要注重目标的务实性。务实性要求己方必须根据自己的实力和现有条件制定切实可行的谈判目标，既不要盲目自大，又不可谨小慎微，否则，谈判的预期利益就很难实现。

第二，谈判的目标要有灵活性。制定出高、中、低目标，谈判中根据实际情况随时调整，灵活应对。

第三，要注意谈判目标的保密性。对谈判目标要严格保密，谨防泄露，尤其是己方的最低限度目标，也就是己方的"谈判死线"，更属于商业机密。一旦泄露，必使己方陷入万劫不复的被动局面。

第四，谈判目标要合法。制定商务谈判目标要符合一定的法律准则和社会道德规范。

2. 商务谈判策略的谋划

商务谈判策略是谈判者针对预期谈判效果而采取的一系列进攻或防卫的措施或对策，是谈判者为实现其谈判目标单方面采取的行动。谈判者追求的不是形式而是结果，其目的只是利用这些行为以取得谈判目标的最终实现。

商务谈判的策略很多，如我们后面要重点阐述的开局策略、报价策略、磋商策略、僵局策略、让步策略、打破僵局策略、进攻策略、防守策略、成交策略等。谈判者要根据对方谈判风格、人员情况、对方与己方优劣势对比情况、此次商务谈判对己方的重要性、谈判的时间期限、双方关系必要性以及谈判过程可能出现的各种情况，事先做好准备，做到有的放矢、心中有数，以在谈判中灵活使用各种谈判策略，保证谈判的顺利进行。

3. 商务谈判的期限

商务谈判的期限在某种程度上决定了谈判的效率，而效率又是评价现代商务谈判成功与否的一个重要标准。所以商务谈判开始之前，应对商务谈判的期限做出安排。

商务谈判的期限通常是指从谈判准备阶段到谈判终局阶段的时间。谈判时间的长短决定了双方投入成本的多寡，时间拖得越久，双方投入的人力、物力、财力就越多。因此，对商务谈判时间应做出适当的安排。

商务谈判的期限可长可短，但要明确、具体，同时又要有一定的伸缩性，能适应谈判过程中的各种突发情况。

4. 商务谈判的议程

商务谈判议程的安排对谈判双方至关重要，必须引起高度重视。谈判议程的安排一般包括谈判议题的确定和谈判时间的安排。

（1）商务谈判的议题是指谈判双方可能提出和讨论的各种问题。谈判者确定谈判议题首先要列出己方要提出哪些问题和讨论哪些问题的清单。要把所考虑到的问题进行全面的比较分析，弄清楚哪些问题是主要问题，需要列入重点讨论的范围；哪些问题是非重点问题，列入次要讨论的范围；哪些问题是可以忽略不计的，这些问题之间彼此的逻辑关系是什么；等等。

同时，还要预测对方可能会提出什么问题，对这些问题要提前想好应对的策略，要弄清楚其中哪些问题需要己方必须全力应对；哪些问题可以根据情况做出让步；哪些问题可以忽略不计；等等。

在安排谈判议题的顺序时，是先易后难，还是先难后易，抑或是混合进行，这几种顺序各有特点，要根据具体情况加以选择。

（2）商务谈判时间的安排。时间安排主要确定谈判在什么时间举行、时间的长短，如果需要分阶段进行的话，还要确定分几个阶段、每个阶段所花费的时间等。

谈判时间的安排要以己方掌握主动权为宗旨。对于一些双方容易达成的议题可安排在较短的时间内完成，对于一些有争议的问题、敏感的问题、焦点的问题要安排相对较充裕的时间进行，当然还要适当留出机动时间以应对突发情况的发生。

同时，还要注意在枯燥的谈判过程中适当安排一些文娱活动，既可以活跃双方气氛，又可以增进友谊、消除疲劳。当然，安排的文娱活动不要重复，要尽量丰富，而且要以实现谈判目标为目的。

确定商务谈判时间时，要重点考虑以下几个因素：第一，谈判准备的充分程度。如果没有做好充分的准备，不宜匆忙安排谈判。第二，要考虑谈判人员的健康情况。谈判者的身体健康情况对谈判的影响较大，谈判者不宜在身体低潮时进行谈判。第三，市场供求的变化情况和谈判的紧张程度。第四，谈判议题的需要和谈判对手的情况。

5. 谈判人员的准备

谈判者素质的高低直接影响到谈判的成败得失。因此，选择高水平的谈判人员并组织一个高效的强有力的谈判小组就显得尤为重要。谈判人员的选择要求一般需考量四个方面的因素：

（1）基本素质。包括政治素质，如思想觉悟、品德水平、价值观、法律意识、对企业的忠诚度等；业务素质，如专业知识、语言表达、判断分析能力等；心理素质，如工作责任心、团队精神、协调能力；文化素质，如遵守礼仪、个人形象等。

（2）知识结构。如商务知识、专业知识、法律知识、心理学知识、市场和相关产品知识等。

（3）能力结构。如协调能力、表达能力、分析应变能力、创新能力等。

（4）年龄结构。可以考虑老、中、青结合，当然，最终安排什么年龄阶段的谈判人员合适，还要最后根据具体情况具体分析加以确定。

谈判小组或者谈判团队的构成，一般可考虑以下原则：其一，安排1名首席代表、1~3名主谈人员以及其他人员，由4~8人组成。其二，主谈人员要求有较丰富的谈判经验、领导能力和协调能力。其三，其他人员由商务、技术、法律、财务、记录、观察、翻译等组成。

当然，谈判小组或者谈判团队的构成人数和主谈人数要根据谈判规模的大小酌情安排。

6. 可替代方案和应急预案的准备

在谈判过程中可能会出现各种突发状况，所以必须要提前准备好可替代方案和应急预案。一般可以通过如图4-1所示的四步评价法确定。

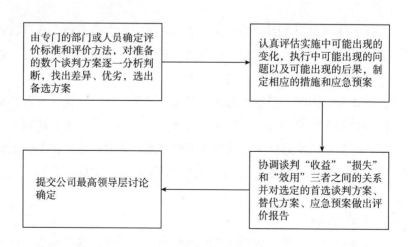

图4-1 应急预案四步评价法

第五部分

信息传递需到位，沟通技巧很重要

沟通是人与人之间、人与群体之间思想感情的传递和反馈过程，沟通的目的不是行为本身，而在于最终使思想达成一致和感情通畅。通常，一个完整的沟通，必须是一个双向的交互过程。要形成双向沟通，必须包含三个行为，那就是说的行为、听的行为、问的行为。

在整个商务谈判过程中，谈判各方为了争取和维护自己的最大利益，为了实现设定的商务目标，总是想方设法利用语言和非语言把自己的判断、推理、论证的思维成果、思想感情表达给对方。在这里，谈判者的沟通水平和技巧直接决定着谈判的结果。这是由于谈判者不仅要通过语言陈述自己的观点，利用语言、非语言处理与对方的人际关系，还要利用沟通艺术实施自己的谈判策略和技巧。

商务谈判的沟通，首先是要实现商务信息传递到对方并为对方所接收，如果信息没有被传递到，自然沟通也就没有发生；其次信息不仅要传递到对方，还要被对方充分理解，也就是说对方感知到的信息与发送者发出的信息完全一致，如果对方对收到的信息没有理解或者曲解，自然就是一种非常不成功的沟通。

当然，即使商务谈判双方沟通顺畅、良好，也不必然就代表着双方一定能够达成一致协议。因为对方能否接受己方的观点，往往并不是仅有沟通顺畅与否这一个因素所决定的，它还涉及双方的根本利益是否一致、价值观是否相同等关键因素的影响。在商务谈判中，如果双方存在着根本利益的冲突，即使谈判双方沟通顺畅、沟通技巧娴熟，往往最终也不能达成一致协议，但是沟通双方每个人都已经充分理解了对方的观点和意见。

一、商务谈判沟通的过程及障碍

（一）商务谈判沟通的过程

商务谈判沟通，就是进行商务交往的双方，为了设定的商务目标，把各自的信息、思想和感情在彼此之间进行传递，最终达成共同协议的整个过程。沟通的过程包括信息发送者、编码和解码过程、信息传播渠道或媒介、信息接收者等要素，此外还有传递过程中的障碍或干扰等（见图 5 – 1）。

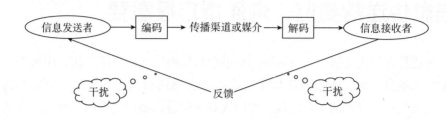

图 5 – 1　商务谈判沟通过程

商务谈判沟通一般包括语言沟通和非语言沟通两种类型。

（二）商务谈判沟通的障碍因素

在商务谈判过程中，总会有一些干扰沟通的因素，从而引起沟通不畅，通常引起沟通不畅的障碍有以下几种情况。

1. 情绪的影响

商务谈判双方情绪的变化能成为沟通的障碍，某种激动的情绪会使谈判者讲话语无伦次，甚至说出的话完全不是自己想表达的本意，显然不良情绪有碍于顺畅的沟通。

2. 感觉的差异

商务谈判双方对信息的理解很大程度上取决于过去的经验，国别、年龄、文化、受教育程度、职业、地位、个性等不同会引起感觉的差异和对情境认知的不同，这种差异会影响到沟通。

3. 偏见和武断

谈判者看见的或听见的可能是某种表象的或虚假的信息，抑或是不正确的或不完全的信息，而不是全部的客观事实，因而容易得出以偏概全或以点带面的结论。

4. 思维定式

谈判者的世界观、知识背景、生活环境都会影响到其对事物的态度和思维方式，先前形成的知识、经验、习惯，都会使他们形成认知的固定倾向，从而影响后来的分析、判断，形成"思维定式"即思维总是摆脱不了已有"框框"的束缚。

5. 缺乏兴趣

谈判者一方对对方发送的信息不感兴趣是影响沟通的最大障碍之一。谈判者往往想当然地认为自己发送的信息对方一定会关心，因此要时刻警惕这种障碍的存在。信息提供者要尽可能提高信息的吸引力，以引起接收者的共鸣。

6. 个性的因素

每个个体在反应客观现实时，都表现出不同的行为特点和方式，这些不同的特点和方式构成了人与人之间心理上的个性差异。人们的个性差异不仅会引起沟通的问题，也是引起沟通失败的常见原因之一。人们难以改变自己的个性，但至少可以通过调整自己的个性来增强沟通的顺畅。

7. 表述困难

作为商务谈判者，如果自己难以用适当的词语表达自己的思想、传递清晰的信息，显然就会造成沟通障碍。有时谈判者前期准备不足以至于造成信心匮乏也会引起谈判者表达困难，造成沟通障碍。

（三）克服商务谈判沟通的障碍

为了使商务谈判沟通顺利进行，谈判者必须提早对这些沟通障碍进行分析，尽可能地避免或者克服。

1. 事前要充分准备

在进行商务谈判沟通之前，谈判者要对准备向对方传递的信息进行详尽的准备和思考，并选择适当的沟通场所、渠道、语境传递给对方。

2. 沟通需因人制宜

鬼谷子《权篇》中说："与智者言，依于博；与博者言，依于辨；与辨者言，依于要；与贵者言，依于势；与富者言，依于高；与贫者言，依于利；与贱者言，依于谦；与勇者言，依于敢；与愚者言，依于锐。"谈判者传递信息一定要因人制宜，要针对听话者的身份、年龄、职业、爱好、文化修养等诸多方面的情况，依次调整自己的谈话方式、措辞、仪态等，只有如此，传递的信息才有意义，才能达到预期的目的。

3. 要注意调控情绪

商务谈判沟通中谈判者的情绪对沟通过程影响巨大。谈判者过度的兴奋、失望、悲伤、愤怒、急躁等都容易造成对所传递信息的误解或者过激行为，甚至不良后果。因此，谈判双方在沟通中调整心态非常重要。

4. 重视倾听的作用

倾听是建立与协调关系的重要途径，倾听是获取和反馈信息的主要手段。倾听时要认真地听，要听清听懂；边听边整理，边听边分析；边听边记忆，养成好习惯。倾听时要专心致志，保持目光交流，决不打断对方，提问前先征询，避免先入为主，克服固执己见。只有如此，倾听者才能完全理解信息发送者所传递的信息，才能运用发送者的思维架构去理解信息。

5. 关注非语言信息

商务谈判是一种沟通活动，但是这种沟通并不一定全都是口头的。事实上，眼神、手势、姿势或者谈判者对一些物体的处理方法，有时能比言语传达更多的信息。因此，谈判者关注、留意并研究对手的肢体语言、物体语言所传达的有用信息，是有价值且有助于谈判成功的。

二、商务谈判的语言沟通

语言沟通是商务谈判中最重要的沟通方式，持续有效的语言交流才能使商务谈判顺畅而有效率，才有可能使商务谈判最终取得成功。因此，谈判者必须要掌握语言沟通的一些特点和技巧。

（一）商务谈判语言沟通有效的特征

商务谈判语言沟通过程中，谈判者要想达到沟通的有效顺畅，语言的信息传递必须具备以下特征。

1. 语言表达准确

信息传递者语言表达要准确，如果谈判者传递的信息有误，对方就有可能被误导甚至走向问题的反面，使信息传递一方被动甚至陷入困境，自然沟通愿望就难以实现。

2. 信息传递清晰

商务谈判的目的是谈判各方明确各方的权利、责任和义务，最终达成协议。所以信息传递必须清晰，既不能人为夸大，也不能故意贬低；既不能概念模糊，也不能模棱两可、闪烁其辞。要达到信息传递清晰，必须满足以下四个方面的要求：

（1）表述清晰。信息传递者不能有语病连篇、句子不完整的表现。

（2）逻辑清晰。整个表达思路要符合逻辑，有一根主线贯穿，切忌随意地堆砌。可能表达者每句话都很清晰，但如果缺乏逻辑性，还是会让信息接收者丈二和尚摸不着头脑。

（3）追求简洁。大道至简，清晰不等于简单、简洁。商务谈判者一定要追求清晰基础上的简洁，以争取用少量的语言传递大量的信息。

（4）生动易记。商务谈判过程中有大量的语言信息需要沟通，谈判的信息接收者可能对大量的商务信息只能保存短时间的关注，这就要求信息传递者传达的信息要生动富有活力，让接收者印象深刻，最好瞬间就能记住而且难以忘怀。

3. 要具备说服力

商务谈判的目的就是争取说服对方，让对方按照己方的意志行事。说服力就是让他人改变态度和观点从而认同自己的态度和观点的一种力量。说服力是商务谈判者应具备的主要能力，是商务谈判最终取得成功的最重要的要素。商务谈判者要想使自己的语言表达更有说服力，至少要考量以下四点要素。

（1）以利诱之。俗话说，"羊群逐草，商人趋利"，如果没有利益的驱动，商务谈判是不能说服对方的。在商务谈判的过程中，权力和强制不起任何作用。谈判者只有以利诱之，真正地让对方感受到有利可图，其传递的信息才具有说服力。

（2）投其所好。虽然"投其所好"包含一定的贬义成分，此处旨在说明商务谈判者要尽量附和对方的观点思想，找准对方的爱好并附和他，符合他的心意，让对方感到亲切，使对方获得满足和快乐，你的表达才有说服力，从而达到商务谈判的目的。

（3）动之以情。孔子《论语》云："诱之以利，动之以情，晓之以理，胁之以威，授之以渔，绳之以法，导之以行，勉之以恒，持之以恒，学之以恒，行之以德，道之以德，齐之以礼，有耻且格。"其中"动之以情"意思是指要用感情来打动别人的心。商务谈判中情感是说服对方的媒介，当对方还处在厌倦和防备你的状态时，己方表达的信息是不可能产生说服力的。此时，己方应该尽量表现友好、富有耐心、善解人意、以诚相待，以感情打动对方，才能获得谈判对手的认同。

（4）善谋双赢。如果商务谈判对方感到自己无利可图时，己方的信息传递就不会有说服力；同样地，当你传递的信息让对方感觉到只是对方自己在盈利，而你却无利可图时，你的表述同样也不会有说服力。因为对方知道，商人无利不起早，天上不会掉馅饼。善于谈判者就要审时度势，善于折中、善谋双赢，你的表达才有说服力，双方才能顺利地签订合同。

（二）商务谈判语言沟通实现的条件

语言沟通的目的是要把自己的某些信息、某种观点传递给对方并期望获得对方的认可和接受，在这个过程中，语言表达的技巧是关键性因素。小则可能影响商务谈判者个人之间的人际关系，大则关系到谈判的气氛及谈判的成功与否。

语言表达是非常灵活、非常具有创造性的，几乎没有特定的语言表达技巧适合所有的谈话内容。就商务谈判沟通这一特定内容的交往活动来说，语言表达应注意以下几点：

1. 要有良好的说话神态

一名优秀的商务谈判者必须要养成良好的说话神态。

第一，商务谈判沟通中，你的外表会影响他人对你的看法。谈判对手会从你的衣着、服饰中窥见你的信息，并可能在商务谈判开始之前就已经形成了对你的看法，包括误解和偏见。因此，谈判者要注重外表形象，保持个人的卫生干净整洁，衣着服饰要适合环境，能体现自己的个性特征，关注"自我良好形象"的塑造。

第二，良好的姿态对语言表达也非常重要。试想，一个东倒西歪、无精打采、声音干瘪的讲话者是无法引起听众的反应的。因此，商务谈判者说话时，首先，要始终保持礼貌和友好的态度，即使你已经被激怒，也要尽量保持平静的心态，当然，这并不意味着你同意他们的想法。其次，要始终保持自然的态度，不自然就失去了真实，不真实就难以形成有效的语言表达，作为谈判者既不能在谈判对手面前表现得局促不安，更不能表现得沾沾自喜、神气十足。

第三，要始终保持愉快的情绪和饱满的激情，愉快的情绪会使表达者的语调更有魅力、对方更有兴趣、更愿意接收。饱满的激情更能使表达者的语言富有说服力，更能调动对方的情绪。

第四，要始终保持目光的接触，目光的接触表示对谈判对手的友好和重视，更能引起对方的共鸣。当然，目光接触要适度，不要引起对方不适，对众人讲话时要扫视，对一个人讲话时不要目不转睛地凝视，适度把握为好。

2. 要有正确的说话方式

商务谈判沟通时，谈判者说话时的音调、音量、语速、语调的处理非常重要。在沟通过程中，说话的音调、音量、停顿、强调、说话的速度等往往不大被人们所重视。这些方面恰恰都会在不同程度上影响说话的效果。

商务谈判语言沟通的目的是为了传递信息，让信息接收者明白讲话的内容。因此，谈判者讲话时的语调、音量要根据环境、情势不同进行调整。特别是在语调、音量上如能恰到好处地抑扬顿挫，这在商务洽谈中是非常有效的。

讲话速度要快慢有序，不重要的内容说得适当快一些，重要的则说得慢一些。如在向对方介绍谈判要点或阐述主要议题时，说话的速度应适当减慢，要让对方听清楚，并能记下来。同时，也要密切注意对方的反应。如果对方感到厌烦，那可能是因为你过于详尽地阐述了一些简单易懂的问题；如果对方的注意力不集中，可能是你说话的速度太快，对方已跟不上你的思维了。

如果要强调谈话的某一重点时，可以适当地停顿，实践证明，停顿是非常有效的。恰当的停顿一是加深了对方对讲话内容的印象；二是有助于对方了解你的思想、消化吸收你的说话内容，有助于突出重点；三是给对方机会，对提出的问题做出回答或加以评论。当然，如果停顿时间过长，也会让你失去听众。同时，适当的重复也可以加深对方的印象。有时还可以运用加强语气、提高说话声音以示强调，或显示说话者的信心和决心。这样做比使用一长串的形容词效果要好。

总而言之，一个优秀的商务谈判者讲话一定要语言清晰，清晰就是要求说话者口齿清楚，用词明确、标准，在口音上要能使对方听清、听懂。要避免使用复杂的句子，要设法解释那些对方可能不熟悉又不得不使用的专业词汇或行业术语。

3. 要准确运用商务语言

商务谈判就是协商合同条款，明确双方各自的责任、义务。因此，谈判者要准确运用商务语言，不要使用模棱两可或概念模糊的语言。当然，在个别的时候，出于某种策略需要则另当别论。例如，卖方介绍产品质量时，要具体说明质量、性能所达到的标准，不要笼统地讲性能非常好、质量很过硬等。使用具体、准确的商务语言，是增强对方信任感的保证，比笼统、含糊、夸大的语言更能打动谈判对手，使对方信服。

商务谈判者要做到准确运用商务语言，首先要根据商务谈判的要求决定使用的语言，做到对症下药，有的放矢；其次是说话的内容要力求准确。除了策略上的要求外，这样做对自己是有百利而无一害的。谈判中提到的事件要准，对于那些记不准的事情则只说大致情况，不能用准确的字眼表示。在商务谈判中运用准确的商务语言，可以避免出现误会与不必要的纠纷，掌握谈判主动权。

4. 讲究语言的文明礼貌

语言的文明礼貌是讲话者对听众表示的尊敬、友好的态度，它蕴含着一种尊重人并与人友好相处的心态。文明礼貌是商务谈判者做人的基本要求，也是使用语言必须坚持的基本原则。在整个谈判过程中，谈判者都要注意使用文明礼貌用语。在任何情况下，都不要使用污言秽语去攻击对方人格，以免损伤对方的自尊心而危及谈判结果。在谈判中，维护面子与自尊是一个极其敏感而又重要的问题。当一个人的自尊受到威胁时，他就会全力保卫自己，对对方充满敌意。有的人反击，有的人回避，有的人则会变得十分冷淡。这时，要想与他沟通、交往，则会变得十分困难。

因此，谈判者在谈判中将人与问题区别对待，对问题要硬，而对人则要软，时刻讲究语言的文明礼貌是非常重要的。

5. 注重语言表达的艺术性

商务谈判中的信息传递有的需要直言不讳，有的需要模糊有弹性，有的则需要幽默有趣味，但更多的内容却需要委婉而含蓄地表达出来。在谈判中运用委婉含蓄的语言，可以使本来会引起对方不满的事情变得容易接受，从而有利于谈判的进展。

事实上，由于商务谈判沟通会随着时间、地点、对象的变化而变化，谈判语言的运用也必须做到随机应变。例如，直言不讳看似一种最原始、最简单、最直接的做法，但直言不讳并不意味着粗鲁、不讲礼貌。由于直言不讳出自肺腑之言，没有粉饰雕琢，往往最能触动对方的心弦，从而产生根本的效果。当然，直言不讳要依情势、沟通的内容而发，使用时要注意对方的感受，不能伤及对方的自尊。又如，商务谈判中有时需要将传递的语言"模糊化"，或者以弹性概念取代精确概念，以不确定的语言进行沟通，以不精确的语言描述事物。这也是一种语言的沟通艺术，这样做可以达到既不伤害或为难别人，又保护自己的目的。

当然，商务谈判中幽默语言的使用比其他手法更为复杂。幽默是一种精神现象，不只是单纯的笑话或者滑稽所能描述的，幽默是一种风格、行为特性，是智慧、道德、教养处于优势水平下的一种自然表现。恰当地使用幽默可以消除谈判双方的隔阂，可以化解矛盾、缓和气氛，甚至幽默还可以用来被含蓄地拒绝，幽默可使你获得有力的反击武器等。

但是必须强调说明的是，幽默的运用必须自然，切忌强求。

优秀的商务谈判者会根据谈判对手的情况决定谈判的语言艺术。对方的语言朴素无华，自己的语言也不要过分修饰；对方的语言直爽流畅，自己的语言也不要迂回曲折。通过运用不同的语言艺术，不断适应谈判的要求，以达到增强谈判效果的目的。

三、商务谈判语言沟通的技巧

语言沟通是商务谈判活动最重要的沟通方式，持续有效的语言交流是商务谈判取得成功的保证。商务谈判中的语言沟通又是通过谈判者之间的陈述、提问、应答、论辩、说服等方式来完成的，因而，掌握其技巧和方法是非常有必要的。

（一）商务谈判中陈述的技巧

一般来说，商务谈判的各方经过简短的寒暄或中性话题的开场白以后，就进入了各自的陈述阶段。商务谈判中的陈述主要是介绍己方的产品性能，表明己方的谈判立场和观点等。这个过程主要包括开局陈述、标的信息与观点陈述、终局总结性陈述。

1. 开局陈述技巧

谈判各方进入谈判会场进行谈判之初，由于各方之前接触较少，难免会产生紧张、尴尬甚至彼此沉默的局面，此时需要一段开场白式的入题陈述。一般可以考虑以下几种方法：

（1）从介绍己方公司基本情况或己方谈判人员情况入手。这种方法适宜于己方处于主场谈判地位。如：

"非常欢迎贵公司代表光临我公司，如果不介意的话请允许我先介绍一下本公司的基本情况……"

"非常欢迎大家光临我公司，请允许我首先介绍一下我们的几位谈判组人员，这位是……"

（2）从中性话题入手。这种陈述话题一般与谈判内容无关，目的是活跃气氛，打开双方的话题并引导双方进入正式议题。大多是当前的天气情况、艺术、体育、社会趣闻等。如：

"几位一路辛苦，下榻的酒店感觉还满意吗？这儿的天气和饮食还适应吧……"

（3）以溢美之词入手。谈判者可以采取自谦或者赞美的方法进行沟通。采用这种方法既能打开话题，又能使对方因受到赞美而心情愉悦，使谈判顺利开局。如：

"贵方代表谈判经验丰富，是这个领域的行家，能与各位谈生意十分荣幸……"

（4）从阐述原则入手。这种开局陈述方式是指谈判各方开始时不就具体议题进行讨论，而是阐述本次谈判的主要原则和目的。如：

"我们希望通过这次谈判沟通，能够增进我们彼此之间的了解和友谊，共同开发本地市场，共同获益，实现双赢……"

2. 标的信息与观点陈述技巧

标的信息与观点陈述是在开局以后，谈判进入正轨，双方就己方的信息和观点进行叙述，此时应注意以下要点。

（1）要简明扼要地表明己方的信息、立场、态度。切忌陈述不清、态度模糊、冗长枯燥，既浪费时间，又让对方感觉厌倦和反感。

必须强调的是，此阶段务必要注意做到只阐述自己的立场，不阐述双方共同利益；只表明自己的利益，不表明对对方利益的猜想；只做原则性陈述，不做具体叙述，给对方留出提问的空间。

（2）努力做到陈述通俗易懂、具体生动。陈述过程中要注意使用双方都能理解的、规范的用语，必要时用通用的专业术语对产品进行描述。杜绝炫耀知识、卖弄能力，大量使用对方不熟悉的缩略语、晦涩的专业术语而且不给对方解释的行为。同时，要做到陈述生动，灵活运用语调抑扬顿挫的艺术，避免令人乏味的平铺直叙。

（3）力求客观真实，准确无误。在陈述信息时要保证客观真实，既不要随意夸大，也不要乱加粉饰。同时，要力保己方表达的信息和观点准确无误，避免前后陈述不一。一旦在陈述中发生口误等失误状况，要马上向对方道歉并加以纠正，切忌蒙混过关，或者为顾及面子进行掩饰或诡辩。文过饰非的结果往往是造成对方对己方的不信任甚至失去彼此合作的机会。

3. 终局总结性陈述技巧

商务谈判的主要议题结束后，谈判双方会有一次总结性陈述。此次陈述的主要目的是对该次谈判进行总结、评价，并彼此表达各自的愿望或期望。终局总结性陈述一般有三原则。

（1）悲喜不形于色。一般说来，商务谈判大多会实现双赢，但即便是双赢，也会出现一方可能赢得多，另一方可能赢得少，不可能利益均等。

在此，必须强调，获利多的一方决不能以胜利者的姿态洋洋得意，获利相对少的一方更不必以失败者的状态垂头丧气。要表现出诚恳、自信、大气、不卑不亢的形象，把希望放在双方今后更长远的合作上。

（2）互道祝贺赞美之词。商务谈判有时繁杂而冗长，谈判结束时各方可能已经非常疲惫。此时，不管谈判结果是否满意，彼此都应该对此次谈判的成功表达祝贺。即使谈判没有成功，也应该礼貌地表示遗憾并热情总结谈判取得的成果或达成的共识。

同时，要毫不吝啬地对对方在谈判过程中的表现表达出诚恳的欣赏、赞美和肯定。当然，在相互赞美时切不可为抬高对方而故意地、过分地贬低自己。

（3）表达合作愿景。商务谈判结束后，谈判双方应当表达对今后长期合作的期待和愿景，或提出一些彼此进一步合作的建议。这对双方今后的合作、发展大有裨益。

（二）商务谈判中提问的技巧

提问是商务谈判双方彼此加深了解、互相摸底的重要途径。通过提问，可以探测对方的需求、动机、心理，甚至是弱点、短板；通过提问，可以探测对方的动向，了解对方的目标，为己方的决策提供依据并为谈判取得最终成功提供更多的信息支撑。

1. 商务谈判提问的常见类型

（1）协商式问句。主要是指为使对方同意自己的观点，采用商量、探讨的口吻向对方发问。这种方式一方面表明自己的观点，同时又给了对方表达意见的机会，对方即使没有接受你的观点，双方的气氛仍然非常融洽，是富有建设性的一种提问方式。如：

"将合同这个条款改为这样，您看如何？"

（2）启发式问句。主要是通过激发对方潜意识的目标，帮助对方探讨并发现事件的原因从而能得到想要的结果。如：

"从长远观点看，您是不是应重点考虑该产品的节能情况呢？"

（3）限制式问句。主要是指那些对问题的答案限制了范围的提问。限制性问句的答案已限制了范围，使得对方的回答非此即彼，己方容易把握谈判的主动权。如：

"请问您是选择黑色26型号的产品还是选择红色28型号的产品呢？"

（4）诱导式问句。主要是指对问题的答案给予强烈的暗示和诱导作用，使对方的回答符合己方预期的目的，是商务谈判中要求对方赞成自己的观点时常用的提问方式。如：

"您看，我们现在给您报的价格，您应该满意了吧？"

（5）选择式问句。主要是指把问题的几种可能的结果都告诉对方，使对方在指定的范围内选择答案。如：

"您看，这几种商品质量都非常好，您喜欢哪一种呢？"

（6）预设式问句。主要是指在问题中有假设条件的提问。预设式问句都是以假设为前提条件的，目的是通过提问探索己方的最佳效益。如：

"如果我们增加100吨的需求数量，请问您的报价是多少呢？"

（7）核实式问句。主要是指要求对方把问题的观点给予进一步确认或者证实。如：

"按您刚才的说法，是否意味着您可以代表贵方所有人员的意见？"

（8）婉转式问句。主要是指在己方没有摸清对方虚实的情况下，采用婉转的语气或方法，在适宜的时机向对方提问。这样既可以避免难堪，又可以达到己方的目的。如：

"您这种产品的功能看上去还不错，您能详细地评价一下吗？"

（9）进攻式问句。主要是指将自己的意见抛给对方，让对方在狭小的范围内进行选择。这种提问往往显得咄咄逼人。使用时要特别慎重，一般应在己方充分掌握主动权的情形下使用，否则很容易让对方反感而导致谈判破裂。同时使用时措辞尽量得体，语调尽量柔和，不要给对方产生蛮横的印象。如：

"如果您就这样结束谈判的话，您怎么回去向上司交差呢？"

2. 商务谈判提问的技巧

商务谈判的提问技巧直接关系到提问的效果，影响到谈判目标的实现，所以以下几种技巧应引起必要的重视。

（1）不问对方不能回答或不愿回答的问题。提问者必须要清楚可以问什么，要明了哪些问题是对方不能回答或不愿回答的。包括不友好的提问、指责性提问、涉及商业秘密的提问、有关个人隐私的提问等，要避开这些对方避而不答或忌讳回答的问题。否则，容易破坏双方的关系，最终影响商务谈判的成功。

（2）提问要简明扼要，直击要害。提问者的提问要简明扼要，这有助于对方的理解和记忆，更有利于对方的思考和回答。同时，对将要提问的问题务必精心准备、认真构思、直击要害，所提问题不能是一些无关痛痒、人所共知的问题，它必须能引起对方注意，使对方能认真思考，严肃对待，并迅速接近己方此次商务谈判的目标。

（3）提问态度要谦逊，不可故作高深。提问的目的是为了得到自己想要的答案，实现谈判的目标。因此，提问时态度要谦逊、诚恳、心平气和；提问的问题不可过于尖锐、语气强硬、咄咄逼人、步步紧逼。更不可故作高深、卖弄知识，让对方反感。

（4）提问要选准时机，适时发问。商务谈判中适合提问的时机主要有：对方发言完毕后提问、在对方发言间歇或停顿时提问、在己方发言的前后提问、在议程规定的辩论时间提问等。当然，为了取得谈判的成功，提问的时机必须要把握好，要适时发问。提问过早容易把意图提前透露给对方，提问过晚又有可能贻误时机。

（5）提问要机智多变，睿智灵活。商务谈判中有些问题正面发问可能对方不愿回答，即使回答也可能收效甚微。提问者可灵活多变，转换角度提问，这样既可以激发对方回答的兴趣，又可以获得较满意的效果。

（6）重要问题可连续发问。针对一些对己方较为关键的问题，而对方对这些问题的提问又含糊其辞、模棱两可，往往这时他们处于劣势或者是对其利益有所不利的内容，己方在这些问题上可以反复发问，坚决要求对方给予完整全面的回答。当然，这有可能会导致对方尴尬，甚至会可能终止谈判。对此，要提前做好心理准备。

（7）提问方式尽量采用陈述语气＋疑问语气的形式。在陈述语气中提炼出问题，这样既不给对方设限，又可以拓宽对方思路，提高对方回答的兴趣，达到己方获取信息的目的。

（三）商务谈判中应答的技巧

商务谈判中如何巧妙地应答对方提出的问题非常重要。答得不好，会使己方陷入被动；回答巧妙，则可使己方逢凶化吉。一个成熟的商务谈判者非常注重应答技巧的研究，在商务实战中灵活运用，往往能峰回路转，变被动为主动。

1. 商务谈判应答的常见类型

商务谈判的应答可以归纳为三种类型，包括正面应答、迂回应答、避而不答。在商务谈判实践中又衍生出多种应答形式。

（1）顺应应答法。主要是指在对方所提问题非常明确的情况下，顺应前提应答。这种形式较常见，是商务谈判顺利进行的最基本的应答方式。如：

问："前面的条款我们已经进行了深入的交流，下一步我们是否应该谈谈海运货物保险问题？"

答："可以，您可以说说您的建议。"

（2）限制应答法。商务谈判中，不是所有问题的应答都有必要，而是己方应根据情况，选出对自己有利的问题，限制前提进行回答，掌握主动权。如：

问："我们已经根据你方的要求，对商品的包装、运输、保险、付款方式等作了修改，您打算何时签约呢？"

答："如果贵方出的价格合理的话，我们随时会签约的。"

（3）更换应答法。商务谈判中有时候谈判双方纠于一点或几点问题停滞不前，己方就可以适时更换前提进行应答，为自己解围。如：

问："我们探讨了这么长时间了，您到底打算出什么价？"

答："如果我想买的话，我一定会与你联系。"

（4）回避应答法。即在应答时回避对方的话题，将其引到其他方向去，使己方把握谈判的主动权。这种方式类似于"答非所问"。但这种答非所问必须是在前一问题的基础上自然转来的，没有什么雕琢的痕迹。如：

问："从目前市场情况看，贵方所报价格仍然偏高，我方无法接受，能否请您重新报一个价格？"

答："关于价格我相信一定会使您满意，不过在回答这一问题之前，请让我先把该产品的几种特殊功能说明一下。"

（5）否定应答法。这种方法不是拒绝，而是否定对方的前提，从而使后面的话题按照己方的部署进行，从而取得主动。如：

问："你方是否同意十月份以前交货？"

答："十月份以前交货，我方有困难。"

（6）反问应答法。主要是指针对那些一时难以回答或者不想回答的问题的应答方式。即把对方提的问题反踢给对方，请对方站在自己的角度反思问题的答案。这种方式对商务谈判中一些不便回答的问题比较有效。如：

问："你对双方合作的前景怎么看？"

答："那么，你对双方今后合作的前景又有什么高见呢？"

（7）借势应答法。主要是指对对方提出的问题予以肯定，然后利用该前提给予应答，轻松化解对方抛出的问题。如：

问："贵方的这款产品，市场上同型号的很多，而且功能款式都相似，可是你报出的价格为什么比别人高出五倍之多呢？"

答："你说得很对，我非常赞成你的说法，我的产品确实和当前市场上的型号、功能、款式相似，价格也确实比他们的产品高出数倍，但是，我们的产品不是用普通材料构成的，而是用纳米材料生产的。"

（8）拒绝应答法。主要指对一些棘手的和无法回答的问题，如一些可能会泄露己方商业机密的问题、一些可能会泄露己方对于谈判不利的信息等，寻找借口拒绝应答。如：

问："既然贵方把产品的功能说得这么好，那么，请问该产品生产的核心技术是什么？能否请你详细地解释一下呢？"

答："很抱歉，这是专业技术领域的问题，恕难奉告。"

2. 商务谈判应答的技巧

（1）三思而后言。商务谈判的应答不是比赛抢答，如果对方提问的话音刚落，己方就着急火燎地做出应答，这样做不仅使应答者显得浮躁，更重要的是容易出现失误。因此，对方提出问题后，应答者要给自己留出适当思考和调整情绪的时间，可适当停顿思考几秒钟或者通过喝水、记录、整理桌面的资料、调整坐姿等缓冲一下时间，再做应答。这样做的优点是既显得稳重大方、成熟练达，又显得自然得体。关键是三思而后言，不容易出现失误。

当然，如果对方所提问题已经了然于胸，而且心中已有非常明确的答案且做好了应答的情绪准备，快速应答亦无什么不妥。不过，商场如战场，稳妥行事才是首选。

（2）探准其真实动机而后动。商务谈判中对方所提问题很多都不能只看问题的表象，往往在表象下隐藏着其复杂的动机和目的。如果应答者没有探准其真实的动机和目的就按常规应答，可能效果不佳甚至会陷入被动。因此，应答者对对方所提问题有时需逆向思维，需要透过表象看其本质，甚至不能按常理思考，那么只有探清楚提问者的真实动机后，应答者才能把握该答什么、不该答什么、该答多少；哪些需明确回答、哪些需模糊回答；哪些需正面回答、哪些需侧面回答。只有如此，才能把握谈判的主动。

（3）坚持不问不答。商务谈判中应答者只针对对方提出的问题进行应答，一般不要做延伸式或扩展式回答，坚持不问不答的原则。

商务谈判中应答者有时急于想让对方明白或者急于想让对方签约，在应答过程中对对方没有提到的问题一并做了解释，结果是你解释得越多，对方的问题反而越多；或者对方原本就没有想到这个问题，被你一解释反而提醒了他。因此，这种做法实不可取。

（4）切忌不懂装懂，信口应答。"金无足赤，人无完人"，再优秀的谈判高手也不可能对所有的问题都明白。因此，商务谈判中，如果遇到自己不懂的问题，应该坦率地告诉对方不能回答或者暂时无法答复。切不可为了维护自己的颜面或者担心对方笑话自己的无知而强行解答！如果这样做了，不但可能使己方陷入被动，甚至有可能为此付出沉重的代价。

（5）话说三分，留有余地。商务谈判中对方有些问题是想窥探己方的观点、立场、态度或是想认证他们对某问题的判断。为此，应答者有必要对对方所提的一系列问题进行逐一分析，然后视情况做出应答。对有些问题必须说清楚，而有些问题只需话说三分，为己方留出余地，甚至对有些问题可以避正答偏或顾左右而言他。

（6）随机应变，巧妙周旋。商务谈判过程瞬息万变，对方提问往往因出发点不同、思考问题的角度差异而各有侧重，所以，提出的问题可能会各种各样、繁杂多变，这就要求应答者必须随机应变、巧妙周旋，依据提问者的不同要求做出适当的应答。要不拘囿于应答的模式，只有不断创新应答的技巧，才能提高商务谈判的实力。

（四）商务谈判中论辩的技巧

商务谈判进入讨价还价磋商阶段，双方为了各自的利益就会进行激烈的论辩。更有个别谈判者为了迫使另一方让步，出言不逊，甚至进行人身攻击，或者故意歪曲事实、胡搅蛮缠。这就要求谈判者必须认真研究论辩的技巧、不断训练自己的论辩能力，以保证在商务谈判论辩中把握主动。

1. 商务谈判论辩需注意的几个问题

（1）摆事实、讲道理。商务谈判论辩成功的关键是摆事实、讲道理。商务谈判论辩不是煽情，更不是表演，没有以事实为依据的论辩只能是无源之水、无本之木。因此，要想论辩有力，必须做好论辩材料的准备工作。事实要有代表性、权威性，论据要保证其真实性、科学性。只有如此，才不会在论辩中让对方有可乘之机。

（2）讲究论辩的逻辑性。在论辩中，辩论的逻辑性起着极为重要的作用，它使辩论显得严谨、条理，使自己的观点显得牢不可破，分析对方的观点和自己的观点时必须要分析其逻辑关系、真实的逻辑地位和逻辑困难，知道了双方在观点上的逻辑关系也就确定了对方观点的要害之处。在表述自己的观点时，必须讲究逻辑层次。辩论时应层次分明，逐条列出，清清楚楚。这样，论辩才有逻辑性，才有说服力。

在论辩中还要擅长进行归纳。用简明扼要的语言来阐明自己的见解，只有这样才能在辩论中占据有利的位置；同样地，要能用简明扼要的语言来归纳对方的见解，否则往往会随波逐流，甚至迷失方向。只有在逻辑上善于归纳，才会在辩论中紧紧抓住对方的要害，有针对性地打击对方，使对方真正陷入被动的局面。

在论辩中需要使用归谬法。归谬法就是沿着对方的逻辑把其观点推向极端，使其荒谬性明显地表现出来，从而对其观点予以根本否定。对方的本来不明显或者小的逻辑错误，使用归谬法后就会使其错误被放大，这样，往往能够取得出奇制胜的效果。当然，归谬法的使用要注意适度性，如果运用不当，会给人以强词夺理的感觉。

（3）不要以强凌弱。商务谈判的各方法律地位都是平等的，没有大小、高低、强弱之分，都应一视同仁。所以论辩时要尊重对方，要心平气和，以理服人。既然能坐在一起谈判，就绝不可认为自己公司财力雄厚、规模庞大就可以强凌弱、以大欺小，在论辩中盛气凌人、发脾气、耍大牌。否则，谈判很难正常进行。

（4）要树立大局意识。商务谈判的论辩要有大局意识，避免纠缠于无关大局的细枝末节之争。凡事长远考虑，以得与失的辩证关系原理看待问题。树立谈判的大局观，就是要坚持到最后，不惜代价获取最终的胜利，不因局部胜负而耽误全局胜负。不在乎一城一地的得失。

当然，放弃细节操作也无法取得胜利，相对细节来说，更关注整体、大局。

2. 商务谈判论辩的技巧

（1）客观公正，立场明确。商务谈判中论辩双方免不了会唇枪舌剑、针锋相对。但不管辩论多么激烈，谈判者务必要坚持客观公正，实事求是，要人事分开，不掺杂个人的主观意愿，保持应有的独立性。切忌罔顾事实，有失公允。更不可歪曲事实、胡搅蛮缠，甚至使用侮辱诽谤的言辞进行人身攻击。同时，立场要明确，要有明确的观点、明确的目标、明确的目的，才能使论辩清晰有力、保证成功。

（2）思维缜密，语言风趣。一个优秀的商务谈判人员，论辩时要保持头脑冷静、思维缜密，只有具有这种素质才能应付各种各样的困难，从而摆脱困境。为此，商务谈判者应加强这方面的基本功训练，以便在谈判中以不变应万变。特别是在谈判条件相当的情况下，谁能在相互论辩中保持缜密的思维，谁就能在谈判中立于不败之地。

同时，在商务谈判论辩中避免语言过于生硬，缺乏活力和幽默。要尽量多使用形象的例子，少使用抽象的、教条的说理，俗话说，事实胜于雄辩。只有多融入生动、形象、风趣的语言，整个论坛的辩论才会充满活力。

论辩中绝对要避免使用可能、大概、好像、应该、你想之类的不准确的词句。在能用数字说明的地方要尽可能用数字，因为准确无误的数据往往起着十分重要的作用。而且，数字只要有据可查，不管准确与否，对方往往都无法反驳，也无法否定。

（3）把握尺度，攻守平衡。论辩中的攻与守是一对基本的矛盾关系，在商务谈判论辩中经常出现两个极端：一是只讲防守，结果辩来辩去，对对方的观点根本不构成任何威胁，这样就不可能取得谈判的胜利；二是只讲进攻，对对方提出的证据和问题，不敢正面回答和辩论，在心理上首先已经胆怯，这样往往是还没有攻破对方的堡垒，自己却已经失去阵营。

要取得商务谈判的最后胜利必须讲究论辩的攻守平衡。论辩中防守是基础。当对方对自己的观点或者证据提出一些枝节性质疑的时候，可以不予以回答，但当对方对自己的基本观点提出质疑时，则必须进行辩护和解释。只有澄清自己的基本观点，才能够有充分的空间和时间攻击对方，如果不进行必要的辩护，进攻就会显得强词夺理，理屈词穷。

当然，论辩时也要把握好进攻的尺度，一旦目的已经达到，就应适可而止。因为谈判中，如果一方把另一方逼到绝境，则往往会产生较强的敌对心理，最终影响到双方的合作。

（4）沉着冷静，从容不迫。其实，一帆风顺的商务谈判是绝对不会出现的，论辩过程犹如没有硝烟的战场，总是跌宕起伏、你来我往。有时，对方可能会恼羞成怒、无理取闹，对己方的产品质量、生产、价格等横加指责、多方刁难；有时，对方还有可能会采用恐吓、威胁的手段要求己方做出不合理的让步。如"就给你们十分钟的考虑时间，如果再不让步，我们就找另一家客户了!"；更有一些谈判对手甚至会使用嘲讽、侮辱性的语言进行人身攻击，想从心理上给己方下马威、使己方产生挫折感以至于不敢提出进取性的要求等。

针对以上情况，谈判者要沉着冷静、从容不迫。

面对责难，己方切忌大动肝火、失去理智，当然也不能唯唯诺诺，任其无理指责。要用事实和翔实的证据驳斥对方，以理服人。

面对对方咄咄逼人的恐吓、威胁，己方更不能就此退缩、妥协，这样会给对方造成软弱可欺的印象，很难进行后续的谈判。因为我们必须要明白一个道理，那就是既然大家坐在一起谈判，谈不成对双方都不利，哪一方也不想轻言放弃谈判。所以，对此情况，我们要指出对方要求的不合理性，在对方做出相应让步的情况下可考虑适当让步，否则宁可放弃谈判。

面对对方的嘲讽和侮辱，己方可采取以其人之道还治其人之身的策略，可采用反问或者反嘲的方式直接进行反击，必要时甚至可以果断中止谈判或者结束谈判。

（五）商务谈判中说服的技巧

商务谈判中的说服贯穿于谈判过程的始终，是最艰巨、最复杂，也是最富挑战性、技巧性的沟通工作。谈判各方都期望己方的说服能够做到有理、有力、有节，都期望能够说服对方，但有时候却事与愿违，明明自己的观点正确，却不能说服对方，反而让对方说得无言以对。其实，要想在说服中占据主动，除去要掌握大量的事实、证据、相关信息之外，还要掌握一些基本的方法和技巧。

1. 建立相互信任

信任是商务谈判说服取得成功的基础，没有信任就没有说服，试想一个都不信任你的人还能被你说服吗？商务谈判中不要滔滔不绝、喋喋不休地只顾说自己的理由，要想说服对方，就要考虑到对方的观点或行为存在的客观理由。要设身处地地站在对方的角度谈问题，要使对方感受到你确实是在为他着想，这样无形中就建立了双方的信任感，消除了对方的戒心、成见。如此，说服的效果将会十分明显。

2. 做到彼此尊重

商务谈判中，由于谈判双方所处的位置不同、目标不同、观点不同以及谈判者本人个性、风格的差异，谈判时产生矛盾不可避免。这就要求谈判者做到宽容大度、彼此尊重。

首先要重视、尊重对方的观点。对于对方的某些反对意见，即使你站在己方的角度认为它是完全错误的，也不应该轻视或给予嘲弄，应以欣赏、鼓励、期待等态度来善待对方的观点。只有使对方真切地感受到你在尊重他的意见，说服才会有效力。

其次要尽量体谅、理解对方。由于商务谈判的双方处在不同的利益集团，俗话说"屁股决定脑袋"，对方的许多不同意见和观点往往都有一定的原因和背景。对此，谈判者要有换位思考的气度，要尽量体谅和理解对方。彼此尊重才能赢得尊重。如果不体谅对方，置对方于死地而后快的做法，在说服中是不可取的。

3. 寻找利益契合点

在商务谈判中你不可能把所有的利益都据为己有，如果谈判者一直抱有这种想法，那么你的说服就没有任何效力，结果可能是对手退出谈判，人家不和你玩了。既然商务谈判的双方都是为了实现己方的商业利益才坐在了一起，那么从这个意义上讲，谈判者必须要基于双方利益的契合点开展沟通工作，除了利益的契合点外，还要善于发现双方多层次的需求。只要围绕双方利益的契合点进行说服，彼此为满足双方不同层次的需求而努力，那么商务谈判说服的目的就达到了。

4. 善于寻求认同感

商务谈判说服过程中谈判者要尽量从工作上、生活上以及兴趣、爱好上寻找彼此的共同点，以增加双方的认同感。因为认同感是人与人之间心灵沟通的桥梁，它能够拉近谈判者心与心的距离，增强彼此的亲近感和友好感，消除由于谈判压力带来的焦虑和狂躁，减轻或消除彼此的戒心和排斥心，增强双方的相互理解。从而使己方的说服更容易被对方所接受。

5. 注重方式灵活

商务谈判的说服比较复杂，其中说服方式很重要，因为不同的谈判对手性格迥异，接受的说服方式各不相同。大多数商务谈判者都能做到通情达理，那么彼此用常规的说服技巧就可以达成一致；有的谈判者自尊心很强，死要面子，拒不承认自己的错误，那么对这种人不妨给足他面子，让他有体面的台阶保存颜面，等时机成熟再和对方交流，这样，对方因为没有失掉面子而使己方的说服效果会更好；有的谈判者固执己见、冥顽不化，正面说服很难奏效，对此，只能采取迂回战术，从其感兴趣的话题入手，逐渐消除其戒心，再慢慢把话题转入正题，晓之以利害。如此，会取得较好的说服效力。所以，商务谈判中对不同的人选择不同的说服方式才是上策。

（六）商务谈判中拒绝的技巧

商务谈判中，面对对方一些不合理的要求或者对己方非常不利的条件时，己方如果不拒绝就有可能给自己带来不利的局面或者较大的损失。在此情况下，拒绝就是非常明智的选择。当然如果拒绝过于直接，就有可能伤害到对方，使谈判出现僵局，甚至可能导致谈判失败。所以，一个优秀的谈判者所做出的明智的拒绝既能使对方接受他说的"不"，又能使对方的不愉快保持在最小的限度之内而尽量不破坏谈判的和谐气氛。当然，这需要掌握一定的拒绝技巧。

在这有必要强调的是，谈判中的拒绝不是谈判的目的而仅仅是一个手段，目的是尽量降低己方的损失并使谈判向着有利于己方的方向发展。

下面是商务谈判中一些常见的拒绝技巧，不妨做些参考。

1. 设法让对方自我否定

孙子曰："百战百胜，非善之善者也；不战而屈人之兵，善之善者也。"商务谈判中面对对方的不合理或者过分的要求，己方可不作回答，而是针对对方的问题提出一连串的质疑、看法、理由，或者提出一些启发对方的问题，让对方心领神会或者产生新的认识而加以自我否定。这是商务谈判拒绝的最高境界。

2. 善用"但是"法

商务谈判中对对方的不合理要求首先表示认同并给予肯定，然后进行转折，用"但是"做实质性的否定，从而拒绝接受对方的条件。这种先褒后贬的效果是由于首先给了对方一个心灵上的共鸣，使其处在被认同的亢奋和愉快的心情下，心理和情绪保持开放状态，后续再听到否定的时候，也不会产生较强的反感和抗拒心理，较容易接受拒绝的信息。所以，"但是"法是商务谈判表达拒绝的一种不错的选择。

3. 巧用"借口"法

商务谈判中，对于对方提出的一些对己方不利的条件或观点，如果简单地加以拒绝，很容易引起对方的不满或者更加强烈的报复，甚至会使谈判走向破裂。为此，不妨巧用"借口"法来拒绝他们，即在谈判中寻找一些如公司组织原则规定、规章制度要求、个人权限约束等，拒绝接受对方的条件或观点。由于"借口"法寻找的借口都是一些客观理由，对方一时很难弄清真假而提出反驳，所以，该方法也容易实施而不会引起对方很大的反感。

4. 附加条件法

附加条件法又称条件拒绝法。商务谈判中，如果对方提出的条件或要求对己方不利，赤裸裸地拒绝显然是下下策。这时候，不妨在拒绝对方前，先要求对方满足己方的条件，如对方能满足，则己方也可以满足对方的要求；如对方不能满足，那己方也无法满足对方的要求。附加条件法的好处在于己方在拒绝的同时，又给对方留有充分的余地。这就很容易避免出现一些对方因遭到拒绝而产生的负面情绪，从而有利于己方对谈判进程的把控。

5. 幽默拒绝法

在商务谈判中，如果己方无法满足对方提出的条件和要求，又不想直接拒绝使对方难堪，那么，不妨根据对方的条件或要求用轻松诙谐的话语推出一些荒谬的、不现实的结论来，从而间接加以否定；或者针对对方的要求讲述一个幽默、精彩的故事让对方听出弦外之音而自我放弃，这样既避免了对方的难堪，又转移了对方被拒绝的不快。当然，幽默拒绝法对谈判者的要求更高，谈判者既要有一定的幽默技巧，又要有讲幽默故事的能力。否则，如果生搬硬套、毫无幽默可言，则既让对方难堪，又无法使自己下台。

商务谈判拒绝的方法还有很多，需要谈判者在谈判中灵活运用。当然，如果对方的条件和要求非常离谱和十分苛刻，根本就不容己方协商而且没有任何回旋的余地。此时，直接、明确、肯定的拒绝不失为最好的选择。

无论如何，如果商务谈判的拒绝表述不当，总会导致一些谈判僵局的出现。所以要求谈判者在拒绝时尽量做到态度要诚恳、观点要明确、措辞要委婉、方式要得当，从而保证谈判能够顺利进行。

四、商务谈判中的非语言沟通

美国著名心理学家艾帕尔·梅拉列斯在教育教学实践中总结了人类情感的表达主要包括三部分：其中55%的信息是通过面部表情、形体姿态和手势，7%的信息通过文字，以及38%的信息通过音调等传递的。由此可以看出非语言沟通在其中的重要作用。

商务谈判中的非语言表达内涵丰富多彩、形式灵活多变，其中大量的信息都是通过彼此之间的非语言符号传递的，因而，其作用不可或缺，在商务谈判中发挥着特殊的作用。

（一）非语言沟通的功能

1. 增加有声语言的表现力

商务谈判中体态语言的运用能够增加有声语言表达的效果。在表达情感、情绪和态度方面，体态语言有时甚至比口头语言更明确、更具体、更有感染力。在商务谈判沟通过程中，体态语言都是伴随着有声语言直观地传递着各种信息，使语言表达更加生动、形象，语言表达的表现力和感染力也得到升华，给对方留下更加深刻的印象，进一步提高谈判的沟通效果。

2. 部分代替有声语言的表达

语言交流是商务谈判沟通的主要手段，但它也有言不尽情、词不达意的时候，当语言不可以或者难以传递谈判者的观点或意图时，体态语作为有声语言的重要补充和辅助手段，可以起到表达思想、沟通情感的作用。在商务谈判中，谈判者的举手投足特别是面部神情会不经意地流露出内心的情感、愿望等。听者也会不自觉地从对方的面部表情中捕捉信息。有时候，一个眼神、一种表情、一个手势，彼此就会明白对方要表达的意思。

3. 强化有声语言表达的效果

商务谈判中体态语有时不仅能使语言表达的含义更加明确，而且能发挥信息的载体效能，对语言表达的结果起到进一步的强化作用。同时，使表达的情感更加真挚，并且能昭示或掩饰谈判者的内心情绪，迅速地传递反馈信息，有效地体现谈判者的气质风度。如谈判者用沉着、冷静、刚毅的眼神看着对方，用掷地有声的语调向对方宣布某项决定等，都能进一步强化语言表达的效果。

4. 认证有声语言的真实性

非语言沟通大多都是谈判者的非自觉行为，与语言表达相比，它的可控性较小，其所传递的信息往往是谈判者内心情感的自然流露，因而，也就更具有真实性。根据非语言沟通的这个特点，可以认证有声语言所传递信息的真实与否。在商务谈判中，如果谈判者身体各部分的活动变化表现为相互配合，彼此协调一致，即表现为体态语言的一致性；如果谈判者身体各个部位传递出来的信息并非一致，则表现为体态语言的冲突性，即出现所谓谈判者"言行不一"的现象。据此可判断谈判者有声语言的表达出现了矛盾或者掩饰了某些真实的情况。

5. 影响谈判者首因效应

商务谈判者彼此从之前的从未接触，到第一次接触到对方后形成的最初印象，我们称之为第一印象，由第一印象产生的效应被称为首因效应。实践证明，首因效应在印象形成过程中有举足轻重的作用，因而首因效应的好坏直接影响到谈判过程的顺利与否。

在商务谈判中，如果第一印象良好，心理状态就会兴奋，继续深入交流的愿望就强烈，这就给以后谈判的顺利进行打下了良好的基础。如果第一印象不好，交流就会被动，甚至影响口语交流的正常进行，直接给今后的谈判带来一定的障碍。在第一印象中，体态语的作用尤为明显。心理学研究表明：人感觉印象的77%来自眼睛，14%来自耳朵，视觉印象在头脑中保持的时间超过了其他器官。得体的着装、热情的态度、友好的目光、真诚的笑容等良好的体态语可以使其在很短的时间内获得对方的信任，有利于商务谈判的沟通交流。

（二）商务谈判中部分体态语的解释

1. 头部

头部活动传递的信息一般包括点头和摇头，有说明性的意思。通常点头主要表示同意，也有赞成、致意等意思；摇头则主要表示不同意，也有对抗、瞧不起、讥讽等意思。但在国际上，有极个别的国家头部表达的意思却正好与之相反。如在保加利亚，头部表达的含义是"摇头表示同意，点头则是否定"。

2. 面部

（1）眼神。商务谈判中，如果一方的视线较长时间停留在对方的脸上或与之频繁对视，或是睁大眼睛盯着对方，说明其对谈话内容感兴趣；如果倾听时一方几乎不看对方，甚至没有眼神的交流，除去个性怯懦或羞涩的原因，通常表明其对对方或谈话内容不感兴趣，或者在掩饰自己，有不真实的地方；如果眼睛眯小，眉头锁紧，斜视等，则说明一方对另一方的建议不屑一顾，或者反感，或者气馁；如果眼睛炯炯有神，通常说明谈判者此时处于欢快或兴奋状态；如果眼睛无神、愁眉紧锁，通常说明处于消极、戒备、恼怒等状态。

当然，眼睛是心灵的窗口，交流中变化纷呈，其传达的信息也是多种多样，需要在谈判实践中多多观察总结。

（2）眉毛。眉毛和眼睛关系密切，两者的动作表达的含义往往相似。眉毛上扬，大多表示心情愉悦，或者表示惊讶；眉角下拉或者眉毛倒竖，大多表示气恼或愤怒；眉头紧锁，则大多表示不愉快、不赞同，或是处于困惑、困顿状态；眉毛高挑，则多有疑问、询问之意。

（3）嘴巴。在商务谈判中，嘴巴除了语言交流之主要功能外，嘴巴的好多动作可以反映出谈判者的心理状态。嘴角上扬，往往表示心情愉快，内心随和，容易交流；嘴角下拉，则表示心情恼怒，性格固执，内心刻板，不易沟通说服。噘起嘴巴往往表示不满或不服；嘴巴紧紧地抿住或者咬住下唇，可能表示态度坚定或者内疚；等等。

3. 肢体

（1）上肢。上肢是人身体比较灵活的部位，商务谈判中可以通过观察对方上肢的动作变化，来判断对方的心理活动或心理状态，以获取更多的谈判信息。

谈判中拳头紧握，往往表示一种内心紧张或者愤怒的情绪，处于一种随时进行反击的状态；两手互搓，可能处于内心焦虑、紧张，无所适从的情绪；两手掌伸开、手心向上向两侧摊开，则可能表示无奈、不理解等的心态；两手掌伸开，手心向下向两侧摆动，则表示拒绝、否定的态度；谈判中双手不停搔头，可能表示困惑、不满、麻烦等。

握手时力轻而且时短，往往是冷淡不热情的表示；握手时有力且时间适中偏长，则是热情诚恳、有所期待的表示；握手时软而绵，且无目光交流，是一种鄙视、不欢迎的表现；用两手握住对方一只手，是热情、诚恳、欢迎、感激的表示。

谈判时双臂交叉抱在胸前，表示戒备、防守或自我保护的心态；双手交叉放在后脑部，身体后靠、放松，则可能表示对所谈内容不感兴趣、无所谓的心态，如果相熟，也可能表示一种放松、自信。

（2）下肢。商谈中两腿始终合并，且上身直立或前倾，说明谈判者对对方的尊敬、重视以及谦恭和自觉交易地位低下，成交期望值较高；如果两腿并立并时常后仰，表示小心、谨慎，思虑细致；商谈中双腿分开，身体后仰，则表明内心自信，交易地位感觉优越的心态。

商谈中双脚交叉，并不时分分合合来回变换，表示情绪不安；如果不停摇动足部，或两脚互相碰撞或者用脚尖拍击地面，则可能表示焦躁、不耐烦的心情。

坐着时身体深深嵌入椅子或沙发内，身体直立或稍后仰，表示心理上有一种优越感；浅坐在椅子或沙发的前三分之一，身体直挺，说明自我保护意识强、警惕性高、缺乏安全感；坐着时双手放在桌上，身体前倾，目视对方，则表示对话题感兴趣、参与心态积极。

4. 辅助物

辅助物语言主要是指谈判者借助拿在手上、穿在身上等的一些物体传递的某种信息。商务谈判中，可能出现的辅助物很多，如手表、钢笔、眼镜、本子、提包、帽子、香烟、打火机、茶杯、服装等。当谈判者借助这些物品做出不同的动作或姿势时，往往表达出不同的信息。如：

谈判时当不停地斜眼看手表时，可能想尽快结束此次谈判。

不停地旋转手中的钢笔，或玩弄打火机等手中的小物件，可能表示漫不经心，对对方所谈话题不感兴趣。

频繁地摘下眼镜或不时地咬眼镜腿，则表示可能正在紧张地考虑问题或内心正受煎熬。

不停地吸烟，做严肃状，表明谈判者正在紧张思考或内心不安；没抽几口就把烟掐掉，可能表明想尽快结束谈话或已下决心要做某事；斜仰着头，烟慢慢地喷出，表明谈判者内心淡定、自信和优越感；吸烟频率不高，任凭烟灰烧了很长，可能说明谈判者正紧张专注于思考某事。

谈判时，快速打开笔记本做记录，可能表明发现了重要问题或想起了重大问题。合上笔记本、包等，可能表明谈判已近尾声，或想尽快结束对话等。

当然，商务谈判中体态语丰富多彩，甚至没有固定的模式，不同的国家、地区、民族，不同的文化层次和个人修养，其体态语所传达的信息都可能是不同的，都会因人、因事、因物而异，需要在具体环境中认真分析，区别对待。

需要特别强调的是，在商务谈判中，对方可能会故意用某些体态语迷惑我们，这就需要我们必须结合对方的讲话、语音、语气、语调和其一系列的连续动作进行分析，识别其真伪并采取具体的应对措施。

（三）商务谈判中倾听的技巧

倾听是商务谈判者非常重要的行为，因为倾听是建立与协调关系的重要途径，倾听是获取和反馈信息的主要手段。有人曾经向日本松下公司的创始人松下幸之助求教其经营管理的诀窍，他的回答是："首先要细心倾听他人的意见。"可见倾听的重要性。同时，倾听又是一门应用艺术，绝非单纯的用耳朵接收信息这么简单，它是一个综合的复杂的过程。因而，需要商务谈判者在实践中认真探索，不断提高。

1. 商务谈判中影响有效倾听需注意的几个主要问题

（1）避免先入为主。有的谈判者由于自己的思维定式、阅历、生活习惯等对一些先听进去的话或先获得的印象往往在头脑中占有主导地位，以后再遇到不同的意见时，就不容易接受。

商务谈判中，由于对对方当事人的第一印象产生的首因效应，以及印象形成过程中产生的近因效应和晕轮效应，使谈判者由于对认识对象有某一点好或坏的印象后，泛化到其他方面，认为也是"好"或"坏"，从而掩盖其本质特征使谈判者形成先入为主的思想，谈判者对对方的讲话常常会按自己的好恶进行曲解，甚至拒绝倾听、伪装倾听。这样就会对倾听形成障碍，不能很好地理解对方的讲话，很难实现有效的倾听。

（2）杜绝固执己见。谈判者在倾听时顽固地坚持自己的意见，不肯改变。在商务谈判中，有的谈判者只考虑与自己利益相关的问题，对一些与自己利益无关的话题则不听不闻，一听到对方的观点和自己意见不一致，就变得情绪化或非常激动，马上和对方进行激烈的辩论。这种固执己见，坚持以自我观点为中心的思想，使得谈判者在商务谈判中很难完整地听明白对方要表达的意思，更不用说完全、准确地理解对方的意图了。

（3）克服判断性障碍。从心理学的理论看，人们总是喜欢从自己的立场出发对自己的所闻所听进行判断、评价，然后给出赞成或者否定意见，这种根据个人的信念所做出的反应往往是造成商务谈判中不能有效倾听的重要原因。

（4）减少环境的影响。商务谈判中的环境千变万化，有时环境的干扰常常会使谈判者注意力分散，不能集中精力倾听，从而形成有效倾听的障碍。如谈判场所周边嘈杂的声音，谈判场内人员的走动、抽烟、喝水、翻阅资料、敲击键盘等都会引起谈判者注意力不集中而影响其有效倾听。

2. 商务谈判中有效倾听的技巧

（1）倾听时要专心致志，态度积极，还要做到有效过滤，合理取舍。商务谈判过程中，己方要专心致志、聚精会神，以积极的心态去倾听对方的发言，要尽量避免由于心不在焉、心猿意马、大脑开小差而造成信息漏听。关键时候如果稍微分神，就有可能漏掉对方要传达的重要信息，从而出现对方所传达内容与己方理解上的偏差，或者造成己方理解错误。同时，对方在表达某种想法或意图时，有时可能不会直接表达，会比较婉转或者拐弯抹角，这样就会传递一些无用的信息。这就要求己方在认真倾听的基础上，对收到的信息进行有效的过滤，合理取舍，做到透过现象看本质，去粗取精、去伪存真，始终把握对方发言的重点和核心，提高有效倾听的效果。

（2）边听边记录、边听边整理、边听边记忆、边听边分析，提高倾听效率。记录可以有效地帮助倾听者记忆和回忆，而且还可以防止其倾听时的注意力分散、转移。商务谈判过程中，双方为了争取各自的利益目标，往往现场气氛比较紧张，加之谈判议题较多，且每个议题都要认真对待，大脑时刻要接收和处理大量的信息，所以谈判者面临的精神压力比较大，思维需要时刻保持快速运转，此时单凭听者的记忆力记住大量的信息是不现实的。谈判实践证明，再好的记忆力也只能记住信息的大概，而且还会遗忘。因此，谈判中边听边记录、边听边整理、边听边记忆、边听边分析是排除倾听障碍非常好的措施。

（3）倾听时避免急于反驳对方、抢话、无休止的争论等而耽误倾听，造成信息流失。商务谈判过程中，有时候己方不同意对方某一方面的问题或者观点，就想急于反驳对方，不断地抢话，打断对方的言论与之进行辩论。辩论到激烈时，甚至无视对方的存在，对对方的谈话更是充耳不闻，心里只想着如何反驳对方而根本听不进对方的其他信息。这样做的结果不仅使己方表现得狭隘，更重要的是无休止的争论使己方丧失了获取对方信息的机会，造成不必要的信息流失，而且还可能招致对方的敌意，甚至会导致谈判破裂。

（4）倾听中不要回避话题、逃避交往的责任，要对对方发言做出积极回应。商务谈判中，可能会涉及一些政治、人际关系等方面的让己方一时难以回答的问题，对这些难以回答的问题己方不必刻意回避，而是要有信心和勇气去应对对方的每一个问题。同时，商务谈判不是一个单方面就能完成的行为，必须要有双方的参与才行。因此，既要做发言者，又要做倾听者。作为发言者就要认真接受倾听者的询问，作为倾听者就一定要想方设法听明白对方的发言，不必逃避交往的责任。作为倾听者，在谈判过程中对对方的发言要采取各种方式予以积极的回应和反馈，如在适当的时候点头、微笑或注视对方等。这样既可以提高倾听效率，也可以表达对对方的尊重，营造一种愉快、和谐的谈判气氛。

总之，倾听在商务谈判中的重要性不言而喻，作为一个成熟、优秀的谈判者沟通时一定做到择善弃恶、互利互惠、相互理解、分清主次、严于律己、宽以待人。倾听时务必全神贯注、积极参与、排除干扰、揣摩推测、整理概括。时刻把握谈判的走向和主动权，争取最终取得谈判的成功。

第六部分

商谈开局是关键，共同利益需构建

商务谈判的各方在进行了充分的前期准备后，下一步就要面对面进行实质性的谈判工作。谈判从开局到结束，其过程错综复杂、千变万化，可能要经过数个回合、多次的反复才能最后达成一致。作为谈判的起始阶段——开局，是整个商务谈判的起点，开局的效果如何在很大程度上决定着整个谈判的走向和发展趋势。这就像一句俗语所说："万事开头难，好的开始是成功的一半。"因此，只有在开局阶段打好基础，处理好谈判双方的关系，定好谈判的基调，才能为下一步谈判的顺利进行打好基础。

一、商务谈判开局的任务

（一）营造开局气氛

商务谈判实践中，开局气氛的种类多种多样，有冷淡的、对立的、紧张的；有热烈的、积极的、友好的；有松松垮垮、慢慢腾腾、旷日持久的；有平静的、严肃的、严谨的；等等。谈判气氛的好坏会直接影响到谈判者的态度、情绪和行为方式，自然就会影响到谈判的进程和最终结果。如果谈判气氛良好，就可能为以后顺利解决问题提供良好的前提基础，反之，如果谈判气氛恶劣必然给人无诚意的感觉，就必然会影响后续谈判的结果。

商务谈判基本上都是互利互惠的双赢式谈判，彼此都是为了赢取商业利益的目的坐在了一起。因此，和谐、融洽、良好的谈判气氛能为即将开始的谈判奠定良好的基础，这有利于双方彼此沟通思想、交流感情和传达信息，有利于协调双方的行动，表达合作的诚意。

1. 影响谈判开局气氛的因素

现实中，我们总有一种误解，认为只要谈判双方一见面热情寒暄和友好地客套就一定会建立良好谈判气氛，其实未必，这种热情的寒暄并不能决定谈判的气氛，这只是双方表面的现象而已。真正决定谈判气氛的是双方谈判人员最初大脑运动所形成的谈吐、姿态、眼神、动作等。当然，谈判气氛不仅受开局瞬间的影响，双方见面之前的预先接触也会对谈判气氛的形成产生影响。所以说，当双方准备走到一起开始谈判时，气氛就已经形成了。实际上，影响谈判气氛的因素很多，主要有以下几种。

（1）谈判场地的客观环境。首先谈判的客观环境会影响到开局气氛的形成。如谈判场地的温度过高或者过低、亮度过明或者过暗、光线是否过分刺眼、周围环境是否过于嘈杂等都会影响谈判者的情绪或者行为方式，自然就会不可避免地影响到开局气氛的形成。

（2）双方的谈判实力。谈判实力实际上是谈判者"交易地位"的问题。谈判实力强的一方往往不自觉地表现出某种优越感，或者稍不注意就会有一种盛气凌人的姿态和压倒对方的气势；谈判实力弱的一方相对容易表现出谦虚、谨慎、平和；谈判实力相当，则双方处于平衡。所以，如果双方谈判实力对等，则彼此尽量营造轻松、和谐、友好的氛围。如果己方谈判实力明显比对方强，则在开局时既要表现得不失自信和气势，让对方感受到己方的优势，又要在言语、姿态上礼貌友好、轻松、严谨。如果己方实力相对弱小，则开局时也不要表现得过于卑微，以至于让对方期望值太高、得寸进尺，要表现出充满自信、沉稳大方、积极合作的姿态。

（3）双方之间的关系。双方之前的关系能够影响谈判开局的气氛。如果双方一直有业务上的往来，而且关系密切，则双方开局时像老朋友相见，气氛热烈而友好；如果双方有过业务交往，但彼此印象一般，此时，需要争取构建一个和谐、宽松、友好的氛围，言语上适当控制、姿态上彼此谦让，为此次顺利谈判打造一个较好的平台；如果双方过去有过业务关系，但己方对对方印象较差，那么开局时气氛应该是凝重的，言语上要严谨、姿态上要严峻，当然一定要不失礼貌、礼仪，既要让对方感受到对以前双方合作关系的不满和遗憾，又要看到希望通过此次谈判改变彼此关系的意愿；如果双方是初次见面，则要努力营造真诚、友好的气氛，彼此都给对方留下一个较好的印象，为下一步谈判和合作打造一个好的开端。

（4）谈判者的修养、谈吐、风度。谈判者良好的修养体现了其较高的品位与价值，以及遇到挫折时的乐观态度和对情绪的控制能力、人际交往能力等，这种对情绪的控制力可以使其礼貌而自信、热情而沉稳。谈判者的谈吐展现了其学识和风度，能表现出其语言的艺术，语言的艺术最重要的一条就是要懂得分场合分对象，能掌握语言表达的分寸感。风度则是指谈判者的言谈举止和仪态，是其内在实力的自然流露，包括谈判者的言谈、举止、神情、姿态等。谈判气氛的形成往往就是在双方见面时通过彼此之间的言谈、举止、神情、姿态等行为营造而成的。

（5）首因效应、近因效应和晕轮效应的影响。首因效应是由双方谈判人员之间的第一印象所产生的效应，而第一印象是己方在谈判开始之前第一次接触到对方的有关信息和资料后所形成的最初印象；近因效应则是彼此在印象形成过程中最近得到的信息和资料对印象形成产生的作用；而晕轮效应是谈判双方由于对彼此有某一点好或坏的印象后，泛化到其他方面，认为也是"好"或"坏"，从而掩盖其本质特征，形成了某种肯定或者否定的思维定式。所以，要营造良好的开局气氛，谈判双方从谈判之前的预接触开始就应该引起充分的重视。

2. 营造良好的开局气氛

善谋全局者必重视开局，良好的开局是商务谈判成功的一半。谈判高手都会把营造良好的开局气氛作为首要的任务。

谈判开局气氛是在谈判初始阶段迅速形成的，可能是几秒钟、几十秒钟或者几分钟，它是由谈判人员初次接触彼此之间产生的第一印象、谈判人员的态度、诚意状况以及个性差异而形成的综合表现。谈判开局气氛一旦形成，就难以轻易改变，而且会对以后的谈判活动产生较深刻的影响。为此，要注意以下几点。

（1）沉着冷静、注意讲究开场礼仪。一般情况下，正式谈判开局之始，双方都可能会产生紧张的情绪，从而可能影响到语言及体态语的正常发挥。所以，此时，谈判人员应该沉着冷静，放松心情，调整心态，注意讲究礼仪，服饰、仪表要整洁大方，说话语气要表现出尊重和礼貌，目光接触要表现出诚恳、可亲和自信。努力营造出一种尊重对方、彬彬有礼的氛围。如此，双方会逐渐消除紧张感和戒备感，有利于良好开局气氛的形成。

（2）营造自然、轻松、和谐的气氛。由于商务谈判双方为着各自的商业利益走在一起，各自的立场不同、目标各异。一旦进入实质性的开局，双方心情都非常激动，如果一开局气氛就比较紧张，容易使谈判者的思维偏激、固执和僵化，极有可能会过早地出现不愉快的情况。所以，谈判人员在开局阶段必须要营造一种自然、轻松、和谐的气氛。例如，可以随意聊一些中性话题、关心对方的话题、本地的风土人情、气候情况等。

（3）塑造有利于谈判目标实现的形象。开局阶段己方应该真诚地表达出对对方的友好愿望和与对方合作成功的期望，努力塑造出一种愿意友好合作、共同受益、有利于谈判目标实现的形象。

由于商务谈判基本上都是互惠双赢的谈判，所以谈判双方是贸易伙伴关系，而不是争个你死我活的敌对关系。因而，良好、友善的开局气氛并不仅仅是谈判策略的需要，更是为了以后双方长期合作的需要。开局阶段塑造出的这种愿意友好合作、共同受益、有利于谈判目标实现的形象，又是双方营造良好气氛的基础。

（4）彰显积极进取、互惠双赢的信念。商务谈判者为了己方既定的利益目标，在谈判桌上都会互不相让、寸土必争。因而，谈判桌上每前进一步，都要付出巨大的努力。所以，谈判开局之初就要彰显积极进取、互惠双赢的信念。具体表现要遵守时约，仪表端庄、整洁，要充满自信，积极进取，努力营造一种彰显合作双赢、气氛热烈、张弛有序、追求效率的良好气氛。

（二）阐述己方意图

商务谈判开局初始阶段阐述己方意图非常重要，因为谈判人员在刚开始的精力最旺盛、最充沛，注意力也最集中。所以此阶段谈判效率往往也最高，应引起谈判者足够的重视。

1. 阐述己方意图的表达形式

开局阶段阐述己方意图的表达方式一般有三种，一是口头表达；二是书面表达；三是书面表达和口头表达相结合。商务谈判中应用较多的是书面表达和口头表达相结合的方式，这种方式能扬长避短，既融合了书面表达和口头表达的优势，又避免了两者的缺点，使谈判者的阐述既严谨又灵活（见图6－1）。

2. 阐述己方意图应注意的问题

（1）阐述内容要简短、逻辑清晰，表达要准确。在开局阶段，己方的阐述只是原则性的陈述，要做到简明扼要、逻辑清晰，表达要准确、严谨。不要洋洋洒洒地把谈判内容全盘道出，要随着谈判的深入，根据情势的变化逐渐深入。

此阶段主要阐述清楚己方认为应解决的主要问题；己方希望通过此次谈判所得到的利益；表明己方首要利益及己方对对方的某些问题的事先考虑；表明己方在此次商务谈判中的立场、观点、信誉、坚持的原则；对双方合作前景的建议以及今后合作可能存在的障碍推测等。

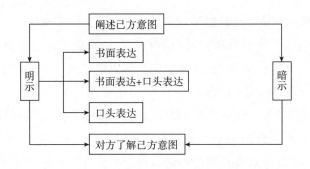

图 6 - 1   阐述己方意图的表达形式

（2）阐述时间要有度，双方机会应相当。开局阐述己方意图的时间要有度，不要侃侃而谈、毫无节制，一味地自说自道，令人生厌。要注意做到双方轮流发言、机会相当。

优秀的谈判者都明白，商务谈判不是去演讲，也不是去推销商品，并非要滔滔不绝、口若悬河。恰恰相反，商务谈判高手懂得多听、少说的重要性，要尽可能多地了解对方的情况，并尽可能少地泄露己方的信息。他总是想方设法先让对方把其情况透露出来，而在阐述自己的情况时则尽量少说或说得不多不少，只仅仅为了引起对方的兴趣，且适当地提问一些必要的问题，并仔细倾听对方的回答。

（3）阐述时用语要谨慎，避免引起不必要的误会。开局阶段己方的阐述只是为了让对方明白己方的意图，所以阐述用语一定要谨慎，避免让对方误解为是在向对方施加压力或者提出挑战。阐述过程中要给对方留出提问和交流的时间，并注意收集和分析对方所提问题，通过对这些问题的分析也有助于己方对对方意图的把握。

（三）探明对方真正意图

开局阶段己方在阐述自己意图的同时还要探明对方的意图。主要是要透过表象看清本质、探测对方底细；摸清对方对此次谈判议题的看法、要达到的目的、真正关心的经济利益所在；以及对方的诚意、立场及其建议等。为此应注意以下几个问题：

1. 细心倾听

开局阶段，在对方陈述时，己方要专心致志、聚精会神、细心倾听对方的发言，要尽量避免信息漏听，避免对对方信息的曲解、误解和不理解。要在认真倾听对方陈述的基础上，对收到的信息做有效的过滤，合理的取舍，努力做到透过现象看本质，去粗取精、去伪存真，始终把握对方陈述的重点和核心，尽量探清对方的真正意图。

2. 巧提妙问

提问是商务谈判双方彼此加深了解、互相摸底的重要途径。通过巧提妙问，可以探测对方的需求、动机、心理，可以洞察对方对此次谈判议题的看法、观点；通过提问，可以探测对方的动向，了解对方的目标，打探清楚对方的真正意图，为己方的决策提供依据。为此，一是要注意提问的时机要合适，尽量在对方发言完毕或发言停顿时提问，不要争话、抢话、打断对方讲话去提问，这样既没礼貌又容易引起对方的反感和厌恶。二是提的问题要直击要害，针对性要强。不要啰里啰嗦半天问不到点上，或者提出的问题对己方探测对方底细没有任何帮助等。三是提问时要尊重对方，注意语气、语调的运用。

3. 察言观色

对方在做商务谈判开局陈述时，己方要多留意观察对方的话语和神情，通过其言行来仔细揣摩对方的心意。为此，首先要留意对方的非语言表达。前面讲过商务谈判中的非语言表达内涵丰富多彩、形式灵活多变，其中大量的信息都是通过彼此之间的非语言符号传递的，包括肢体语言、面部表情等，而且非语言信息更加真实可靠。因为要伪装语言符号容易，但伪装身体符号就困难多了。其次要多分析对方的行为。对对方的言语、表情、手势、动作以及看似不经意的行为要有敏锐细致的观察，这也是掌握对方真正意图的先决条件。

4. 归纳整理

商务谈判中对方陈述的内容、表达的信息量是非常大的，任凭己方谈判者水平再高、记忆力再强，要想全部记住也是非常难的，而且全部记住也是没有必要的。这就要求我们要善于归纳整理，提取出有用的信息、凝练出重点，为己方后续的谈判决策提供帮助。

二、商务谈判的开局策略

商务谈判策略是谈判者根据谈判预期目标的要求和谈判情况的变化，在商务谈判的过程中，灵活地贯彻实施谈判战略所采取的行动方案和一系列对策、方法、手段和措施的总称。它是为实现谈判目标而制定的，并随着谈判情势的变化而不断完善的行动方针和斗争方法。

商务谈判策略具有自身的一些属性特征。其一是具有明确的针对性。它是针对商务谈判的具体内容、目标、要求等制定的，是为了达到具体的目的而采取的措施。其二是具有一定的谋划性。它是通过谈判人员在对谈判的主客观形势认真分析与判断的基础上制定的，如果不经过事先谋划、运筹帷幄，那么谈判策略的作用就会消失殆尽。其三是隐秘性。商务谈判策略具有高度的机密性，不能对外人言。实施时要不留痕迹、不动声色、不出现破绽，一旦泄露就失去了效力。其四是灵活性。商务谈判情势变化多端，各种情况错综复杂，谈判人员不能一味僵化地照抄照搬，而是要根据实际变化的情形，适时改变谈判策略的表达方式或做法，始终牢记"敌变我变，以不变应万变"。其五是人性化。商务谈判的目的就在于通过谋求对话、互惠互利、彼此双赢，加深了解、增进互信、共谋发展。所以，谈判策略的运用不仅要为实现己方的最终目标服务，更需要双方今后保持良好的人际关系，从长远着眼，为双方的未来谋划。

科学、有效的商务谈判策略对商务谈判最终胜利起着至关重要的作用。

其一，它能加快谈判目标的实现。商务谈判双方都有不同的利益诉求，而谈判策略则是实现双方差别需求的媒介和催化剂，能加快最终目标的实现。

其二，它是实现谈判目标的工具。商务谈判中，谈判者实现谈判目标的工具很多，例如法律和政策知识、专业技术知识、思维技巧、语言和非语言表达技巧等，而谈判策略更是一种重要的工具，是谈判者通向谈判成功的桥梁。

其三，它是一种隐蔽性谈判实力。谈判者的谈判实力不仅包括客观实力，如企业经济实力、科技水平、规模、信誉、品牌等，还包括谈判者所拥有的心理势能、谈判策略、谈判技巧等，后者一般不会轻易地暴露出来，常常是虚实结合地加以使用，这种隐蔽性实力能使己方在谈判中占据优势、掌握主动。

其四，它具有弱化矛盾、破解僵局的作用。商务谈判双方由于利益不同、目标各异，甚至在某些利益上还存在相互对立，导致在谈判中必然会产生矛盾、出现僵局，使谈判难以为继或者偏离主题。此时，谈判者会适时利用各种适当的谈判策略弱化矛盾、破解僵局，如暂时休会、一起旅游观光、宴请交流、文体娱乐活动等策略，使谈判及时回归正题，顺利进行。

商务谈判开局策略则是谈判者为谋求谈判开局有利形势和实现对谈判开局的控制而采取的行动方式和手段。

通常有以下几种基本的开局策略。

（一）议程安排策略

商务谈判开局阶段，议程安排的策略非常重要，这关系到谈判能否顺利进行，因而，应引起谈判者足够的重视。

1. 议程安排注意的问题

第一，议程顺序要正确。商务谈判开局是整个谈判议程的开始，具有引领谈判走向的功能。因而，议程的先后顺序很重要，谈判组织者要进行周到细致的安排，不能前后倒置或杂乱无章。

第二，议程内容要适度。谈判组织者要根据此次谈判议题的多寡，合理地安排议程内容。尽量做到议程既不能安排过满，也不能太少。议程过满，由于谈判人员的精力有限，造成谈判效率下降，甚至可能使谈判无果而终。议程太少，谈判过于松散，使谈判战线拉得过长，既浪费时间又增加成本，大大地降低谈判效率。

第三，议程操作性要强。议程安排要具体、明确、可操作性强，才能使谈判人员集中精力围绕议程开展活动，谈判才能抓住中心和重点，避免不着边际离题万里。

第四，议程主次要清晰。议程安排要注意分清主次、轻重、缓急。一般情况下，急需解决的、重要的问题，可安排在前面，一般性问题可放在后面。因为谈判开局阶段谈判人员精力比较充沛，沟通效率较高，把重要的、急需解决的问题放在前面，便于集中精力研究解决。有时虽然一些议题很重要，但谈判沟通的难度较大，可按先易后难的原则，把它放在后面，而先讨论比较容易解决的问题，以提高谈判效率。

2. 议程安排策略

一般情况下，商务谈判议程安排策略按谈判议题的内容可分为先易后难策略、先难后易策略、横向一揽子议题策略、纵向议题策略等，这些不同的策略各有其优缺点。

（1）先易后难策略。这是议程安排策略中最常见的形式，按照事物发展的规律，先易后难、循序渐进较容易被谈判者所接受。谈判开局阶段双方从最容易沟通的议题开始，逐渐深入，稳扎稳打，步步为营。随着谈判的顺利进行，双方的了解越来越多，感情交流也会越来越深入。到谈判的最后阶段，是议题内容最复杂、沟通最困难的时刻，此时，如果双方协商不成的话，都会对前面双方已经付出的努力和取得的成绩感到惋惜，这种彼此珍惜、不愿轻易放弃的心理会使双方克服重重阻力，最后一般是有惊无险地顺利完成谈判。

当然，缺点是到最后最难的议题如果无法达成一致，那么前面的一切努力都会付之东流，造成时间、精力、财力等成本的巨大浪费。

（2）先难后易策略。商务谈判开局阶段采取先难后易策略是险中求胜的一招。这一策略是把整个谈判过程中最难沟通的议题放在最开始谈。这样做的优点是开局阶段谈判人员精力旺盛，沟通效率较高，便于双方集中精力研究解决。一旦谈判双方把最困难的议题达成一致，其他的议题则水到渠成、迎刃而解，统统都不在话下。这样谈判就能快速结束，既节约成本又节省精力。

当然，缺点是一旦双方无法在开始阶段就最难的议题达成一致，谈判就会马上破裂，再无回旋的余地。

（3）横向一揽子议题策略。该策略是把谈判的所有议题一揽子展开谈判。优点是全部议题谈判者一览无余，沟通过程中各分议题之间可前后照应、综合考虑。谈判者在某个议题方面如果感觉未达到目的，则其会想法在另一个议题中弥补，正像俗语所言："东方不亮西方亮，农业损失副业补。"

当然，缺点是往往因为谈判议题战线拉得太长，稍有不慎就会使谈判议题杂乱无章，显得无序并可能难以控制。

（4）纵向议题策略。该策略是每次沟通一个议题，当谈判者双方完成该议题后，马上进入下一个议题的谈判。优点是谈判议题逐个进行，井然有序，便于谈判议程控制。缺点是各议题之间彼此联系不密切，不利于谈判者进行全局性把握。

（二）让步型开局策略

让步型开局策略是着眼于双方今后更长远的合作、双方更长远的利益，避免双方冲突，强调双方互信。具体目标是达成协议，扩大合作。对人、对事态度都温和，相信对方合理提议，适时做出合理让步维系友好关系，以图更加长远的合作发展。

（三）原则型开局策略

原则型开局策略主要是着眼于利益而不是立场，双方共同探究彼此关心的共同性利益，目的是圆满有效地解决问题。因此，谈判时把人与问题分开，对人软、对事硬。谈判开诚布公而不使诡计，正大光明追求利益而不失风度。信任与否与谈判无关。彼此根据客观标准追求其有利的目标。

（四）立场型开局策略

立场型开局策略是以要求对方让步作为建立关系的前提条件，目标是让己方取得最终胜利。这种情况双方势均力敌，各具实力。各方都强调自己的意愿、提出自己的条件，但谁都不愿意改变自己的立场。所以，这种谈判对人、对事态度都强硬，只相信自己，只强调自己的立场。立场型开局策略一般慎用，只有在特殊情况下使用。例如涉及己方的重大原则问题；或者对方居高临下、以势压人；或者对方对己方极其不尊重，冲破了己方的底线；等等。

第七部分

控制始之于洞察，角逐始之于磋商

商务谈判经过开局阶段以后，就进入有实质性交易内容的磋商阶段了，即开始报价、讨价与还价。当然，我们说的报价不单单是指商品的价格，还包括与买卖合同内容有关的所有内容，如商品的数量、质量、包装、价格、装运、结付、保险、商检、索赔、诉讼仲裁等。由于商品价格处于交易的核心地位，其他内容基本都是围绕商品价格运行的，所以，我们把报价、讨价与还价作为讨论的主要内容。

一、商务谈判磋商阶段注意的问题

1. 坚持原则

商务谈判磋商过程中，可能会出现大量细枝末节的具体问题，对这些具体问题的处理要围绕谈判原则这个中心，因为己方事前制定的谈判原则是谈判的灵魂。不纠缠于细微的具体问题，坚持原则在先、具体后置，努力扩大总体利益，并尽可能地使其达到最大化。

2. 以理服人

进入磋商阶段，谈判双方就合同的实质性内容进行沟通，各方为了谋取既定的利益，必然互不让步，分歧不断。面对分歧，务必要保持冷静、防止感情冲动。要善待分歧，据理力争，以理服人，要善于运用客观标准、客观事实去说服对方。避免胡搅蛮缠，陷于无谓的争论中。

3. 求同存异

商务谈判是谈判双方为了谋求利益、观点、做法及今后合作等一致而进行的协商。既然大前提双方都是为了实现双赢，那么，谈判者就应当遵循求"大同"、存"小异"的原则。求"大同"是指谈判各方在总体上、原则上必须一致，摒弃细枝末节的分歧和不同的意见，从而使参与谈判的各方都感到满意，这是谈判成功的基础。没有这一基础，谈判必然失败。存"小异"，就是谈判各方必须做出适当的让步，允许一些与自己的利益要求不相一致的"小异"存在。着眼于双方的共同利益，有来有往，实现双赢。

4. 善于妥协

在商务谈判中，经常由于谈判双方对同一问题的期望存在差异而导致谈判进程受阻。如果双方各持己见、毫不退让，则谈判必然难以为继，最后只有分道扬镳。其实谈判失败对双方都是重大的损失，因为双方谁都不是赢家。事实上，在大多数情况下，谈判双方要着眼于大局，立足于总体目标的实现，不要纠缠于一城一池的得失，在具体问题的处理上，可以灵活机动、随机应变。谈判中，合理的妥协是种让步，从某种意义上讲也是一种前进。在某些时候则仅仅是为了寻求折中的替代方案。这就要求谈判者不应在自己的立场上固执己见，而应积极去寻找潜在的共同利益。

5. 人、事有别

由于商务谈判的双方都是独立的个体，因此，谈判者个人的世界观、价值观、情感、习惯、脾气、性格等方面都会有所不同，甚至有较大的差异，谈判进程难免会受到这些个体因素的影响。如果谈判者将对人的不满情绪带入到谈判磋商中，必然不利于对谈判问题的解决，更无法合理地探讨问题的解决方案，谈判内容只会陷入对谈判者个人问题的争论。这样做既降低了谈判者的品位修养，又大大降低了谈判的效率，甚至会直接影响到谈判能否取得最后成功。所以，谈判者在谈判中应做到对事不对人，把人与事分开处理。谈判场上是对手，谈判场下是朋友。人、事有别是商务谈判顺利进行的前提和基础，也是谈判者修养素质的体现。

二、商务谈判磋商阶段报价的技巧

报价是商务谈判沟通阶段谈判者做出的一个非常重要的行为，谈判双方都极为重视。因为价格是双方利益的载体，是商务谈判双方探讨的核心。谈判者首次报价怎么报？报多高合适？是先报价有利还是后报价有利？这些问题都是谈判者必须要认真面对和认真研究的。因此，报价前一定要认真调查，反复核实、论证所报商品价格所依据信息、材料的真实性。要认真做好成本核算、核定商品的价值、商品的市场行情等，因为这是考量商品价格的主要因素和依据。

报什么价不是一拍脑袋就能确定的事情，谈判者需要认真研究，慎重考虑。既要摸准市场变化的脉搏，又要洞察对方的心理预期。作为卖方如果报价过高，显得诚信不足，对方容易心生反感；报价过低，又会降低谈判掌控权和争取目标利益的空间。作为买方如果报价过低，自然会让对方失去信任感，也会心生不满，认为没有诚意；如果报价过高，同样会减弱对谈判的控制权和降低预期目标利益的空间。所以，谈判者务必对商品价格的各种影响因素认真讨论研究、权衡利弊，制定出一个最佳的报价方案。尽可能精确地估计出对方可能接受的报价范围，在谈判中根据不同的情势采取不同的策略，以期实现己方理想的报价。

（一）先报价与后报价的问题

商务谈判中，谈判者都面临一个逃脱不开的话题，那就是谁先报价的问题。这个问题确实也比较微妙。有的谈判者认为凡事要抢先机、占高地，认为先报价有利于定调子、控制局势；而有的谈判者则认为后报价可以洞察对方的企图，而不会过早地暴露己方的意图。可见对这个问题的理解，不同的谈判者会持有不同的想法。但不管怎样，报价先后顺序确实在某种程度上对谈判结果会产生实质性的影响。所以，对先报价还是后报价的问题应该认真研究，灵活处理。

1. 先报价的优劣

（1）先报价的优势。从长期的商务谈判实践来看，一般情况下，先报价比后报价优势更大一些，因为先报价的一方实际上为本次谈判预先确定了一个基调、设置了一个框架，此后双方的谈判基本上就在此框架内达成。因此，如果是卖方先报价，则他就为此次谈判确定了一个不可逾越的价格上限；如果是买方先报价，则他就为本次谈判确定了一个无法突破的价格下限。在整个谈判过程中先报价往往会影响和支配着谈判对手的期望水平。所以，先报价比后报价的优势更大。

诚然，商务谈判过程中，谈判双方都会试图不断地扩大自己的谈判空间，报价越高意味着你的谈判空间越大，也会有更多的回报。一个较高的报价会使你在价格让步中保持较大的回旋余地。所以，卖方先报价一定是卖方期望得到的最高价格，买方先报价一定是买方期望能接受的最低价格。实际上，谈判者都知道，绝对不能相信对方的第一次报价，谈判中如果相信对方的第一次报价，那一定是一个超级傻瓜。但这种先报价的确是实实在在地为谈判双方明确了价格的范围。

值得一提的是，先报价必须是建立在对商品价格、市场行情充分了解的基础之上的。如果对商品价格不是很了解或者没有把握，则绝对不适宜先报价。

（2）先报价的劣势。商务谈判中先报价的劣势主要表现在：其一，一方先报价后，就把己方的价格起点暴露给了对方，对方就可以修改调整他们原先的报价，如果先报价方所报出的价格低于对方先前预期，对方就会获得意外的好处。其二，对方知悉了先报价方的报价后，可能并不急于还价，而是集中力量对先报价方的报价发起进攻，迫使先报价方进一步降价，而不泄露他们自己的报价，就会使先报价方被动。其三，如果先报价过高（卖方）或者先报价过低（买方），而且态度又过于强硬，就有可能把对方吓跑，甚至有可能随时会使谈判终止。其四，如果谈判先报价一方期望尽早成交、急功近利，向对方报出的价格接近自己的底线，则在后续的谈判中很难在价格上做出让步，反而会使其丧失谈判的机会。

2. 后报价的优劣

（1）后报价的优势。后报价的优势就在于可以先获得对方对价格的定位，尤其是对商品价格、市场行情变化不甚了解时，后报价则避免己方被动，更加有利于己方适时调整报价策略，提出更合适的报价，在谈判中争取主动。

（2）后报价的劣势。后报价最大的劣势就在于不能占有报价的先机，失去报价的主动地位和对己方开局报价意图的控制，在谈判场上的影响较小、声音较弱。

当然，任何事情都有其两面性，有得就会有失，不能过于机械地比较是先报价好还是后报价好。商务谈判中，总得有一方先报价，另一方后报价。

一般的常识是，如果自己对商品价格、市场行情准备充分、知己知彼，或者己方处于优势地位，就要争取先报价，争取先声夺人；如果自己准备得不充分，特别是对商品价格行情不甚了解，那就只有后报价，从对方的先报价中获得信息，及时修正自己的想法，争取后发制人；如果合作气氛比较热烈、双方感情沟通比较到位或在按惯常的程序进行谈判的场合，或者双方都是长期合作的老客户，那么先报价与后报价并没有多少实质性的差异。

（二）磋商阶段报价的技巧

1. 报价要果断

不管是先报价还是后报价，报价时态度一定要果断，不要迟疑不决，更不要拖泥带水、优柔寡断，要显示出报价者的信心、诚意和不容置疑。否则，会给对方留下不诚实、报虚价、报价水分太大的感觉，容易让对方产生不信任的印象，从而激起对方更加强烈的还价，甚至会因此产生厌恶的感觉而不愿再继续谈下去。

2. 不作过多解释

报价时要坚持"不问不答"的原则，不对报价作任何的解释和说明。如果对己方的报价进行解释和说明，不但会暴露自己更多的信息，也有可能不经意地给对方提供更多的提示而让对方发现己方更多的破绽。甚至更会让对方生疑，认为这是"此地无银三百两"的表现。所以，只要对方对己方的报价不提出问题，就没有必要对报价进行解释。

当然，如果对方就报价提出问题，则解释的原则是避虚就实、有问必答。而且回答时要流畅、果断，不要吞吞吐吐、欲言又止，这样极易引起对方怀疑。同时，要尽量避轻就重、避虚就实，对实质的内容多讲，对比较虚的部分少讲，甚至不讲。

3. 重视报价起点

商务谈判中，双方报价的起点给此次谈判设定了一个不可突破的上、下限。对于卖方来说，起点价一经报出，就很难或者不可能再提出更高的价格；对于买方来说，起点价一经报出，同样地也不可能再提出更低的价格，除非有足以说服对方的理由，但这几乎是不可能的事情，对方通常不可能接受另一方的任何解释。因此，重视报价起点非常重要。

一般情况下，卖方报价起点要高开，即"报高价"；买方报价起点要低走，即"报低价"。因为根据商务谈判实践证明，若卖方开价较高，则双方往往能在较高的价位成交；若买方出价较低，则双方往往可能在较低的价位成交。

卖方报高价的好处在于给己方留出了较为充分的价格让步空间，保持较大的回旋余地，便于打破价格争执的僵局，同时，卖方报高价在提高己方期望水平的同时，也降低了买方的期望预期。当然，有时候卖方也可以适当报低价，但前提是对买方有较高起订数量的要求，其实质往往是一样的。

买方报低价的好处是给自己留出了较大的谈判空间，提高自己期望水平的同时大大降低了卖方的期望预期，即使卖方知道报价起点不可能是最终价格，但买方报低价仍会给卖方造成很大的心理压力。

必须要注意的是，不管是卖方报高价还是买方报低价，都必须是在充分论证的基础上报出的，绝对不是无原则地胡乱报价，否则就有可能得不偿失。

4. 采用小单位报价

商务谈判中，谈判者都有求廉心理。因此，报最小单位价格，主要目的就是让客户觉得你的东西便宜。例如，某商品每吨 8000 元，如果采用"公斤"这个小单位报价，则每公斤报价 8 元，这种报价让对方觉得便宜。

5. 不报整数价格

商务谈判中，尽量不报整数价格的好处，一是让客户觉得你确实是做了认真的成本核算，价格计算得比较精确，所报价格显得真实、可靠、信任度高；二是让客户感觉你非常认真、比较专业；三是为自己后来的讨价还价埋下伏笔、做好准备。

当然，报价的策略不是一成不变的，要根据谈判制定的原则灵活机动地处理。针对那些长期合作的老客户以及有大批量需求的客户不妨给予较低报价或者适当的折扣，以建立稳定的供求量。同时，对于要开拓的新市场、新客户也应该给予优惠，以挖掘潜在的市场需求。

三、商务谈判磋商阶段还价的技巧

商务谈判中，谈判双方心里都明白，谁也不会相信对方的第一次报价。因此，一方报价完毕后，另一方也不会无条件地接受其所报价格，而是双方随即展开一场实力、智力、技巧、策略等的较量，此时，谈判自然地进入到最敏感、最紧张、最困难也是最关键的讨价还价阶段。所以，谈判人员在此阶段应倍加谨慎小心，多注意一些还价技巧的灵活运用。

1. 不必急于还价

进入还价阶段，谈判人员的心情相对比较激动，情绪也容易急躁，特别是当听到对方报出的价格有点"离谱"后，大多数的谈判者都有急于还价的冲动。此时，谈判者务必要稳住心情，不要急于还价，而是要求报价一方调整报价。这种行为也就是我们大家常说的讨价。

要求报价方调整报价可以是实质性的，因为对方的报价确实偏离了自己期望的价格，而要求对方重报；也可以是策略性的，策略性的讨价可以使报价者产生错觉，使其以为报价有问题，需要调整。当然，也可以是实质性和策略性兼而有之。这样做的目的自然是既为了让对方降低报价，又希望通过这些技巧使对方在报价上做出更大的让步。

讨价时要求报价方调整报价的同时，还要要求报价方对报价的理由、条件做出解释和说明，在此基础上对对方的报价进行评论，明确表达出对对方报价的不满，为随后的还价做好准备。常用的要求对方调整报价的方式一般有三种：第一种是全面讨价，即对总体价格要求重新报价，一般适用于较复杂交易的首次报价；第二种是具体报价，常用于较复杂交易中对方第一次改善报价之后，或者不宜采用全面讨价方式的讨价，可按具体项目、价格虚假程度的多寡分别讨价；第三种是针对性讨价，一般用于在全面讨价和具体讨价的基础上，针对价格明显不合理的项目作进一步讨价。

当然，作为商务谈判的报价方，肯定不会轻易地在对方首次讨价后马上乖乖地重新调整报价，一定会继续坚持其报价，只有经过数个回合的多次讨价，才能突破报价方的防线。至于要经过多少次讨价，取决于讨价方的讨价技巧、策略、依据、理由，以及报价方对讨价方的讨价做出的心理反应。

2. 灵活把握还价方式

商务谈判中的还价方式非常多，应该具体问题具体分析，既不能生搬硬套，也不要随心所欲，要根据实际情况认真分析，选择最优还价方式，才能收到较好的还价效果。

通常情况下，还价方式有分项还价方式、分组还价方式、总体还价方式等，至于哪种方式比较好，还要具体分析、区别对待。如果还价方对谈判项目的价格资料准备充分，对谈判项目的各个分项目价格构成非常清楚，那么采用分项还价对还价方较有利；如果还价方通过对报价方报价的各具体项目分析后，按照价格水分的多少、价格差距档次做了分组，那么，采用分组还价法会更合适一些；如果还价方对具体项目价格构成的信息资料准备不很充分，那么可以采用总体还价方式，以谈判标的物的总价格为一揽子总价，按同一个百分比还一个总价。

必须注意的是，不管以什么方式还价，谈判者必须对谈判商品做好精确的成本核算，准确掌握所谈商品的价值，熟悉商品市场行情，了解同类商品或者竞争者商品的价格情况，用客观事实，有理、有据地和对方交涉。同时要灵活运用策略，机动行事。只有如此，才能使还价行为取得成效。否则，只能是误打误撞，很难奏效。

3. 仔细斟酌还价起点

还价起点是还价方第一次提出的打算成交的价格条件，其高低直接关系到还价方的最终利益，当然也体现出谈判者的谈判水平和谈判能力，这对还价方来说是非常重要的。

实际上，还价的目的不仅仅是为了体现出与报价方所报价格的差异，更是让对方感受和承认这些差异，并使双方向着彼此都能够接受的、互利双赢的价格靠拢。

因此，如果买方作为还价方，还价的起点要尽量低。要尽可能地给对方施加压力，并影响和改变对方的判断及盈利目标要求，同时也为己方在后续讨价还价中预设较大的价格调整空间。当然，买方还价的起点也不能太低，如果太低，低到比报价方的最低接受价还低的话，既显得还价方缺少诚意，又有可能使对方失去兴趣而退出谈判。如果卖方作为还价方，则卖方还价起点就应该尽量高，其作用和上面的阐述是一样的。商务谈判中，当先报价方报出价格、还价方首次还出价格后，双方就在这两个价格区间开始了讨价还价的谈判过程，这个过程可能要经过几次甚至几十次或者更多的反复，谈判双方才有可能达成一致。

所以，还价方对还价起点要认真测算，不可随意拍脑袋做出决定。

4. 稳扎稳打，步步为营

商务谈判往往不是瞬间就能完成的事情，它是一个复杂的过程。因此，在讨价还价时要有耐心，要稳扎稳打、步步为营、寸土必争。为了实现自己的利益，就要一项一项地谈、一点一滴地取。实践中，人们往往对微不足道的事情不太计较，更不愿为了一些小利益的分歧而影响双方的关系。但恰恰就是这些微小的利益，积少成多就成了大利益。所以，买方可以利用这种心理将总体交易内容分解，然后逐项分别还价，做到有理有据，耐心说服，以理服人，通过获得的各项微小的利益，最终实现自己的利益目标。而且细分后的交易项目因其内容具体而容易寻找还价理由，从而使自己的还价具有针对性，易于被卖方所接受。

5. 吹毛求疵，巧打心理战

商务谈判价格磋商中，买方要对卖方的商品极尽吹毛求疵、百般挑剔，想方设法寻找商品的缺点和不足，并对此夸大其辞、虚张声势，表达己方强烈的不满，以此为自己的还价制造借口。有时，甚至即使没有什么不满意的地方，也要表现出强烈的不满意，并故意提出令对方无法满足的要求，这从心理上来说，可以动摇卖方的自信心，迫使卖方接受买方的还价。

当然，吹毛求疵一定不能过于苛刻，否则，卖方会觉得买方故意挑剔，缺乏谈判诚意。

6. 以情感人，为还价造势

心理学表明，人类行为无一不包含复杂的心理因素，并表现为理性与情感的对立与统一。在商务谈判的磋商过程中，更是自始至终包含着情感的对抗与交流。在讨价还价中，有时价格问题的最终有效解决，往往离不开谈判双方业已建立起的信任、友情。所以，从还价的角度来说，以情感人、建立彼此信任，能够为使还价被对方接受创造条件。因此，在讨价还价中，要正确地对待谈判对手。要从大局出发，互谅互让；要做到台上是对手，台下是朋友；要注意寻找机会，例如利用谈判中的间隙，共进晚餐、一起观看体育比赛和文艺节目、观光旅游等，借此增加交流、增进友情，增强彼此合作的信心，以促成讨价还价的成功。

四、商务谈判让步的技巧

商务谈判磋商阶段双方的分歧是不可避免的，为了消除分歧，取得最后一致，双方做出适当的让步是必须的，也是必要的。因而，讨价还价的过程本身就是一个让步的过程，而且这种让步行为也是谈判双方人员所必须面对的。试想，如果谈判双方始终都坚持自己的观点而拒绝让步，那么谈判根本就无法进行下去，双方的利益目标更是无从谈起。事实上，商务谈判过程中一方的让步更体现出一种策略，通过己方的让步来换取对方更大的让步，进而实现自己的谈判目标。

（一）必须要记住的让步原则

商务谈判中双方为了达成最终协议，都会不可避免地做出让步。但让步也不是随意而为、任性做出的，而是需要坚持一定的原则。

（1）谈判者必须要明白，让步不仅仅是为让步而让步，让步不是目的，而是实现谈判目标的手段，因而，一切偏离目标的让步都是不可取的。

（2）每做出一次让步必须要换得对方的一次让步，如果己方一味地让步，而对方不予让步，那么己方的让步就失去了意义。所以当己方做出让步后一定要要求对方做出相应的让步。

（3）不要主动地做出让步，让步必须是在对方再三提出条件、提出要求的情况下做出的，而且让步时也要表现出己方的让步非常艰难。

（4）对每一次让步都要慎重，而且每次让步的幅度不宜过大，让步的节奏也不能过快。必须根据实际情况认真分析后，做出让步幅度的判断和调整。

（5）一旦感觉己方做出的让步不合适，就要尽可能快地、毫不犹豫地予以纠正，收回让步，因为磋商中的让步不具有强制性，也不是双方的最后决定，更不是双方最后的协议。切勿由于不好意思、难以启齿而耽误了追回的时机，造成不必要的误解和矛盾。

（二）熟悉价格让步的几种方式

商务谈判实践中，人们根据经验总结出很多让步的方式，常见的较为理想的让步方式有八种，每一种都有不同的特点。商务谈判中到底用哪一种让步方式是最合适的，没有一个标准的答案，这主要取决于谈判人员的性格、脾气、谈判的经验以及事前制定的方针和谈判策略及让步后对方的反应情况。你可以使用一种方式，也可以使用几种方式的组合。

根据表7－1所演示的让步情况，我们可以看出八种让步方式各有其特点。

表7－1　八种常见的让步方式

让步方式	预定让步金额	第一轮让步	第二轮让步	第三轮让步	第四轮让步
1	80	0	0	0	80
2	80	20	20	20	20
3	80	15	10	25	30
4	80	30	25	15	10
5	80	40	26	12	2
6	80	56	18	0	6
7	80	65	15	-1	1
8	80	80	0	0	0

第一种让步方式是在谈判的过程中一直坚持寸步不让，直到最后一刻一次性地把全部利益让出去，促成和局。这种让步方式表现得很强硬，往往让对方感受到巨大的压力，似乎看不到妥协的曙光。如果对方此时缺乏毅力，可能会放弃讨价还价；如果对方也能够坚持不懈、以强制强，不达目的誓不罢休，则终会获益。

此种让步方式的好处是如果对方意志薄弱、缺乏耐心，心理防线被冲破的话，就有可能被征服，从而使己方取得较大的利益；但弊处是风险太大，容易出现僵局。此种方式较适宜谈判明显占优的一方。

第二种让步方式是谈判双方在谈判过程中展开拉锯战，不断地你来我往，讨价还价。你让一步我让一步，双方让步的数量都是均等的，基本上等额地让出可让利益。这种让步方式稳扎稳打、步步为营，既不轻易出手，也不轻易让步。所以讨价还价过程显得平稳、时间持久。

这种让步方式的好处是对双方来说能够充分地进行讨价还价，容易取得双赢，遇到性格急躁或者没有充足谈判时间的对手，己方还会获得优势。但弊处是谈判效率较低。这种方式在商务谈判中非常普遍。

第三种让步方式是首先在一个较适中的让步金额让步，然后让步速度放缓，让步金额降低，给对方传递一个让步已近尾声的信息，此时如果对方不再坚持即结束谈判。如果对方仍不满意，继续纠缠要求降价，则卖方在提高让步金额后放缓谈判，传递尾声信号，在较高的让步金额上成交。

此种让步方式的好处是让步形式变化多端，如果能在让步减缓中结束谈判，则会有较高获利；如果不能，则提高让步金额后放缓速度，向对方传达真诚合作愿望，则较易达成一致。但此种方式的弊处是由于让步金额由低到高，往往给对方一种不诚实的感觉，反而容易导致对方有继续要求降价的执着。这种方式较适用于竞争激烈的谈判，需要谈判者时刻关注对方的反应，不断适时调整己方的让步金额和速度，所以有一定的难度。

第四种让步方式是先让出较大利益，然后逐步减少，最后以较小让步结束谈判。这种方式显得自然、和谐、顺理成章，符合人们对谈判进程的一般心理预期和商务谈判规律。

这种让步方式的好处是易被人们所接受，步步谨慎，一般不会在让步上失误，易实现利益均衡，谈判气氛相对和谐。但缺点是方法老套，缺乏新鲜感。适用于常规性谈判。

第五种让步方式是开始做出较大的让步，然后后几轮让步幅度急剧减少，表示卖方的立场越来越坚定，还价的余地越来越小，最后在很小的让步金额上成交。

这种让步方式的好处是让步起点比较高，很具有诱惑性，也表达出卖方的诚意。大幅度的让利后逐渐仅让出微利，向对方传达出已做出巨大牺牲，给对方传递出已无利可让的信息，因此，容易使对方得到满足而使双方成交。但此种让步方式的弊处是有可能由于一开始让步较大，会让对方产生欲望难以满足的情绪。此种方式适合加强合作、创造良好合作气氛的商务谈判。

第六种让步方式是开始时做出大幅度降价，让步初期就让出绝大部分利益，第二轮让步就已接近可让步利益的边界，随后坚定地拒绝让步，向对方传递出已无利可让的信号。如果对方仍坚持不懈、一再要求，卖方再表现出迫于无奈，为了双方的合作做出最后余下的少量的让步，以促成最后谈判成功。

这种让步方式的好处是给人以诚实的表现，以双方谋求合作的精神让出主要利益从而换得对方较大的回报，随后做出再无利益可让的假象，以彻底打消对方进一步降价的要求和欲望。如果对方继续紧追不放，最后让出小利以显示诚意，效果往往不错。但此种方式的弊处是开始大步让利，容易导致对方产生贪婪的欲望，可能会促使对方得寸进尺，遭到拒绝后，往往使谈判陷入僵局。

第七种让步方式是开始让出大部分利益，余下小利在第二轮全部让出，第三轮以小利赔利让出，随后在第四轮明示或者暗示己方让过分了，需要讨回赔让的利益。当然，第三轮以小利赔利让出只是一种诱惑的手段，是一种小小的让步的技巧。

这种让步方式的好处是前两轮大踏步地让利，能够大大增加吸引力，使对方感受到合作的诚意。如果对方仍穷追不舍，第三轮以较小的利益赔利让出，但随后找理由追回，例如再三强调这次让步让错了，实在是为了双方的合作才出此下策，但考虑再三，我们不能做不挣钱的买卖，所以，必须取消此次让步，收回让出的利益。而且态度要坚决，向对方表达出不可动摇的决心，让对方感受到自己的让步确实已经突破底线了，从而使对方获得心理上的满足而难以拒绝，最终达成协议。但这种方式的弊处是开始大步让利，可能会让对方得寸进尺，更有可能的是第三轮的赔小利让步无法在后续谈判中追回，给己方造成小损失，也有可能如果坚持必须追回赔利，则会导致谈判破裂。

第八种让步方式是一开始即让出全部利益，向对方显示出务实、诚恳、坦率、豪爽的形象，以达到坦诚相见的效果，从而打动对方以取得回报，完成谈判。

此种让步方式的好处是率先让出全部利益，对对方有巨大诱惑力。同时，彰显己方豪气性格，以诚待客。也有利于速战速决、降低成本。但不足之处是如果己方让步操之过急的话，会给对方传递一种尚有利可图的期望，可能会导致对方要求继续降价，即使最后成交，也有可能使对方得不到心理上的最大满足。此种方式较适用于己方处于劣势或者双方关系友好，以最大让步谋取双方建立友好关系。

这种让步方式灵活性和技巧性较弱，较易产生僵局。所以，一般情况下慎用此种让步方式。

（三）让步的技巧

商务谈判磋商阶段的每一次让步，既要考虑己方的需求，同时也要考虑到对方的需求，不能只一味地追求自己的满足而忽视了对方的存在。因为商务谈判的终极目的是彼此求利、谋取双赢，只有双方谈判成功，才能实现这一目标。否则，若谈判不成功，则一切的付出都是徒劳无益的。

当然，商务谈判中一方坚决不让步而最终获得对方让步也是存在的，此种情况是在一方处于绝对优势的状态下才能完成的。这种情形只能属于商务谈判的个案，因为从谈判学的意义上讲，这种已经不能称其为谈判了。

商务谈判实践中，大多数情形需要经过双方的多轮让步才能取得最后一致。在这一过程中，双方会各自运用让步的策略和技巧，谋求谈判的主动权，以期取得最大的效益。

实际谈判中，一方的让步总是期望换来对方较大的让步，因此，这就需要谈判者必须有清醒的头脑、开阔的思路和总揽全局的能力，以及灵活多变的让步策略。在做出让步时要向对方清晰地传递出己方如此做的目的和要求，并希望对方做出相应的让步以给予补偿，实现互利互惠、彼此双赢。在此应注意以下几个方面的问题：

（1）要有全局观和大局观，不拘泥于某个小问题。合理设计每次让步的时机、节点，并向对方清晰传达出之所以让步的原因，且每一次让步必须获得对方的让步。

（2）可以明确"以让步换让步"。明示对方只要满足了己方的某个方面的要求，己方可以排除困难，争取满足对方的让步要求。当然，注意在表述时，不能让对方有被要挟的感觉。

（3）时刻审视对方最关心的焦点是什么，最潜在的需求是什么，最可能遇到的困难有哪些。做到"雪中送炭"、关心到位，以利换利。

（4）适时向对方传递出这样一个信息：这次谈判的成功，将会促进双方进一步加强交流与合作，建立更加长久的关系，双方关系的建立必将给对方带来更多的长期利益。对方接收信息后，通过对近利与远利利害关系的权衡与分析，必会对让步做出适当的决策。

五、磋商阶段有特色的八大谈判策略

磋商阶段是商务谈判持续时间最长、面临各种复杂问题最多的阶段，是谈判能否取得最后胜利的攻坚阶段，由于此阶段时间长、谈判环境相对复杂，往往具有不确定的特征，熟练的谈判者就会审时度势，抓住机遇，不失时机地运用各种灵活机动的攻防策略谋求谈判的主动，从而获取谈判的最大收益。

（一）先声夺人策略

先声夺人策略坚持的往往是立场型原则，在谈判时表现得居高临下、盛气凌人、立场强硬、毫不退让，以此来给对方施加压力、威慑对方，为己方造势，以获取心理上的优势，从而谋求谈判的主动。

商务谈判中如果对方采用此策略，面对对方先声夺人的姿态，己方则应沉静以对，虚与周旋，避其锋芒，磨其锐气，寻其弱点。俟其锐气消退，再寻找时机转守为攻，力促对方做出让步。

应对此策略最大的忌讳就是被对方带到沟里，以硬碰硬，其结果往往是激起对方更大的对立情绪，造成对己方不利的局面。因为通常情况下能使用此策略的大多是谈判地位处于优势的一方。

（二）红脸白脸策略

所谓红脸白脸，原意是指中国传统戏曲中以不同色彩的脸谱来显示角色的不同性格。一般把忠臣扮成红脸，扮演的是正面的角色，对事情采取热情、宽容、忍让的态度；把奸臣扮成白脸，扮演的是反面的角色，对事情采取傲慢、尖酸苛刻的态度。将此术语引用到谈判中是指一方谈判人员两人相互配合所采用的软硬兼施的手段。

商务谈判过程中，一方可能会由扮白脸的主谈人员出场，他的谈判风格表现得傲慢无礼、尖酸刻薄，而且僵化生硬，没有一点让步妥协的味道，同时仪态表现也欠佳，这无疑让谈判对手心生厌恶，反感无比。可以想象双方谈判进程肯定进展缓慢，僵局状态会很快出现。此时，此方更换主谈人员，由扮红脸的主谈人员出面。红脸主谈人员一出场就表现出古道热肠，彬彬有礼，热情有加。他的谈判风格是热情、宽容、友好，表现出充分理解对方的难处，愿意做出必要的让步，放弃己方的一些条件，照顾和满足对方的某些要求。这时候，另一方谈判人员由对白脸主谈人员的厌恶、生气突然接收到红脸主谈人员的热情、理解，就像一股春风拂面而来，情绪大为好转，心情也大为愉快。对比之下，对红脸主谈人员也赞赏有加，印象极好，在此情况下另一方谈判人员可能把原打算继续进一步争取的要求也由于受到感动而不再坚持。实际上，红脸主谈人员做出的让步本来就是谈判之初决定让出的，让步之后的那些条件和要求，恰恰是之前设计好的必须经过全力以赴才能实现的目标。白脸主谈人员的目的就是要设法大大降低另一方谈判人员的谈判预期，增加其心理压力，使其产生很难获得让步的错觉。当得到热情的红脸主谈人员较小的让步后，心理上、精神上得到极大的满足，感动之余做出了较大的让步，对自己的要求反而由于畏惧困难，不再去图谋更大的目标。

商务实践中，如果己方遇到对方使用这种策略，重要的是不管对方如何换人，如何表演，己方一定要坚持自己的谈判风格，严格按照事前准备的方案，在重大问题上毫不含糊、绝不轻易让步，以己方之不变而应对方之万变。

当然，如果对方白脸主谈人员出言不逊，用极其恶劣的卑鄙手段挑战己方的道德底线，或者是所提要求明显不公平、不合理，那么，己方主谈人员也不必对其客气，要有理有据地指出或揭露对方的伎俩、提出抗议、要求撤换谈判代表，直至考虑退出谈判。

（三）投石问路策略

投石问路本意是夜间潜入某处时，由于对环境不熟悉，不敢贸然前行，先投以石子，看看有无反应，借以探测情况。用在商务谈判上指谈判一方在谈判中通过不断试探、询问，来直接了解从对方那儿不容易获得的如成本、价格等方面的尽可能多的资料，以此来摸清对方的虚实，以便在谈判中做出正确的决策。例如，谈判的一方计划向对方购买1000套商品，谈判中他就会先问购买100套、300套、700套、1000套，甚至1200套产品的单价分别是多少，一旦得到对方的这些单价，经验丰富的买主就可以从中分析出卖主的生产成本、主要费用的构成和分摊情况，以及企业生产的能力、大体的定价策略、谈判对手经验丰富与否等情况。最后，买方可能在谈判中获得更加便宜的价格，最大程度地实现自己的最大目标。

当然，投石问路策略能否获得成功，最关键的问题取决于谈判一方投的"石"——也就是提出的问题是否合适、是否科学合理，如果提出的问题对你的探路作用不大，或者对方不愿或者不予回答的话，那想探的"路"也就根本无法实现。更有甚者，如果你提的问题过于直接，导致对方发现了你的企图，那么投石问路策略就不可能顺利实现。

所以，谈判一方在使用投石问路策略时必须做到所提问题要恰当；所提问题必须要有针对性并能获得对方尽可能详细的正面回答；当然最重要的是不要让对方发现你的企图，避免暴露所提问题的真实目的，不必与对方争辩，更不必陈述己方的观点。

（四）步步为营策略

步步为营的本意是军队每向前推进一步就设下一道营垒，形容进军谨慎。后比喻为行动、做事谨慎、小心。

将此策略用在商务谈判上是指谈判者在谈判过程中稳扎稳打、步步为营，一步一个脚印，试探着前行，不动声色地巩固己方阵地，使自己的每一次让步都要让对方付出相应代价。

使用此策略的一方往往表现得斤斤计较，自己每做出一点让步就死缠住对方不放，要求其也必须做出相应的让步，因此谈判时间上相对要拖拉。所以，此策略一般是在谈判时间充裕、谈判议题较少的情形下使用。

当然，对方谈判人员也不傻，他不会总跟着你的步调，被你牵着鼻子走。因此，使用此策略时务必小心谨慎，每让一次步就要想好提出的要求可能对对方产生的影响，力求做到不动声色、言行一致，有理有据，使对方觉得情有可原。

商务谈判中，如果发现对方在使用此策略，己方的应对办法就是不要被对方所左右，不要跟着对方的步调行事，不做相应让步，对方不做出较大的让步己方就按兵不动，坚持己方预定的讨价与让步策略及行动方案；或者采取以其人之道，还治其人之身，对方步步为营，己方也步步为营等。

（五）权力用尽策略

权力用尽策略是商务谈判中谈判者经常使用的一种巧妙地与对手进行讨价还

价的策略。商务谈判中，双方经过了数轮的讨价还价和彼此让步后，对方仍纠缠不休，无休止地提出条件，要求己方继续让步，此时，己方就可以使用权力用尽策略。此策略是为了降低谈判对方条件、迫使对方让步，采取转移矛盾，假借自己权力已经用尽或以其上司或委托人没有授权为由，迫使对方让步，使其在你的权力范围内进行洽谈；或者使用此策略故意将谈判工作搁浅，让对方心中无数地等待，消其锐气，己方再趁机反攻。

当然，权力用尽作为一种策略，有些是真正的权力用尽，有些则不完全属实。有时谈判者本来有做出让步的权力，反而宣称没有被授予做出这种让步的权力，这实际上是一种对抗对方的挡箭牌。

作为谈判者来说，权力用尽策略非常容易使用，无非可能就一句话的事，把自己没有被授权作为一个挡箭牌。如"不好意思，您提出的条件已经超出了我的权力范围，我不能越权行事"。同样，要撤销这个挡箭牌可能也是一句话的事。如"我已请示相关领导，领导已经同意了"。虽然使用简单，但在使用时也不是随意为之，除去确实已经超出自己的真实权力不得不使用之外，其他要根据谈判的具体情况慎重使用。尤其不要让对方误认为你确实没有决策权而不具备谈判能力，失去了和你谈判的兴趣而导致协议不能达成。到那时，可就真是搬起石头砸自己的脚了。

有时候，明确地判断对方是不是真正的权力用尽真是非常困难的事情。不管怎样，一旦遇上谈判对手使用此策略，其应对办法就是明确地或迂回地问清楚对方是否有决策权，有就继续谈，没有就中止谈判，并要求对方尽快和其上级取得联系，尽快解决授权问题，等权力问题解决后再重启谈判。

（六）不开先例策略

我们大家在购物时可能都曾经有过这样的经历，在与卖家讨价还价时，希望对方能把价格再降一点，卖家可能会说："真的不好意思，不能再降了，我们对所有的客户从没有卖过这个价格，大家都一视同仁，我们真的不能开这个先例啊，请您多多包涵。"实际上卖家用的这个策略就是所谓不开先例策略。用在商务谈判中就是一方以没有先例为由来拒绝另一方提出的过高要求。

商务实践中，通常谈判的一方为了保护自己的利益，当无法或不想继续让步时来约束或拒绝对方的一种说辞，当然也是一种策略。例如："在这方面，我公司过去从没有开过此先例，如果此例一开，不仅仅是我们无法负担，更重要的是我们就会失信于别的客户，这对其他客户也不公平，以后也就没法继续合作下去了。对此，还请您海涵。"这种拒绝对方的策略，优点是比较温和，既不伤对方面子也不伤对方感情，效果还是比较明显的。但前提是必须运用得当才行。

既然是一种手段和策略，那么使用者是否真的就没有开过此先例，也说不定。因此，该策略运用得当的关键就是如果之前开过此先例，此次运用时就必须要确定另一方对此已开先例的信息一无所知。否则，如果对方知道你在说谎，不但使己方失去诚信，而且必不利于协议的达成。所以，使用此策略比较适用的情形：一是另一方确实很难获得有关己方先例的任何信息和情报，二是谈判内容保密性强或交易产品为己方垄断性商品，三是己方明显处于有利地位且确实无法满足对方的要求。

如果发现对方使用不开先例策略时，己方正确的做法就是根据所掌握对方的信息，如对方产品市场价格、信誉、口碑等情况，认真分析其是否在说谎，若断定是假话，可适时揭穿对方伎俩使其策略失效；同时也要分析对方的让步条件是否已基本接近己方可接受的情形，如果还差得远，基本可以断定对方的所谓不开先例是虚假的，可当场揭露其手段，并明确表明对对方缺少诚信的做法感到遗憾，必要时可以放弃合作给对方施加压力。

（七）声东击西策略

声东击西本意是指部队造成要攻打东边的声势，实际上却攻打西边，是使对方产生错觉以出奇制胜的一种战术。将其应用在商务谈判中就是谈判一方有意识地将会谈的议题引到一些并不重要的问题上，掩盖己方的真实意图，分散对方的注意力，给对方造成错觉，从而实现己方的目的。

当然，使用声东击西策略最重要的就是一定要有"声东"的理由和条件，要让对手感觉到"声东"是真实的，才不至于引起对方的怀疑，否则就会事倍功半。

（八）以柔克刚策略

以柔克刚的本意是指用柔软的去克制刚强的。因为世间万物，刚强的东西未必就一定要用更刚强的去征服，有时最柔软的事物才恰恰是它的弱点。将以柔克刚策略引入商务谈判，就是要以己方的柔去克制对方的刚。当然，这里的柔，并不意味着软弱、迁就和退让，而是理智、机敏、冷静、克制、坚定、沉着和自信。以有原则的、机智的柔，去碰撞无原则的、粗暴的刚，就会势如破竹，取得成功。

商务谈判中面对对方咄咄逼人的条件和要求，己方不妨以静制动，采用温和的态度、平静的语言、到位的礼节、饱满的感情，充满理智和自信且有理、有力、有节地与对方周旋，以挫其锐气、抑其躁气，最后获得谈判的胜利。

在使用以柔克刚策略时，一定要有耐心、恒心，要有打持久战的准备；不要被对方强势态度所左右，己方要始终以礼相待，循循善诱，动之以情、晓之以理；在原则问题上，态度鲜明，决不迁就，但在枝节问题上，则豁达大度，做到言必信、信必果。以己之柔克对方之刚，最终使己方立于不败之地。

当然，磋商过程中有太多的策略和技巧，在此无需一一赘述。由于谈判过程复杂多变，谈判者为了取得最终胜利可以说是无所不用其极。笔者认为，只要谈判者不违背法律、法规，不违背社会公德、良俗、规范，大可以充分调动自己的聪明才智，放开拳脚，施展谈判的才华，创造性地应用更多的谈判策略，最终使自己在谈判中立于不败之地。

商谈冲突少不了，僵局处理有技巧

在商务谈判的磋商阶段，可能由于各种各样、五花八门的原因，导致谈判双方僵持不下，陷入进退两难的境地，使谈判出现僵局。这种情况在商务谈判中时有发生，究其最根本的原因就在于双方各有其自己的核心利益和目的。当各自的核心利益和目的无法达到和实现时，且彼此又难以达成共识，双方谁都拒绝做出让步，不可避免的僵局就会形成。商务谈判中一旦出现僵局，如不及时处理，就会使谈判进程严重受挫，甚至最终导致谈判失败。因此，谈判者必须正视谈判僵局，正确认识谈判僵局，采取适当的策略和技巧妥善处理谈判僵局，使谈判双方能重新回归到谈判桌上来。

一、形成商务谈判僵局的原因

商务谈判是双方对抗和实力的较量，因为彼此有对立才会有谈判，所以，僵局的出现是一种常态。大多数僵局往往出现在谈判最困难、最紧张的实质性问题磋商阶段。这些僵局有些是谈判过程中出于某种原因引发的，而有些僵局则是谈判者为了达到自己的目的故意的、人为制造的。因此，谈判者必须认真分析僵局形成的主要原因，有针对性地采取措施，才能有的放矢，化僵局于无形。

1. 双方观点对立、争执而产生僵局

商务谈判中，双方对某一问题的看法、观点可能不一致，一方总是试图说服另一方，彼此争执不下、互不让步。随着争执的升级，双方反而把彼此真正的利益需求所掩盖，僵持到最后往往变成面子之争，谁都不想让步，结果使僵局越陷越深，最终有可能使双方失去信心而导致僵局无法调解。观点争执是商务谈判人员常犯的错误，容易导致僵局，对谈判顺利进行非常不利。

2. 谈判一方故意制造僵局

有时候谈判一方为了达到自己的目的，故意给对方出难题、混淆视听，甚至不惜吵架等，目的是通过给对方制造难题迫使对方让步或者放弃自己的谈判目标，或者通过人为制造僵局，因为有时利用僵局不仅是一种策略，而且能试探对方的决心和实力，同时，还常常用来缓和谈判对方的态度。不管怎样，谈判者人为制造僵局的最终目的就是想迫使对方知难而退，从而达到己方的谈判目的。

人为制造僵局如果运用得当的话，会取得意想不到的成功；如果运用不当，其后果也是不堪设想的。因此，除非有十足的能力来把控谈判局面，否则不要轻易尝试为好。

3. 双方利益合理要求差距导致僵局

有时候，很多商务谈判气氛热烈，双方人员热情友好、坦诚相见。但是，由于双方预期利益分歧较大，各自无法实现己方利益的合理要求，那么，谈判必然无法进行，僵局就会产生。而且这种僵局往往难以破解，多数以谈判最终破裂收场。

4. 信息沟通障碍导致僵局

商务谈判中，有时出于各种主客观的原因造成双方对彼此信息的理解产生差异，出现信息沟通不到位的情况，从而导致双方争执不下，产生僵局。造成信息沟通障碍的原因很多，通常大多是双方文化背景的差异、受教育程度的不同，或者职业习惯形成的思维模式的差异以及个人心理因素的影响等因素，造成一方对另一方的语言、文字或者肢体语言的含义产生错误解读。在国际商务谈判中，也可能由于口译失误造成双方沟通的障碍等。

5. 双方谈判人员用语不当导致僵局

在商务谈判过程中，由于谈判人员用语不当，伤害了对方的自尊心，或者使对方颜面扫地，造成感情上的冲突和对立，自然也就不肯有丝毫的让步，因而导致僵局的出现。有时，也可能一方在谈判中语言过于强势，根本无视对方的反应和诉求，使对方产生严重的不满和反感，导致谈判僵局的产生。

6. 谈判人员的偏见、成见、失误、素质低下等导致僵局

商务谈判中由于一方持有对另一方的一种不公平、不合理的消极否定的态度（偏见），或者由于一方认识上的僵化，造成对另一方抱有固定不变的片面或错误的看法（成见），或者由于一方的失误以及素质欠佳等，导致谈判过程受阻而产生僵局。

7. 环境变化导致僵局

商务谈判过程中可能发生了外部环境的变化，如市场供求关系的变化、通货

膨胀进一步恶化等，双方原来的价格条件已不能适应变化了的市场情况，因此导致一方无意签约，久拖不决的结果必然导致僵局的产生。

8. 一方的强迫导致僵局

商务谈判中，有时一方的手段过于强硬，甚至于强迫对方接受己方的条件，或者以取消某些附加条件相胁迫。这种做法对谈判本身来说是非常无益的。因为胁迫意味着不公平、不合理，意味着恃强凌弱，意味着对对方形象和尊严的伤害，必然引起对方的不满和反抗，最终必然使谈判陷入僵局。

二、处理商务谈判僵局的原则

商务谈判的最高境界是双方谈判态度端正、彼此尊重，进退有序、互惠双赢，双方化僵局于无形，无僵局之乱。商务谈判中一旦出现僵局，也不必急于下结论，首先要认真分析为什么会出现僵局，然后才能对症下药，找出破解僵局的对策。在此，处理僵局时我们可以考虑以下一些原则：

1. 提前预防，化僵局于无形

之所以要进行商务谈判，就是因为双方都有不同的目标要求，不同的声音和意见。这些不同的声音和意见虽然阻碍商务谈判的进程，但从另一个方面看，也反映出对谈判议题感兴趣而希望达成协议的外在表现。试想一个对谈判内容毫无兴趣的人怎么会有反对的声音呢。所以，谈判中出现分歧是再正常不过的事情，要以正确的心态对待双方的分歧。

谈判中一旦出现反对的声音，要表现出虚心接受的态度。作为有反对声音的一方，要摆事实讲道理，有理有据，尊重对手；作为被反对者，回答对方问题时要态度诚恳、沉着冷静、语速平缓，不要针锋相对、情绪激动、冷嘲热讽、指手画脚，更不能出言不逊。尽量心平气静、彼此理智地交流意见，探讨解决分歧的途径，保持谈判的顺利进行。

2. 谋求合作，争取互惠双赢

商务谈判中出现僵局也是谈判双方所不愿看见的，因为僵局的出现既延缓了谈判的进程，无形中也增大了谈判的成本，同时又可能伤害了双方的感情，给谈判者带来心理的负担和压力。所以，谈判双方应尽力避免僵局的产生，谈判者要以谋求合作、互惠双赢为大局，既要考虑到己方的需要，又要考虑到对方的要求，在这个前提下共同探索满足彼此需要的途径和方法。谈判中双方既要审慎，又要信任；既要盯住各自的利益目标，又不要陷入立场观点之争的旋涡；既要坚持原则，又要温和待之。这有利于避免双方陷入僵局。

3. 求同存异，变被动为主动

商务谈判双方要放平心态，坚持平等互利、求同存异的原则，在谈判中对人对事温和，变消极为积极，变被动为主动，互谅互让、相互尊重，双方不丢面子，力求谈判在友好、融洽的气氛中进行。

当然，以上原则强调的是双方行为，没有双方的共同坚持，谈判僵局的出现自不可避免。

三、破解商务谈判僵局的十大技巧

商务谈判中虽然要尽可能地避免僵局的出现，但出现僵局的现象会时有发生。为此，高明的谈判人员会在谈判之初提前预测可能出现的僵局类型，并针对不同类型的僵局预先制定应对的具体策略和技巧。这样，一旦出现僵局，也不会过于焦虑和束手无策，而是能够从容应对，巧妙地破解僵局，使谈判能够顺利进行。下面是一些常见的僵局处理技巧。

（一）中途休会策略

商务谈判出现僵局时，一方提议中途暂时休会，使双方都能够冷静下来，认真分析症结所在，缓和谈判紧张气氛，合理控制谈判进程是双方破解谈判僵局常用的一种技巧和策略。休会策略不仅能较有效地调节谈判人员的紧张情绪，缓和双方的关系，同时对恢复谈判人员的体力、精力也有很大的帮助。

休会期间，双方可以活动一下身体，放松一下情绪，缓解一下疲劳。同时，可以利用此机会向上级部门汇报一下谈判的进程和谈判中遇到的问题，汇报一下谈判小组下一步的想法以及获得上级部门的最新指示；利用休会间隙，召集谈判小组成员认真分析双方争议的问题，商量具体的解决办法，探索变通途径，构思应对的策略。

休会结束后，双方按确定的时间、地点重新坐在一起，彼此会对原来的观点提出新的、修正的看法，会更加理性地对存在的问题进行客观的分析，统一认识、共谋对策。

一般情况下，休会建议会先由一方提出，经对方同意后该策略才能发挥作用。通常，提出休会建议的一方须把握时机，在恰当的时候提出，如果对方没有异议，双方会一拍即合，然后双方会商定好休会的时间以及再次启动谈判的时间和地点。一般来说，如果东道主提出休会，客人出于礼貌，基本上不会拒绝。

当然，如果一方提出休会建议，而己方又不想休会时，就要想方设法拖住对方，或者再抛出一个新问题讨论；或者对其有关休会的暗示、明示佯作不知；或者当己方处于强势地位，对方难有招架之势时，己方对对方的休会建议可直接不理，继续谈判，直至迫使对方同意己方要求而最终取得谈判胜利。

（二）改变环境策略

商务谈判出现僵局时，正是双方对争执的问题各抒己见、各执一词，甚至会发生争执、互不退让，很容易形成一种严肃而又紧张的气氛。加上商务谈判这种中规中矩的正式场合，此种环境很容易使谈判者产生一种心情不爽、沉闷、压抑的感觉和烦躁不安的情绪，很难使僵局得到缓解。

此时，谈判双方可以放下手头的工作，把谈判暂时搁置一边，双方工作人员一起外出游览、观光；一起参加体育活动、观看文体节目；或者到游艺室、俱乐部参加趣味活动；或者共同出席宴会；等等。在轻松、愉快的环境中，放松一下心情，松弛一下绷紧的神经，缓和一下双方的对立情绪。通过改变环境，增加大家私下接触的时间和空间，进一步加深感情交流，逐渐消除彼此的隔阂，甚至在私下交流中还可以不拘形式地就僵局中出现的问题继续交换意见。通常，人在心情愉快的时候，解决问题的效率就会大大提高，僵局中遇到的问题也就会迎刃而解。

（三）人员更换策略

当谈判双方处在僵局旋涡中难以自拔时，往往会导致谈判人员对立情绪的激化，彼此产生成见，甚至于无法调和，使得商务谈判难以继续进行。此时，即使用休会、改变谈判环境等缓和措施和策略也已于事无补，难以从根本上解决问题。这时候，采取更换主谈人，不失为一个破解僵局的首选策略。

其实，商务谈判中出现这种局面的原因很多，最主要的就是双方首谈人员不能很好地坚持谈判中人与事区别对待的原则。心情平静时尚能很好地把谈判中的人与事分开，一旦双方进入白热化的利益之争，双方都会不自觉地把问题的分歧、争执迁怒于谈判对手个人，把谈判问题之争发展为双方个人之间的矛盾。

当然，更换主谈人员一般是更换成地位稍高的主谈人员出面谈判。这样做一方面是表示己方对僵局问题的关心和重视，另一方面也是向对方施加一定的压力，迫使对方放弃之前的一些较高的要求而做出妥协。

一般情况下，谈判双方经过调换主谈人员，在经历了前面针锋相对的激烈对峙后，迎来了双方新的平衡与平静，加上更换谈判人员期间双方对所争执问题的认真思考，此时，双方都会更积极、更主动地寻找突破点，消除分歧，容易使谈判取得成功。

（四）谈判升格策略

该策略是指将商务谈判上升到一方或者双方上级继续谈判的策略。

商务谈判中，当双方主谈人对解决当前的分歧已经感觉力不从心，或为了获得更大利益或图谋时，请双方的上级领导出面干预，化解僵局，以推动或结束交易谈判的做法。如果谈判中事无大小遇上困难请领导出场化解危局，这不是升格策略，而是人员更换策略；以及谈判之前上级的会见、宴请等均属正常的礼宾活动，自然不属于升格策略。

使用谈判升格策略时，首先应该注意的是上级领导出面的时机和出场方式，出场时机要选在谈判的关键、危急时刻，要在主谈人力不从心，或有更大图谋之时出场。出面方式可以由己方人员安排双方领导出场见面，也可以由对方约见己方领导出场会见。不管以上哪种方式，既可以在谈判间会面洽谈，也可以在谈判场外的地方会见交谈。当然，选择哪种方式可以由双方互相协商或者交由上级领导确定。

在请上级领导出面之前，要向领导详细汇报谈判形势及准备实现的谈判目标，包括己方与对方态势及主要观点和理由，谈判目标方案及各方案的支撑点。便于让领导快速进入谈判角色，明了事态的难易，准备好见面时的说辞和应采取的对策。

自然，选用这种策略最忌讳的一是频繁升格，二是上级领导如果缺乏谈判经验，不能很快进入谈判角色，言不切题，反而影响或延缓谈判进程。此点，应切实引起注意。

（五）换位思考策略

很多时候，人们都是站在自己的角度思考问题，尤其是涉及己方切身利益时，更是固执地坚持自己的主观立场，很难从对方的角度考虑问题。这往往就使当事人的思维方式、思维模式受到了限制，从而形成自身观点的固化。在商务谈判遇上僵局时，双方谈判者不妨静下心来，采取换位思考的策略，也就是双方都设身处地，从对方的角度来思考问题，也许会是一个不错的选择。

事实上，换位思考是谈判双方实现有效沟通的重要方式。当谈判双方尝试更多地从对方的角度来思考问题，或设法引导对方站到己方的立场上来思考问题，就能多理解彼此一些。这对消除误解与分歧，找到更多的共同点，构筑双方都能接受的方案，有着积极的推动作用。

商务谈判实践中，换位思考是破解僵局很有效的一种策略。通过换位思考，一方面可以使自己发现对方的难处和困境，从而放平心态，保持平和的心境，从而在谈判中可以用更加温和的、通情达理的口吻表达观点；另一方面可以从对方的角度提出解决僵局的方案，这些方案有时确实是对方所忽视的，而且新提出的方案既能有效地维护自身的利益，又能充分兼顾对方的利益要求，所以一旦提出，就较容易为对方所接受，使谈判顺利地进行下去。

（六）备选方案策略

在商务谈判出现僵局时，往往都是双方谈判人员简单地采用一个方案，当在某一问题上双方争执不下的时候，谈判再也无法进行下去。事实上，谈判过程不可能是一帆风顺的，总是会存在这样那样的障碍，甚至会经常出现意想不到的突发状况。这就需要双方谈判人员在谈判开始之前就要认真分析、预见谈判过程中可能会出现的僵局情况，然后针对这些情况提出有针对性的备选方案，而且是多个备选方案，以便在出现僵局时及时选用合适的备选方案予以替代。这种另辟蹊径的方案就有可能破解谈判僵局。

商务谈判中谁能够创造性地提出可供选择的方案，谁就能掌握谈判中的主动权。

当然，这种备选方案一定要既能有效地维护自身的利益，又能兼顾对方的利益要求。在商务谈判中，如果能够及早构思出对彼此有利的多个方案，无疑会使谈判如顺水行舟，一旦遇到障碍，只要及时调拨船头，转换备选方案，就能顺畅无误地到达目的地。

（七）搁置争议策略

其实，大家都明白，当商务谈判陷入僵局，双方就某个问题争执不下，谁也说服不了谁的时候，谈判气氛沉闷而尴尬，火药味十足，双方的情绪也是处于最低谷。这时候，双方主谈人员不妨避开该话题，暂时搁置双方的争议，转换为下一个或者开始一个新的谈判议题。这样既可以避开尴尬的气氛，使双方的心情得以平静，又可以恢复谈判者的谈判兴趣。随着新话题交流的顺利进行，双方不断取得新的进展，这时候再回来重新洽谈早前陷入僵局的话题，双方都会较容易面对此前的争议。

因此，在出现谈判僵局时，不妨先撇开双方争议的议题，去谈另一个新的议题，而不是盯住当前的议题不放，不达目的誓不罢休。例如，前面我们也举过这个例子，双方在价格问题上互不相让，迟迟不能达成一致，此时总不能在一棵树上吊死，完全可以先暂时将其搁置一旁，而就包装、运输、交货期、付款方式等其他议题展开交流。如果在这些议题上取得进展了，再重新讨论价格问题，阻力就会小一些，商量的余地自然也就更大些，从而使谈判出现新的转机。

（八）动之以情策略

商务谈判出现谈判僵局时，双方不妨从感情上寻找突破口。此时可以放下争议话题，彼此叙叙旧情，回忆一下双方以往商务交往与合作的友好历史和业绩，总结一下以往双方合作的成功经验，展望一下未来双方合作的愿景，晓之以理、动之以情，这非常有助于弱化彼此由于出现僵局造成的紧张和对立情绪，从而打破僵局。

当谈判出现僵局时，一方谈判人员可以用饱含深情的语言调动对方的情绪，例如："您看，前面咱们经过了这么长时间的磋商交流，彼此也建立了友好的感情，目前大部分问题都已经圆满解决了，现在就剩这一点了。如果我们就此放弃的话，那咱们前面的付出全都白做了，那实在是太可惜、太遗憾了，我想这也不是咱们双方愿意看到的结果。不妨让咱们再努力努力，好好讨论讨论，看看能不能争取把这一难题解决掉！您觉得如何？"

以上这种充满合作意愿、珍惜双方共同劳动的语言，看似平淡，实际上却能激励和打动对方。对方听了这些充满合作意愿的建议之后，多半会同意继续谈判，这样僵局就能得到有效的缓和、化解。

（九）最后通牒策略

商务谈判过程中，双方就某些问题纠缠不清、僵局严重时，谈判地位较强势、有利的一方就会使用最后通牒策略解决僵局。即向另一方提出最后交易条件，对方要么接受本方交易条件，要么拒绝本方交易条件而退出谈判，以此迫使对方让步的谈判策略。这种策略对于击败犹豫中的对手方面所起的作用还是非常明显的。

不过，由于最后通牒策略是一方以非常强硬的姿态出现，极可能引起对方的不满或者反感，所以谈判者轻易不会尝试使用。一旦使用必须要考虑满足以下几个条件：其一是己方必须处在强势地位；其二是为了化解僵局穷尽了所有办法仍不能见效，而采用最后通牒策略是化解僵局的唯一办法；其三是己方的谈判条件已经降到最低限度；其四是对方明显不愿也不想失去这次交易的机会。

商务谈判中要想使最后通牒策略达到预期的目的，第一，要注意提出最后通牒的时机，一般是双方已在其他方面达成一致，而且对方已深陷其中、难以抽身。第二，提出最后通牒要有理有据，言辞不要过于强硬，尽量避免伤害到对方的自尊心。第三，发出最后通牒后，要给对方留出适当考虑的时间，避免增加敌意，反而弄巧成拙。

（十）调解、仲裁策略

有时候，商务谈判僵局过于严重，双方的感情和面子也受到了较为严重的伤害，在这种情况下即使一方提出了比较有建树的化解僵局的建议，另一方可能在感情和面子上也难以接受，此时，双方共同寻找一个中间人居间调解不失为一个较好的策略。

另外，商务实践中，还有一些谈判即使出现非常严重的僵局，也必须要取得最后结果，而不能使用终止或破裂来结束谈判，如违约索赔谈判。这类谈判当双方穷尽任何手段仍不能打破僵局时，最后只能通过双方自愿将争议提交第三方调解或仲裁。

第三方调解通常是由双方共同选定一位调解人，选定的调解人是和谈判双方都没有直接关系的第三人，这些调解人员一般具有丰富的社会经验、较高的社会地位和威望、渊博的学识、良好的人格及公正无私的品格。调解人通过分析研究提出一个调解方案交给谈判双方，通常这个调解方案是调解人站在中性的立场上充分顾及了双方的利益诉求提出的，能顾全双方的面子，因而较容易被双方所接受。调解仍然是一种靠说服使对方接受的方式，气氛仍然是比较温和的，因而比较具有人性化特征。但调解的结果没有法律上必须认同的效力，如果最终调解无效双方可以寻求仲裁解决。

仲裁是谈判双方当事人协议，自愿将争议提交由非司法机构的仲裁员组成的仲裁庭进行裁判，并受该裁判约束的一种制度。仲裁结果具有法律效力，谈判者必须执行。

此外，向法院提出诉讼，由法院判决也是处理僵局的一种办法。但由于诉讼这种方式刚性化太强，极易伤害双方感情，而且法院判决拖延的时间太长，这对双方都非常不利，更是不利于以后的交往。因此，除非迫不得已，谈判各方轻易不愿把争议提交法院处理。

事实上，商务谈判实践中破解僵局的策略不胜枚举，有些策略又难以用文字来表达，只能凭谈判人员的经验、直觉、应变能力等临场应对。而且，从某种意义上讲，谈判僵局的破解是谈判的科学性与艺术性的统一，上述策略能否运用成功，从根本上说，最终还是要归结于谈判人员的业务能力和素质能力，这就需要谈判者不断提高自身素质，认真分析、研究僵局的性质、特征，以采取不同的办法应对之。

第九部分

成交阶段莫大意，完美收官需牢记

商务谈判双方在历经准备阶段、开局阶段、磋商阶段后，通过双方的不懈努力和一番艰苦的讨价还价，彼此的意见渐趋一致，都有了达成最后愿望的想法。这意味着谈判进入了最后的成交阶段或者说是收官阶段，但这并不等于说双方就一定会顺利地签署合同。因为在这个阶段，主体意向虽然已经趋同，但可能还有这样那样的问题尚需双方最后敲定，加上越接近尾声，双方的心理变化和反应各不相同。如果此时有急于求成、冒失激进，或者放松警惕、口不择言，或者幸灾乐祸、过于乐观等行为，稍有不慎的话，可能就会前功尽弃。所以，老练的谈判人员此时一定会严阵以待，不敢有丝毫掉以轻心。

一、捕捉成交阶段的信号

经过双方长时间的磋商，商务谈判成交阶段的出现也可能是循序渐进、水到渠成；也可能是前面谈判收效甚微，但出于某种原因柳暗花明。不管怎样，成交阶段的出现总是会有一些明显的信号，此时，双方应该巩固成果，尽快促成交易。

谈判成交阶段的最佳时机往往出现在谈判者"心理上的适当瞬间"，在这些瞬间，谈判双方的思想、观点、见解和认知趋向一致。表现出的行为信号是谈判者态度坚定，阐述自己的观点和立场时直接、简单明了，且具有承诺意旨，不再是态度委婉、含蓄或飘忽不定。具体表现在语言上是语气肯定、不卑不亢，如："好的""我同意"等；表现在行为上，如：坐姿后仰、放松，或合上笔记本，或很享受地品茶等；表现在表情上，如：表情放松、面带微笑等。这些信号一旦出现，就表明双方的期望已经接近，成交阶段已经到来。

二、成交阶段的谈判策略

商务谈判成交阶段信号的出现意味着谈判接近尾声。此时，双方的主要任务是要推动双方尽快摆脱细枝末节问题的纠缠，达成妥协。同时，在保证己方既得利益的前提下，尽量争取最后的利益。

（一）谋求场下成交

商务谈判成交阶段，双方的大部分议题已基本达成一致，可能仅剩个别问题仍有分歧。此时，如果双方继续在谈判桌上争执不下，这一定不是一个好的选择。因为前面长时间的圆桌谈判必然造成会场气氛紧张、对立，即使成交阶段大家情绪已有所放松，但仍免不了受会场上气氛的影响，加上谈判场所特定环境的严肃性，总不能使谈判者完全放松。此时，只要任何一方把控不住情绪，就有可能使前面的谈判成果化为乌有。

此时，谈判双方不妨把剩下的个别分歧从谈判桌上转移到谈判桌下。双方寻一个安静、轻松、融洽的场所，例如：酒宴或轻松的娱乐场所等。双方轻松自如地交流彼此感兴趣的话题，通过这种私人感情的交流，有助于化解双方最后的分歧，从而快速达成协议。

（二）最后的慎重让步

为了尽快解决成交阶段的个别分歧问题，结束谈判，达成协议。可能需要最后的让步才能解决。不过，此时的让步一定要慎重，要务必明确己方最后的让步时间和让步限度，以及明确己方准备以何种方式结束谈判等。

首先，在让步时间上不要过早或过晚。过早会被对方认为是前一段讨价还价的结果，而不是为达成协议做出的终局性的最后让步；过晚又会降低对对方的影响和刺激作用，反而对后续的谈判不利。商务谈判实践中，成交阶段的最后让步可以分为两个阶段操作，主要部分在最后期限之前做出，以满足对方主要心理预期；次要部分在最后时刻做出，以进一步增加对方的心理满足感。

其次，在让步幅度上不能过大或过小。幅度过大会让对方认为这不是最后的让步，反而会激起对方更大的欲望；幅度过小又会让对方感觉微不足道。因此，在决定最后的让步幅度时要考虑到刚好满足对方的尊严和实现其心理预期。

当然，最后的让步一定要坚决、果断，务必让对方明确感受到这是终局让步的信息。

（三）争取终点的获利

商务谈判收官阶段，双方基本上把彼此交易的内容、条件都大致确定，在着手商定协议条款、签约之前，一些有经验的谈判者可能此时突然会提出一个小小的请求，利用最后的机会再去争取一点小利，要求对方再让出一点点。从谈判者心理学的角度考虑，这个小小的要求被接受的概率应该还是蛮高的。这是因为，由于谈判已进展到签约阶段，双方谈判人员业已付出了很大的代价，不愿再为这一点小事伤了双方和气，更不愿再重新回到谈判桌，甚至为此影响到双方今后长期的合作，因此常常会很爽快地答应这个请求。

当然，签约之前的这个要求一定要合情合理，态度诚恳。否则，让对方感觉有被要挟和赚小便宜之嫌就不好了。不但所提要求可能不会被接受，而且有可能会给对方内心留下不好的印象，如果这样那就真是得不偿失了。

三、注意最后的回顾

在双方签约之前，己方一定要重视最后回顾环节。要明确己方所有的项目是否已经谈妥；所有的交易条件是否已经达成；己方的预期目标是否已经实现等。防止己方因忙乱、疏忽而漏掉项目，造成不必要的被动局面。

同时，双方谈判完毕后，也要共同梳理、确认一下彼此达成的主要条件和目标，防止签约时再出现不必要的争议。

最后，值得注意的是签约过程中，可能己方感觉大功告成，收获颇丰而喜形于色，过于兴奋。这种做法万万要不得，因为有可能由于己方的过度张扬而导致对方心理不平衡，甚至使对方怀疑他自己是不是哪儿谈的不对，严重的有可能会导致对方产生疑虑而最后放弃此次交易。

所以，最后签约环节要稳重、大方，不要喜形于色，注意要为双方的共同胜利而祝贺！

四、审慎地签署协议

谈判结束后，为了保证其谈判成果今后能够顺利执行，双方通常需要签署书面的协议或合同进行确认，这也是对双方权利义务的法律保障。因此，一定要一丝不苟、严肃对待。

签订合同之前，双方要围绕谈判成果认真组织合同条款，合同标的物的质量、数量、包装条款、支付条款等要做到内容明确；双方权利义务条款要翔实、全面、对等；违约责任及争议解决的方式要清晰、规范、具体；合同条款要条理清晰、逻辑严谨、措辞准确；涉及的数字、时间、日期、核心概念等务求具体，万不可模棱两可。

合同样本确定后，双方务必认真审核，确认无误后再正式签字、盖章。如需举行签字仪式，双方还要安排好签字仪式的具体工作。

对于需要公证后才能生效的合同，合同签署后及时提交有关方面进行公证。

商务谈判之计谋篇

《三十六计》是根据我国古代卓越的军事思想和丰富的战争经验总结而成的兵书，是中华民族悠久文化遗产中的璀璨瑰宝。其中的计谋与权术是各种竞争获胜的谋略和应变手段。商务谈判犹如没有硝烟的战场，因而商务谈判之道亦乃用兵之道，所用策略技巧与我国兵法《三十六计》之计谋有异曲同工之妙，都是交战双方智力和谋略的较量。

瞒天过海

[古法原书]

备周则意怠，常见则不疑。阴在阳之内，不在阳之对。太阳，太阴。

[词句注释]

阴阳在古代哲学思想中代表矛盾对立的双方。阴阳在军事上涉及的范围甚广，从阴晴阳缺、山泽湖川，到攻防进退之战术，皆可分为阴阳之关系。一般来说，柔、暗、奇、虚等为阴，刚、明、正、实等为阳。此计中所谓阴，指隐蔽、机密；阳则指公开、暴露。

太阳，太阴：太，极、极大。指非常公开的事物里往往蕴藏着非常机密的计谋。

[原书释义]

当防备得十分周密之时，往往容易松懈大意，司空见惯的事情往往就不会再引起怀疑。把诡计隐藏在公开的行动里，而不是放在公开行动的对立面。非常公开的事物里往往蕴藏着非常机密的计谋。

[谈判用计关键]

商务谈判的瞒天过海策略之核心是一个"瞒"字，它往往是利用人们对某些事情的习以为常而产生的疏漏和松懈，达到示假隐真的效果，从而掩盖某种真实的行动，实现出奇制胜。

[商务谈判实例]

姚强是一家玻璃集团公司的老板，这些年企业加大了科技经费的投入，发明了先进的玻璃工艺方面的专利，生产出了不少高科技玻璃产品，深受市场追捧和客户欢迎，产品供不应求。姚强年轻气盛，意气风发，企业发展势头很好。当然，企业发展能有今天的成就，很大程度上得益于好朋友欧阳飞先生的慷慨解囊和全力相助。当年，在姚强企业面临危难之际，是欧阳飞为其投入资金、推荐专家，使姚强的企业起死回生，现在已经步入了良性发展的轨道。滴水之恩，当以涌泉相报，姚强对欧阳飞的厚恩，一直念念不忘，总想寻机会报答。

一天，办公室秘书来到姚强办公室，说有一位自称张剑豪的贸易公司老总求见，问姚总是否接见。姚强指示秘书将其引到会议室见面。张剑豪一见到姚强就恭恭敬敬地递上一份请柬及一份举荐书。姚强接过请柬，只见上面写着"姚强先生亲启"，落款为某进出口贸易公司总经理张剑豪。

姚强疑惑地打开请柬及举荐书，才弄明白是老朋友欧阳飞的内弟钱程举荐张剑豪与其做玻璃出口生意。为表示谢意，张剑豪准备在五星级丽晶大酒店宴请姚强一行，以便席间向姚强请教玻璃生意之道。请柬中字里行间都充满了对姚强的无限敬慕之情。

既然是自己恩人欧阳飞内弟举荐的朋友，岂能怠慢。他同张剑豪讲了几句客套话后，便欣然应允，表示愿于今晚前去赴约。晚上按照约定，张剑豪准时亲自驾驶奔驰 S500 接上西装笔挺、气宇轩昂的姚强去丽晶大酒店，一进酒店大门，姚强就受到了周到热情的服务，酒席上的美味佳肴令他大饱口福，再加上张剑豪不时阿谀奉承，姚强非常开心，得意洋洋，心情大好。

酒酣耳热之际，正是商务谈判的好机会。张剑豪也是久经沙场、深谙此道。他感觉时机已到，便十分虔诚地向姚强提议道："姚总，我有一个好朋友 John 先生，是美国加州的一个著名的玻璃零售商，信誉好，客户多，生意非常兴隆。如果姚总您信得过我，并愿意给我提供一个为您效劳的机会，我很乐意为您的玻璃出口从中牵线搭桥。对于您，可以由此扩大玻璃销售量，增加销售渠道，从而取得更多的收益；对于我的好朋友 John 先生来说，由此便会拥有高质量的、可靠而稳定的货源。至于我本人，只想从您那里得到出口该玻璃产品的机会从而得到一定量的佣金即可。"姚强听完对方的提议，并未立即作答，他仍在犹豫不决。双方谈判陷入了僵局。

张剑豪见姚强犹豫不决，并未继续催促其马上做出决定，而只是若无其事地招来大堂经理："先生，麻烦你叫两名唱歌比较好的歌手到我们包房，给我们唱几首歌放松一下，这是歌手的服务费。"说着，便从口袋中掏出一大沓子钱来，数也没数就随意地交给大堂经理。姚强望着那厚厚的一沓钞票，再看看张剑豪付费时的酒脱和他的奔驰豪华座驾，断定对方是个资金实力雄厚的老板，与其做生意不会有什么危险的，便主动与张剑豪就玻璃出口交易一事做了详尽的洽谈，爽快地答应了其要求。

待酒足饭饱，放松小憩之后，双方正式达成协议，两人握手言别。待姚强一离开，张剑豪就急急忙忙离开丽晶大酒店，因为这样的五星级大酒店的高消费对他简直太奢侈了，不是他所能承受得起的。同时，他得抓紧时间把借朋友的奔驰S500还给朋友。

姚强做梦也不会想到，张剑豪其实只不过是一个小小的出口贸易公司老板，因为出口业务一直不顺，眼看着生意做不下去了，很是着急。此前，他也一直想代理姚强的玻璃出口，但由于自己是小贸易公司，姚强根本就不把他们放在眼里，自然也不会给他这个机会。一次偶然的机会，他从朋友那里得知姚强与欧阳飞的特殊关系后，非常兴奋，因为自己和欧阳飞的内弟钱程先生比较熟悉，便以自己想和姚强做玻璃生意为借口请欧阳飞内弟钱程先生为其写了一封举荐信；然后，再借助于豪华座驾和丽晶大酒店这一堂而皇之的大舞台，成功地上演了一出"瞒天过海"的把戏。一切都显得自然而然，顺理成章。张剑豪高超的谈判本领使他不花分文，就将姚强集团公司的高科技玻璃产品，转手卖给零售商John，而且生意稳定，获利颇丰。经此一役就使自己的贸易公司生意如日中天，不断壮大。

围魏救赵

[古法原书]

共敌不如分敌，敌阳不如敌阴。

[词句注释]

共敌，分敌：共，集中。分，分散。共敌：兵力集中、战斗力较强之敌。

敌阳，敌阴：敌，攻打。敌阳，打击精锐强盛的敌人；敌阴，攻击气势薄弱的敌人。

[原书释义]

进攻兵力集中的敌人，不如打击兵力分散的敌人；攻击敌人的精锐部分，不如攻击敌人的薄弱部分。打击集中强大的敌人，应当诱使其分散兵力后再行打击；正面攻击，不如在敌空虚的后方迂回打击。

[谈判用计关键]

围魏救赵策略用在商务谈判中，关键要表现在己方不直接和谈判对手的有生力量正面接触，而是巧妙地想方设法去挖对方的"墙角"，分解或瓦解对方的谈判成员，对方的"墙角"一旦被挖空了，对手的力量自然就被消灭了；或者是在谈判对手气势旺盛的时候避其锋芒，而在对方气势低落的时候，再主动进攻，从而取得谈判主动。

[商务谈判实例]

2013 年，青岛 A 进出口公司通过对山东地区市场调查发现，美国生产的 T 产品在本区域应该具有很好的市场前景，随后公司派人与美国公司联系进口事宜。但美国公司谈判代表对青岛 A 进出口公司的经营能力以及 T 产品在山东地区的销售前景仍有疑虑，谈判过程中，美国代表提出了很多苛刻的条件并百般刁难，使谈判进程一度中止。

此后，青岛 A 进出口公司认识到这样纠缠下去无济于事，必须另图计策。说来也巧，在对美国谈判代表成员进行分析研究时发现，其中一美国谈判代表具有部分华人血统，他的爷爷是美国人，当年其爷爷把奶奶从青岛带到了美国，而奶奶却是地地道道的青岛人。得知此消息后，青岛 A 进出口公司谈判代表非常兴奋，决定使用围魏救赵策略以解谈判困局。随后，立即派人火速把其奶奶故居周围的变化拍成照片，更为巧合的是，从青岛图书馆还查阅到了其爷爷所在部队占领青岛时的部分文字材料和老照片，并准备了一些青岛地方特产作为小礼品。

随后，青岛 A 进出口公司谈判代表寻找机会单独把对方约出来，把这些照片、资料和代表乡情的小礼品交给他，并向对方介绍了其奶奶故居这些年的变化，双方立马拉近了距离，把酒言欢，相谈甚愉。后来，通过这位美国代表的从中穿线、斡旋，美国谈判人员很快就打消了疑虑，化解了敌意，顺利地与青岛 A 进出口公司签订了出口 T 产品的合同。

青岛 A 进出口公司通过围魏救赵策略，巧妙地想方设法去挖对方的"墙角"，瓦解对方的谈判成员，使谈判首战告捷。

青岛 A 进出口公司从美国进口 T 产品后，由于该产品适销对路，质优价廉，受到消费者欢迎，国内其他各大厂家竞相订货，青岛 A 进出口公司通过经营 T 产品也获利颇丰。尽管有一次美国公司由于延期交付 100 万吨 T 产品使该公司蒙受了一定的经济损失，但青岛 A 进出口公司考虑到产品仍适销对路、前景广阔，同时，也为了双方长久友好的贸易往来，并没有根据合同的要求让对方承担法律责任，补偿自己的损失。

此后不久，随着青岛 A 进出口公司的不断开拓，业务范围越做越大。T 产品在国内需求量也越来越大、供不应求。青岛 A 进出口公司为了降低产品销售成本，进一步提高公司的盈利水平，就必须进一步降低进口 T 产品的采购成本。为此，青岛 A 进出口公司准备同美国出口商洽谈扩大进口该产品数量和向对方提出降价 10% 的要求。

青岛 A 进出口公司当然知道，在国际市场未发生变化的情况下，若在双方谈判一开始就提出该要求肯定会遭到对方拒绝，对方断难接受，而这就必须采用一定的谈判技巧，迫使其就范。

于是，青岛 A 进出口公司经过研究，找到了问题的突破口，设计了一套颇为周密的谈判方案。谈判伊始，青岛 A 进出口公司就在上次那 100 万吨货物延期交货一事上大做文章。

青岛 A 进出口公司谈判代表说："由于你们上次 100 万吨 T 产品延期交货，使我方遭受了重大的经济损失。"对方听罢，以为青岛 A 进出口公司会根据合同提出索赔要求，自然心慌意乱，忙不迭地对延期交货问题加以解释，表示歉意，尔后便诚惶诚恐地、心神不安地等着青岛 A 进出口公司的反应。看到时机已成熟，青岛 A 进出口公司趁机提出降价 10% 的要求，明确提出希望贵方上次延期交易的损失能通过这次降价 10% 来弥补。对方感觉理亏，在经过认真分析中方的要求后，只好表示同意。

当然，根据我方市场容量，青岛 A 进出口公司又乘胜追击，提出由原来预定的 500 万吨增加到 1000 万吨，取得谈判圆满成功。

这正是利用了围魏救赵策略，避其锋芒，攻其弱处，在对方气势低落的时候，再主动进攻，置敌于死地，从而取得谈判主动。

计二

借刀杀人

[古法原书]

敌已明，友未定，引友杀敌，不自出力，以损推演。

[词句注释]

"损"，出自《易经·损》卦："损：损下益上，其道上行。"将《损》卦反过来推演就成了《益》卦。意指"损"与"益"的转化关系。

[原书释义]

敌方的情形已经明确，而盟友的态度尚不明朗，要引诱盟友去消灭敌人，不需要己方付出代价，这是根据《损》卦推演出来的。

[谈判用计关键]

借刀杀人策略用在商务谈判中，其关键是要借谁的"刀"为我所用。商务谈判中，谈判对手的力量已经显露，而第三方的势力也在发展，此时，商务谈判的一方就要善于利用一切机会和条件，借助第三方的人或事，借用某些社会机构、社会舆论、法律规范等资源去消灭或摧毁谈判对手，来维护自己的利益，达到己方的谈判目的，取得谈判的最终胜利。

[商务谈判实例]

实例一：巧借第三方之"刀"

2012 年青岛大合公司计划引进某化工产品生产线，经过前期的市场调查后，向外国几家专业生产公司做了发盘。

随后分别收到日本横滨某公司与韩国釜山某公司的还盘，日本横滨某公司报价 30 万美元，韩国釜山某公司报价 25 万美元。经过深入地调查了解，两家专业公司的技术与服务条件大致相当，经过前期的讨价还价，青岛大合公司有意与韩国釜山某公司成交。

双方在最后的面对面终局谈判中，青岛大合公司特意安排公司总经理携公司总工程师同日本横滨某公司谈判，故意造成青岛大合公司有意和日本横滨某公司最后成交的假象，并有意无意地将此消息设法透露给韩国釜山某公司，然后全权委托生产技术部门经理与韩国釜山某公司谈判。

韩国釜山某公司得知此消息后，非常紧张，为了能尽快赢得中国客户，很快在谈判中主动让步，最后大幅度降价至 15 万美元与青岛大合公司成交并签订合同。

在此案例中，青岛大合公司巧借日本横滨某公司这把"刀"，有效地去牵制了韩国釜山某公司，维护了自己的利益，赢得了谈判的最终胜利。

实例二：利用自然事件或社会舆论之"刀"

青岛惠农农产品公司一直是印度尼西亚某食品公司小麦面粉的出口供应商，近期双方就中国小麦面粉的出口价格进行商务谈判。

在谈判过程中，青岛惠农农产品公司向印度尼西亚某食品公司详细说明了小麦产区所在地近期遭受严重旱灾的情形，随后以小麦产量锐减为由，对面粉的价格提价 15%。由于此前中国政府部门对此次旱灾情况亦有报道，所以，印度尼西亚某食品公司对该地区旱灾导致的减产也有了解，同时因国际市场小麦面粉销路看好，印度尼西亚某食品公司唯恐得不到充足的原材料供应，经过几番讨价还价，很快就以青岛惠农农产品公司提出的新价格签订供货合同。

实际上，遭受此次旱灾的小麦产区的小麦产量仅占全国小麦产量的一小部分，对国内小麦价格的波动并不会产生什么影响。小麦面粉作为种类货，青岛惠农农产品公司仍然可以从其他地区调货，成本较之以前不会有太大的变化。

计四

以逸待劳

[古法原书]

困敌之势，不以战；损刚益柔。

[词句注释]

损刚益柔：出自《易经·损》卦，"损刚益柔有时者，损于昼而日渐短；益于夜而宵渐长，此以一日言也。""刚""柔"是两个相对的事物现象，在一定条件下相对的两方可相互转化。

[原书释义]

高明的指挥员，要设法避开敌人旺盛的士气，当敌人非常疲劳、急躁不安，发生混乱时，再出兵击之；要调整自己的军队，养精蓄锐、严阵以待，以对付远道而来的疲惫不堪之敌。

[谈判用计关键]

以逸待劳策略用在商务谈判中，其关键是要以自己的"逸"去等待对方之"劳"，然后一举击之。为此，己方在休整自己的同时，必须在如何使对方"劳"上下功夫。可以用计使对方生理上疲劳；也可以用计使对方心理上疲劳；还可以用计使对方疲于应付而陷入困苦劳顿，从而拖垮对方的心理、生理防线；等等，然后伺机寻找机会去战胜谈判对手，以取得谈判的最后胜利。

[商务谈判实例]

日本一公司准备从美国某公司采购一高科技产品生产线，经过前期接洽后，日本公司邀请美国公司代表到日本东京进行最后谈判。美国公司代表团一行到达日本东京后，专程迎接他们的日本公司工作人员热情有加、彬彬有礼，替他们办好一切手续，随后又非常贴心地询问美国公司代表："您此行是不是准时乘机回国？到时我们随时安排这辆车送您去机场。"美国公司代表毫无戒备之心地掏出回程机票，并说明具体的回国日期。

日本公司方面获悉了美国公司代表的回程日期后，就详细制定了一个使对方疲劳的计划，使用的就是一个"拖"字诀。随后邀请美国公司代表游览日本名胜古迹，品尝日本美味佳肴，到日本的北海道滑雪，参加东京方面组织的晚上娱乐项目等。

本来美国公司代表刚到日本，时差还没倒过来，就马不停蹄地参加日本方面安排的各项活动，白天参加活动休息不好，晚上还要安排娱乐项目又睡不好觉，搞得身体非常疲惫。美国公司代表只要一提出谈判，日本公司代表就宽慰对方："不急，有时间呢，你们好不容易来一趟日本，我们理应好好招待招待，应该好好游玩一下。"对此，美国公司代表也不好立即拒绝日本公司的热情安排。

最后三天双方开始谈判，开始的第一天上午搞了个热情洋溢的欢迎仪式，基本上没有进入谈判正题，午饭后，又插入了一场高尔夫球赛。第二天又提前举行了一个盛大的欢送宴会。实际上真正留给双方谈判的时间也就是最后一天了。

最后一天谈判一开始，日本公司希望美国公司代表能详细地给他们介绍一下产品生产线的情况，由于该生产线属于高科技产品，技术复杂度高，各种参数要一一介绍清楚，结果整个介绍过程花去了美国公司代表近两个半小时的时间。介绍完毕后，美国公司代表随后问日本公司代表是否完全听明白。结果日本公司代表表现得非常惭愧的样子，回答道："实在很抱歉，我们还是没听明白，能否麻烦您再给我们介绍一遍，实在对不起了！"

事实上美国公司代表本身由于回程时间已经非常迫切，心里早就非常烦躁了，听了日本公司代表的回答后，美国公司代表的心理防线完全崩溃了，想想还要再花两个半小时重新再给他们介绍一遍，真的是连跳楼的心都有了。

此时，日本公司代表看到他们实施的以逸待劳策略已经生效，出击的时机已经成熟，随即向美国公司代表提出他们的条件和要求。

此时，美国公司代表已经被日本公司折磨得身心俱疲，加上想着明天一早还要启程回国的事情，早就没有谈判的心情了。随即很快答应了日本公司的条件，双方签订了买卖合同。

此案例中，日本公司代表实施了两次以逸待劳策略，一次是通过各种活动安排使对方的身体、生理疲劳；另一次是通过让对方长时间地介绍产品生产线，从而使对方产生反感后造成极度的心理疲劳。

两次计策的得逞，保证了日本公司谈判的最后胜利。

趁火打劫

[古法原书]

敌之害大，就势取利，刚决柔也。

[词句注释]

害：指敌人所遭遇到的困难，危厄的处境。

刚决柔也：出自《易经·夬》卦，"象曰：夬，决也，刚决柔也。"强调在力量强大时，果敢决断，征服对手。

[原书释义]

当敌方遇到严重危机时，就要果敢决断，趁人之危，乘机出兵夺取利益，从而制服对手。该计谋的特点，就是利用敌方危难之机，果断有效地打击对方。

[谈判用计关键]

趁火打劫策略在商务谈中要想取得成功，关键要做到，其一是务必要选准时机。一定要选在谈判对手正在"起火"的时候，即对方正处于危难之机。其二是下手稳、准、狠。即必须在谈判对手正处于严重危机之际，实施"打劫"。如果谈判对手还没有"起火"或者"火已熄掉"，你再去"打劫"，谈判效果自然就不会理想了。所以，此计要求使用者必须真正了解对手的详细情况，认真进行分析、论证，方能瞅准时机，一击成功。

[商务谈判实例]

青岛 A 进出口贸易公司向韩国 B 进出口贸易公司出口一批货物，合同标的额近 100 万美元，单价每吨 2000 美元离岸价（FOB）青岛，结付方式为即期 D/P 付款。青岛 A 进出口贸易公司在青岛港将货物装上船，轮船驶离青岛港后，青岛 A 进出口贸易公司随后把成套单据和汇票交付青岛某银行并委托其作为托收行代为收款，青岛托收行又委托韩国某代收行向韩国 B 进出口贸易公司代收货款。

随后，当韩国代收行向韩国 B 进出口贸易公司提示单据和汇票以收取货款交单时，发现韩国 B 进出口贸易公司已经破产倒闭，于是，韩国代收行立即向青岛托收行退单并说明情况。此时货物已经到达韩国釜山港。青岛 A 进出口贸易公司从青岛托收行得知此消息后，心急如焚，紧急召集公司高层开会，商量对策。

青岛 A 进出口贸易公司意识到，因为当时签订合同时，既没有收取韩国 B 进出口贸易公司的定金（额度一般不少于一个单程的海上运费），又没有在合同中指定一个"特别需要时的代理人"。此时如果把货物再租船重新运回青岛，损失的费用不是一个小数目。此时，只有在釜山市就地销售方为上策。

于是，青岛 A 进出口贸易公司便委托其在韩国釜山市的一家以前曾经合作过的老客户作为己方的委托人全权处理该批货物的销售等善后事宜。随后，该委托人经过多方联系找到一家有购买意向的韩国 C 公司，后双方经过多次谈判就商品价格无法达成一致，主要原因是韩国 C 公司趁火打劫，要价太低！因为韩国 C 公司获悉该批货物的原买方因倒闭破产而造成货物滞留釜山，他们知道卖方对这种货物也是进退两难，要么便宜卖掉要么再租船运回青岛。对此，韩国 C 公司抓住机会，步步紧逼，在价格上狮子大开口，并不时向委托人传递出一个霸气的信息，不答应我的价格你们就再运回中国青岛好了！

在此情况下，委托人只好再向青岛 A 进出口贸易公司请示应对策略。青岛 A 进出口贸易公司考虑到该产品的国际市场变化情况，认为问题不宜久拖不决。最后只有忍痛答应了韩国 C 公司的要求，以较低的价格将货物转卖韩国 C 公司而收场。

在国际贸易中，像这种已经运到国外目的港而无人收取的货物，被很多商人戏称为"大路货"，货物出口方（卖方）对此往往是进退两难。该案例中韩国 C 公司也和其他所有的新买主一样，正是利用了卖方所处的危难的窘地，趁火打劫，狠狠地杀价，迫使卖方成交，最后获胜并大赚一笔。

声东击西

[古法原书]

敌志乱萃，不虞，坤下兑上之象，利其不自主而取之。

[词句注释]

乱萃：乱作一团。出自《易经·萃》卦："象曰：乃乱乃萃，其志乱也。"萃，悴，即憔悴。

不虞：意料不到，未及提防。

坤下兑上：在八卦推演中，坤为地，兑为泽。有泽水淹及大地，洪水横流之象。寓意为一群乌合之众，注定失败。

[原书释义]

当敌人处于情志混乱而且憔悴，不能提防突发事件，就出现了萃卦所展示的洪水横流的现象，此时，就可利用敌人心智混沌迷乱之机消灭他们。

声东击西，就是通过制造假象，本不打算进攻甲地，却佯装进攻；本来决定进攻乙地，却不显出任何进攻的迹象。以此来引诱敌人做出错误判断，然后乘机歼灭敌人的策略。

[谈判用计关键]

声东击西策略用在商务谈判中最关键的问题有二，其一，务必确保己方的真实意图不能被谈判对手知悉；其二，要设计迷惑对方，给对方制造假象，而且制造的假象要让对方深信不疑，彻底扰乱谈判对手的思路和战略方向，把对方的注意力集中到己方所不关心的目标上，从而为实现己方所真正关心的目标创造条件，然后在对方做出误判时，果断出击，从而取得谈判的最后胜利。

[**商务谈判实例**]

我国某进口公司和日本某公司谈判进口日本的某大型仪器设备，双方在价格问题上争执不下，达到白热化的程度。但我方通过前期市场调查认为，日本方面在价格上仍有很大的降价空间，所以中方坚持要求日方再降价30%，但日方态度强硬，毫不退让。由于事前中方在进行产品的市场调查时发现法国也生产同类型的设备，但质量不如日本的设备好。此时，中方考虑使用声东击西策略以图撕开日方价格的缺口。

第二天，正当双方为价格问题争执不下时，中方一工作人员拿着一纸电文走进谈判会场，径直来到中方首席谈判代表身边，小声向其耳语汇报："张总，我们刚收到法国公司发来的电报，请您过目。"当然，工作人员说话的声音要确定能让对方主谈人员听清。放下电报，工作人员离开会场。此时，中方首席谈判代表看完电报后，适时向对方提出建议："对不起，我方申请暂时休会。"

等双方重新开始谈判后，中方继续要求对方降价30%，并且同时使用了最后通牒策略："对不起，这是我方最后报价，希望贵方能慎重考虑。如果贵方认为仍无法接受，我方将遗憾地退出此次谈判，下午我们静候贵方的答复。"

日本方面看到中国态度的巨变，非常紧张，他们确实不想放弃这次挣钱的机会，本想狮子大开口大赚中方一笔，又担心如果不答应的话会真的让法国人抢去这次机会。经再三考虑，最后还是答应了中方的降价要求，双方签订了协议。

实际上，中方并无意进口法国的设备，只是用法国方面来转移日方的视线，造成我方准备和法国公司合作的假象；同时也看清了日本方面不想放弃这次生意。日本方面之所以退步，是因为日方确实知道法国也生产此种设备，也很清楚中方此前和法国方面有接触。所以，估计日方也是宁可信其有不可信其无了。看来"兵不厌诈"真是威力巨大。

商务谈判实践也证明，只有在谈判中更好地隐藏自己的真实意图，才能使己方更好地实现谈判目标。

当然，使用声东击西策略最重要的就是一定要有"声东"的理由和条件，要让对手感觉到"声东"是真实的，才不至于引起对方的怀疑，否则就会事倍功半。

声东击西策略是商务谈判中最常见的一种策略，使用时的方式和条件一般表现在以下几个方面：其一，作为一种障眼法，转移对方的视线，隐蔽我方的真实意图；其二，指东打西，指南打北，分散对方的注意力，干扰、延缓对方的行动，使对方在判断上失误；其三，想法诱使对方在我方无关紧要的问题上进行纠缠，为最后赢取我方真正关心的问题创造条件；其四，可故意在我方认为是次要的问题上花费较多的时间和精力，以造成我方对此非常重视的假象，提高该次要问题在对方心目中的地位，以吸引谈判对手的注意力。

无中生有

[古法原书]

诳也，非诳也，实其所诳也。少阴、太阴、太阳。

[词句注释]

诳：欺诈、诳骗。

少阴、太阴、太阳：此"阴"指假象，"阳"指真象。少阴，虚假；太阴，虚假之极；太阳，真象之极。

[原书释义]

诳骗，并不是一直虚假欺骗，而是在诳骗之后，把真相推出来。把小虚假发展成大虚假，在大虚假之后，把极端真相付诸于行动。

[谈判用计关键]

此计用在商务谈判中，关键在于真假要有变化，虚实务必结合。要先假后真，先虚后实，无中必须生有。谈判者必须抓住谈判对手已被迷惑的有利时机，迅速地以"真"、以"实"攻击敌方，在谈判对手头脑尚未清醒时，可一击成功。

当然，使用此计时必须做到：其一，假象看起来一定像真的；其二，对方必须认为是真的。只有同时满足这两个条件，此计方能见效。

[商务谈判实例]

广州 A 公司与日本 B 公司就进口某大型仪器设备进行谈判，双方经过数天的谈判，除价格之外其他条件已基本达成共识，唯独价格之争双方各执己见，谈判进入白热化。

日本 B 公司谈判代表首次报价 300 万美元，对此，广州 A 公司谈判代表认为对方报价太高，价格水分太大，表示实在看不到日本 B 公司对此次谈判的诚意。随后，广州 A 公司谈判代表报出 80 万美元的价格。此后双方就价格问题讨价还价，经过了一整天的拉锯战后，日本 B 公司谈判代表经过数次让步，把设备价格从 300 万美元降到 150 万美元，广州 A 公司谈判代表也把价格从开始报价的 80 万美元提高到 115 万美元。但此后双方在各自的价格上再也不后退半步。

面对如此僵局，日本 B 公司谈判代表显得非常生气："说实在的，我们为了表达对贵方的诚意，降价幅度已经到了 50% 了，可以说做到了仁至义尽，而贵方却得寸进尺，仍不满足，实在太苛刻，太无诚意了！我方已经无法再做让步了！"说完，他气呼呼地把自己的文件包甩在桌上。

广州 A 公司谈判代表见此情景，显得非常震惊，也立即站起来，回应道："实在很抱歉，我们仍然没有看到贵方表现出最真诚的态度，请您记住，出口同款设备的企业不止贵公司一家，还有很多公司也在出口！你们的价格，还有先生您的谈判态度，这都是我方不能容忍，更是不能接受的！"说完，广州 A 公司谈判代表同样气呼呼地把自己的文件包用力甩在桌上。

广州 A 公司谈判代表的文件包有意没把锁链拉上，经他用力一甩，文件包里面那个美国某公司的设备资料与照片撒了一地。

日本 B 公司谈判代表见状大吃一惊，连忙拉住广州 A 公司谈判代表的胳膊，满脸赔笑道："请原谅我的失态，不过我的权限确实已到此为止，请让我请示之后，明天一早咱们再商量商量。"

广州 A 公司谈判代表仍寸步不让："请您转告贵公司领导，您这样的价格，我们实在不感兴趣，请不要再白白浪费咱们双方的时间了。"说完，转身离开谈判室，给了对方一个冷脸。

第二天，果不出广州 A 公司谈判代表所料，日本 B 公司谈判代表一清早便给中方打来电话，表示已请示了自己的上级领导，希望和中方就价格问题再稍加酌商。

最后，又经过双方协商，一致把设备的价格确定为 115 万美元，并顺利地签署了进出口合同。

在本案例中，广州 A 公司谈判代表的文件包拉链故意没拉上，又是假借生气之时不小心把资料甩出包外，整个动作一气呵成，毫无做作的假象，而且资料与照片都是真的，这就容不得日本 B 公司谈判代表不相信。这就给日方造成一种假象：广州 A 公司谈判代表不仅仅和日本 B 公司一家供应商在谈判，还有另外的供应商。

当然，广州 A 公司谈判代表和美国某公司所谓的谈判自然是中方的假象。广州 A 公司谈判代表和美国某公司谈判是假，而和日方谈判是真。真真假假，虚虚实实，虚假之后，把极端真相付诸于行动，最后取得谈判的胜利。

暗度陈仓

[古法原书]

示之以动，利其静而有主，益动而巽。

[词句注释]

示：展示，给人看。

动：此指军事上的正面佯攻、佯动等。

益动而巽：出自《易经·益》卦，"益动而巽，日进无疆。"益，增加、充满之意；巽，动、进之意。

[原书释义]

有意展示佯攻行动，以吸引敌兵重兵把守，暗地里却悄悄地实行真实的行动，乘虚而入出奇制胜；或者是用明显的行动从正面迷惑敌人，用来掩盖自己的攻击路线，而从侧翼进行突然袭击，使敌人不备的策略。

[谈判用计关键]

暗度陈仓之计用在商务谈判中，关键在"明"与"暗"上下功夫。己方要在谈判过程中"明"着公开做出一些行动，以迷惑谈判对手，使其转移注意力，趁对手被假象蒙蔽而放松警惕时，"暗"地里给谈判对手以措手不及的致命打击，己方则在对手没有防备的情况下，出奇制胜。

[商务谈判实例]

山东盛一公司和上海大芯公司就一高端技术合作项目进行谈判，谈判在美丽的海滨城市青岛举行。谈判伊始，双方谈判代表团经过短暂的中性话题后，山东盛一公司代表秉承"好客山东"的豪气，拿出提前准备好的各种技术报表、技术参数、数据、项目资料、合作内容、各种费用等，热情洋溢、滔滔不绝地进行讲解，并发表本公司对此次项目合作的意见和建议，而上海大芯公司的代表则认真倾听，一言不发并埋头做着记录。山东盛一公司代表可谓是淋漓尽致地展现了山东人热情好面子特点，生怕谈判冷场，硬是滔滔不绝地连续讲了两个多小时。

山东盛一公司代表讲完之后，征询上海大芯公司代表的意见时，上海大芯公司的代表却佯装糊涂，反复表示："贵公司代表真的好棒，不过我们真的还有些听不明白，没有做好准备，事先也没有做技术数据分析，请给我们一些时间回去准备一下，真的是非常抱歉哦。"第一轮谈判就这样不明不白地结束了。

几个月后，上海大芯公司再次派人与山东盛一公司代表谈判，上海大芯公司又如法炮制，仍以准备不足为由请求山东盛一公司给点时间，回去再研究研究，如出一辙地结束了第二次谈判。

后来，上海大芯公司再次以同样的方式谈判时，山东盛一公司的董事长非常恼火，认为上海大芯公司在这个项目上根本没有诚意，是对山东盛一公司的产品、技术以及研发能力的轻视。于是对上海大芯公司下了最后通牒：如果三个月后上海大芯公司仍然如此，两公司的高端技术合作项目将被取消。

随后山东盛一公司便解散谈判代表团，封存所有的技术资料，等待最后一次谈判。

岂料一周后，上海大芯公司就派出由前几次谈判团队的首要人物组成的谈判代表团飞抵青岛。山东盛一公司很是吃惊，匆忙将原来的谈判代表团召集起来仓促上阵。

在此次谈判中，上海大芯公司谈判代表一反常态，咄咄逼人，带来了大量翔实准确的数据，对技术、合作分配、人员、物品、资金等一切与合作项目有关的事项都做了相当精准细致的策划，并将项目合作协议书的文本交给了山东盛一公司的代表审核签字。

此时，可以想象得到，山东盛一公司的谈判代表既震惊又迷惘的窘状，最后勉强在合作协议书上签了字。当然协议中所规定的条款有些明显地倾向于上海大芯公司，甚至条款中有些事项是山东盛一公司此前想都没有想到的，而此时又确实找不出驳倒对方较为充分的理由。

事后山东盛一公司谈判代表气得大骂。

很显然，精明的上海人在谈判中要了花招。实际上，前几次谈判中上海大芯公司代表的公开装"傻"行为意在了解山东盛一公司的真正意图。其行为既迷惑了山东盛一公司代表，又转移了山东盛一公司代表的注意力。等上海大芯公司摸清真相，便一鼓作气制定出详细的方案，最后在山东盛一公司放松警觉的时候，突然袭击，取得了谈判的决定性胜利。

计九
隔岸观火

[古法原书]

阳乖序乱，阴以待逆。暴戾恣睢，其势自毙。顺以动豫，豫顺以动。

[词句注释]

阳：公开的；乖：违背，不协调。

阴：暗下的；逆：叛逆。

戾：凶暴，猛烈；睢：任意胡为。

顺以动豫，豫顺以动：语见《易经·豫》卦，"象曰：豫，刚应而志行。顺以动豫，豫顺以动。"意即顺其事物的自然发展，顺时而动，顺其自然，必有所得。

[原书释义]

敌方内部矛盾激化，相互倾轧，秩序混乱时，我方应静观其变。敌人穷凶极恶，自相火并，势必自行瓦解而灭亡。这就是以柔顺的手段，坐等有利结局的策略。

[谈判用计关键]

隔岸观火之计用在商务谈判中，关键在于首先要有"火"可观，而且要有足够的能力分辨出是燎原大"火"，还是点点"烛光"。如果是大"火"，则守之，观之；如果是小"火"则味如鸡肋，那就弃之，远之。其次要准确把握时机，伺机而动，不可操之过急。当对手"火"势烧到一定程度、矛盾各方力量殆尽时再行出手，从而一击成功，取得谈判最终胜利。

[商务谈判实例]

山东 A 公司近期通过与四川 B 公司的数次接洽，双方达成初步意向，四川 B

公司计划从山东 A 公司处购买某款产品。并约定两周后在成都——四川 B 公司的办公室磋商并会签合同。

由于该产品在四川有着广阔的发展前景，率先占领这一市场对公司的发展前景无疑有着十分重要的意义，因此，山东 A 公司对此次签约高度重视，此次谈判只能成功不能失败。

两周后，山东 A 公司委派精明能干的公司副总经理张乙率谈判代表团一行四人从青岛飞往成都。当代表团到达成都双流国际机场后，张乙却非常惊奇地发现，四川 B 公司并没有按照约定派人来接他们，这使他不由得在心里犯起了嘀咕：难道是对方工作疏忽，记错了接机时间，可两公司签约这么大的事怎么能忘记呢？况且在登机前已经让属下把航班的时间告诉了他们，因此说这么快忘记或记错航班接机时间是不可能的；难道接人的车子在路上出状况抛锚了？那到底会是什么原因呢？一种不好的预感涌上心头。张乙凭借自己多年在商海中积累的经验，敏锐地觉察到事情可能有变。他迅即叫了出租车率领代表团赶往四川 B 公司办公室，以尽快找到问题的原因，好及时采取对策。

果然，四川 B 公司的老板戴先生见到他后，只是礼节性地握手致意，显得不冷不热，未表现出应有的热情。双方坐定之后，戴老板未等张乙开口，就率先抛出一句话："张总，实在对不起，今天忙于业务耽误了安排接机，还让您亲自打车过来。不过，很遗憾地告诉您，我们公司已有新的打算，不准备签订这项合约了，实在很抱歉啊。"说完，站起身来，又说："张总，我还有紧急事情要处理，我会安排公司副总经理陪您，希望在成都的这几天您能愉快！"说完后，就离开了公司。

面对这突然的变故，张乙想到自己出发前，公司要求此次谈判只能成功不能失败的嘱托。决定尽快查清事实真相，赶快解决这个大问题。

张乙立即将此情况汇报给公司总部，同时马上召集代表团一行四人在下榻的酒店房间召开紧急会议，共商对策。经过大家讨论分析，形成以下几点共识：

第一，四川 B 公司知道该产品在四川市场前景很好，绝对不会轻易放弃该生意不做，因为商人的终极目的就是求财。

第二，四川 B 公司现在拒绝和自己签合同，唯一的解释只能是有了新的主顾，而且新主顾向其提供的价格更为优惠。

第三，四川 B 公司也是市场信誉很好的公司，为他们自己公司的长远发展及信誉，也不可能只图价格便宜而购买过时的劣质商品。一定是有另一家公司向他们提供了更为优质的产品和优惠条件，从而导致吸引四川 B 公司更张易辙。

第四，现在必须要搞清楚是哪家公司向他们提供了哪种型号的产品。考虑到该款新产品刚投放市场，而且青岛生产该产品的技术全国一流，这个新主顾应该也是山东的某个公司。

第五，请求公司总部迅速查清事情原委。找出半路杀出的程咬金——新主顾是谁，提供的是哪家生产厂家生产的哪种型号的新产品。

第六，必须赶在对方前面尽快拿到与四川 B 公司的签约。

第七，必须立刻与该型号产品生产厂家取得联系，无论如何都要获得该型号产品在四川的独家经销权。

理清了思路，立即向总公司汇报。很快，总公司有了回音，证明确实有一家山东 C 公司从中作祟，暗中与四川 B 公司取得联系，答应为其提供由青岛 D 企业生产的价格更低、性能更先进的某型号产品，致使四川 B 公司改变初衷并拒绝与己方签订合同。而且他们双方很快就要签约。

弄清原委后，山东 A 公司立即兵分两路，一路仍由张乙负责与四川 B 公司谈判签订合同；总公司另派一路人马去青岛 D 企业联系进货业务。

很快张乙率代表团二次来到四川 B 公司办公大楼，双方一见面，张乙便开门见山地说："戴老板，我未约而至，您不会介意吧？我这次来是与您专门洽谈关于某款产品的销售问题，不错，此款产品确实比其他同类型产品优越，所以，我们决定在这方面与贵公司合作，而且我还要高兴地告诉您，我们提供给贵公司的该款产品比贵公司前些天联系的那一家价格要低两成！"

四川 B 公司戴老板听罢此言，内心很是吃惊，"只短短的三天，这个张副总就什么都知道了！不过，公司图的是利润，至于和谁做生意没什么区别，既然山东 A 公司产品价格优惠得多，我又为何不签约呢？"想到此，他马上笑容满面地向张乙表达自己成交的诚意，并随即签订了购买 3000 台该款产品的合同。

合同到手后，张乙立即率团飞回公司总部，立即拜访青岛 D 企业。实际上青岛 D 企业早已从山东 A 公司不同寻常的举动中发现了问题，经过调查才发现山东 A 公司是在与山东 C 公司争夺该产品在四川的独家经销权。青岛 D 企业甚是高兴，自己挣钱的机会就在眼前，他们很清楚山东 A 公司急于促成此项生意，为从中谋取更大的利益，青岛 D 企业老总便对前来造访的张乙一行人不甚热情，不慌不忙地解释：因为已经与其他公司达成协议，并授予该公司在四川的经销权，为了自己的信誉，表示不能再与山东 A 公司签约或干脆不再搭理张乙一行。张乙自然心知肚明，知道其用意，便告知对方："山东 A 公司已拿到合同，抢先占领了该地区市场，请贵企业把该产品及辅助材料和相关设备的独家经销权授给我公司，我公司愿意把其进价全部再加一成。"

后经过双方多次讨价还价，青岛 D 企业认为近来一段时间的"隔岸观火"已到火候，是适可而止的时候了。现在山东 A 公司的出价已远远地超过了自己的预期目标，若不趁势取利，便会引火烧身，得不偿失。于是，便爽快地与山东 A 公司签订了该产品及辅助材料和相关设备在四川地区的独家经销合同。

当然，精明的山东 A 公司也不会吃亏，其因为高买低卖该产品倒赔的钱也最终从随后的高价卖出的该产品辅助材料及设备中得到了补偿。

分析整个谈判过程，青岛 D 企业之所以能以较高的价格与山东 A 公司成交，就在于青岛 D 企业巧妙地运用了"隔岸观火"的谈判技巧。先是坐山观虎斗，山东 A 公司与山东 C 公司竞相抬高价格；继而又煽风点火，以种种借口迫使山东 A 公司提价，最后瞅准时机成交，坐收渔人之利，其用计之老道，实在是棋高一着。

笑里藏刀

[古法原书]

信而安之，阴以图之，备而后动，勿使有变。刚中柔外也。

[词句注释]

信：使信；安：使安，安然。
阴：暗地里。
刚中柔外：刚强于内，柔顺于表。

[原书释义]

使敌方充分信任我方，并安然不动，在暗中谋划克敌制胜的方案，经过充分准备后再相机采取行动，不让敌人察觉而采取应变措施。此谓外表友善，却内藏杀机之计。

[谈判用计关键]

笑里藏刀之计用在商务谈判中，关键在于一个"笑"字，"笑"必须要显得自然而真实，使谈判对手"信而安之"；"刀"要藏在"笑"里，"刀"可以明出，也可以暗出，"刀"一旦出鞘，要迅速果断，使对方来不及应变。即：要向谈判对手外示友好，内藏杀机。

谈判过程中要向对方表现出足够的诚意、和善，使对手信以为真，放松警惕；实则暗中策划，积极准备，瞅准机会采取行动，使对方措手不及而无法应对，从而取得谈判的胜利。

[商务谈判实例]

山东 H 公司计划购进两套某产品生产线设备，并为此成立了专家论证小组专门负责生产线设备的技术性能、质量等的论证。在产品竞争者当中，上海 B 公司和深圳 C 公司竞争十分激烈，他们双方的生产线设备在技术性能、质量等各方面非常优异、平分秋色，均得到了专家论证小组的青睐。

在这两套生产线设备的采购中，主要决策人山东 H 公司总经理希望以最优惠的价格买到最高档的生产线设备，而专家论证小组则只考虑能买到最高档的生产线设备。专家论证小组非常喜欢这两家的生产线设备。同时，上海 B 公司和深圳 C 公司的销售人员都十分重视这项合作项目。他们使出了浑身解数、花了大量的时间和精力对山东 H 公司进行公关。两家公司销售人员一次次地分别拜访专家论证小组成员，最后，专家论证小组专家分别对这两家的销售人员说，你们的生产线设备都很好，他们承诺保证向山东 H 公司总经理建议，从你们公司一家买一台，你们双方不要再这样来来回回地找我们了，而且你们两公司也不要明争暗斗了。上海 B 公司和深圳 C 公司的销售人员都认为这个方案对两家来讲很不错。

与此同时，两家公司销售人员分别频繁拜会山东 H 公司总经理，在拜访时，H 公司总经理特别提到，专家论证组对你们两家的生产线设备都很满意，希望这两套生产线设备可以一家一台。听到这个消息后，上海 B 公司和深圳 C 公司的销售人员都非常兴奋。

但是上海 B 公司的销售人员非常不甘心，他希望能拿下全部的两套生产线设备的订单。经过深思熟虑之后，他逐个拜访了专家论证组成员，向专家表达了感激之情，并说，按照正常的竞争，总会有一家"落榜"，现在好了，两家公司一家一套生产线设备，大家皆大欢喜，所以非常感谢各位专家的建议。

拜访专家论证小组后，上海 B 公司的销售人员又特地和深圳 C 公司的销售人员通了一个电话，互相寒暄问候以后，表示专家论证小组的建议很好，两家公司一家一套生产线设备，避免了两家的恶性竞争，我们真是皆大欢喜，都可以松一口气了，这个结果实在是太棒了。

但是，就在山东 H 公司最后决定购买生产线设备，和两家公司进行商务谈判的前一天，上海 B 公司的销售人员拜访了山东 H 公司总经理，并提出如果 H 公司同意全部购买上海 B 公司的设备，将在价格上给予更大的优惠，同时将免费给予 H 公司提供科研技术方面的支持和帮助。这两个条件对山东 H 公司总经理都是很有吸引力的。这是因为，其一，商人在商言商，总经理本来就是希望能买到性价比好的高档设备；其二，这两家公司的设备都得到了专家论证小组的高度认可；其三，除价格给予很大优惠以外，上海 B 公司可以提供免费的科研技术支持和帮助，这点对 H 公司来说也是非常重要的。所以，上海 B 公司首先取得了 H 公司总经理心理上的支持和认可。

在第二天的商务谈判中，深圳 C 公司谈判代表是按照事先的一家一套设备来准备价格和服务的，对于山东 H 公司提出的条件，回应非常仓促，开出的价格和服务缺乏竞争力，而上海 B 公司则完全按照拿下两套生产线设备的情况做好了谈判的准备。

最终，在山东 H 公司总经理的支持下，上海 B 公司在 H 公司最后的采购决策会上，完全取得了全部生产线设备的合同订单。

上海 B 公司在各种公开场合，附和、赞成专家论证小组一家一套设备的建议，同时，和竞争对手深圳 C 公司销售人员交流中，也明确表达了不想两家再竞争的意思，以借此麻痹深圳 C 公司。但是，在所有这一切假象的背后，上海 B 公司却着手一举拿下全部设备订单的计划，最终取得了谈判的胜利，上海 B 公司不愧是妙用"笑里藏刀"之计的高手。

李代桃僵

[古法原书]

势必有损，损阴以益阳。

[词句注释]

损阴以益阳：阴，此指某些细微的、局部的事物；阳，此指某些整体、全局性的事物。

[原书释义]

在战局发展必然有所损失的情况下，以损失小的代价，来换取大的胜利，或者以损失局部利益来保全大局利益的谋略。

[谈判用计关键]

商务谈判中，李代桃僵之计的关键在于谈判者要善于以"李"之僵来确保"桃"之盛。商务谈判者在谈判过程中要着眼于长远和全局的胜利，而不是斤斤计较于眼前利益或局部利益的得失。谈判中要善于权衡利弊，以较小的损失，赢得尽可能大的利益。

[商务谈判实例]

中国北方某城市一大型 K 超市前些年因为创新意识强，管理到位，加上广告做得好，所以发展很快，业绩做得很好。近几年由于管理者创新不够，管理混乱，加上营销模式跟不上市场发展的要求，K 超市营业额逐年亏损，每况愈下，现在已经连员工的工资都不能正常发放了，面临破产的边缘。

面对岌岌可危的困局，K 超市集团公司高层经过研究，一致决定高薪聘请某海归企业高管欧阳先生出面全权管理 K 超市，并把全部的希望寄托在欧阳先生身上，希望他能够尽快使K超市起死回生。

欧阳先生上任以后，对K超市的情况进行了全面的了解和考察，经过认真的分析，欧阳先生发现随着近些年城市建设的不断发展和市政府驻地的搬迁，原来的商业区分布也逐渐地发生了转移，这使得原来位置就稍显偏僻的K超市，现在就更加冷清了，零零散散的顾客使K超市看上去更加萧条。所以当务之急就是要吸引顾客，只有增加了K超市的顾客流量，营业额才能有所保障。

欧阳先生又经过考察，发现本市一饭店推出的一种"蒸骨煲汤饭"最受本市市民欢迎，本市市民加上慕名者每天从四面八方涌来，汇集于此，使该饭店生意火爆。K超市所在地区的市民要想享受到"蒸骨煲汤饭"，也要赶上好远的路才行。所以，欧阳先生决定在K超市最顶层六楼开设一家"蒸骨煲汤饭"分店。

为此，欧阳先生找到这家饭店的老板张先生，向张老板说明了来意，并表示以非常优惠的条件将K超市的六层楼出租给张老板，希望张老板能在K超市开一家"蒸骨煲汤饭"分店。张老板听了欧阳先生的想法后，不假思索地直接拒绝了欧阳先生的建议，并表示，饭店目前没有在你们那个地区开分店的计划。

欧阳先生没想到碰了一鼻子灰，回到办公室后很沮丧。但是，欧阳先生并不气馁，过了几天后，欧阳先生又找到张老板，表示准备把K超市顶层六楼全部免费给张老板使用，希望张老板能在K超市顶层六楼开一家正宗的"蒸骨煲汤饭"分店。张老板听后告诉欧阳先生容他回去考虑一下，过几天再联系欧阳先生。

几天后，欧阳先生收到张老板的答复，张老板表示仍不想接受欧阳先生的建议，因为一旦在K超市顶层六楼开一家正宗的"蒸骨煲汤饭"分店，就要进行前期复杂的装修工程，投资很大，如果到时没有消费者，不但赚不到钱，有可能前期投入的成本都无法收回，最重要的是担心砸了自己的招牌和声誉。所以，不接受欧阳先生的好意。

二次碰壁后，欧阳先生并不打算就此罢休，经过慎重的分析、计算和考虑后，过了一段时间，欧阳先生又找到饭店张老板，告诉张老板：第一，K超市顶层六楼免费给张老板使用；第二，K超市每年利润的2%无偿分红给张老板，前提是张老板在K超市顶层六楼开一家正宗的"蒸骨煲汤饭"分店。

这一次，张老板彻底地被欧阳先生的诚意和给予的优惠条件所打动，经过双方认真磋商，最后签订了五年的合作合同。

张老板在K超市顶层六楼的"蒸骨煲汤饭"分店很快开张，K超市也适时地打出巨幅宣传广告，告诉本地区市民不涉远足，在家门口就可以享受到最正宗的"蒸骨煲汤饭",还可以享受快乐购物。并推出配套的促销活动和各种各样的营销策略。市民们听到 K 超市顶层六楼的"蒸骨煲汤饭"分店开张的消息后,蜂拥而至,在品尝了正宗的"蒸骨煲汤饭"后,闲来无事,从超市六楼一路溜达到一楼,一路走一路看一路享受购物。自此后,K 超市的客流量剧增,营业额也一路飙升,结果 K 超市现在一年的营业额是过去五年的营业额之和,很快使得 K 超市起死回生,蒸蒸日上。

从此案例中我们可以清楚地看到欧阳先生高超的谈判技巧,欧阳先生着眼于 K 超市的长远和全局,而不是斤斤计较于眼前利益和局部利益的损失,最终以较小的损失,获取最后较大的利益。

这正是欧阳先生在商务谈判中李代桃僵计策的妙用。

顺手牵羊

[古法原书]

微隙在所必乘；微利在所必得。少阴，少阳。

[词句注释]

微隙：微小的空隙，指敌方的某些漏洞、疏忽。
少阴，少阳：少阴，此指敌方小的疏漏；少阳，指我方小的得利。

[原书释义]

对敌人再微小的疏忽，也必须要利用；再微小的利益也要力争获得。利用对方的小疏漏，使我方取得小胜利。就是要善于随时捕捉战机，乘隙争利。

[谈判用计关键]

商务谈判中，顺手牵羊之计的关键在于谈判者在谈判过程中不是等"羊"自动送上门来，而是有意识地去寻找谈判对手的空子，或者诱使对手出现疏忽并进一步利用其疏忽，从而使自己能"顺手"把"羊"牵走。在此过程中，首先，必须要清晰地做出判断，"羊"虽是小利，但牵走它会否造成难以承受的风险，绝不能因为顺手"牵羊"而耽误大事；其次，"牵羊"的时候动作要干净利落，不能拖泥带水、犹豫不决，一旦错过时机，不但"羊"难牵到，反而有可能造成不必要的后患。

[商务谈判实例]

广州 M 公司计划进口某商品，遂向国外生产商询盘，其后收到很多外国出口公司的发盘。经过综合分析研究后，广州 M 公司认为日本 TK 公司生产的该产品质量上乘，决定从日本 TK 公司进口。随后双方进行了多次的发盘与还盘。最后，日本 TK 公司将产品的价格由最初的报价每吨 580 美元到岸价（CIF）广州（Per M/T 580USD CIF Guangzhou）降低到每吨 420 美元，这一报价基本接近我方所掌握的国际市场价格。但广州 M 公司并不满足，认为仍然有降价的空间，并向对方表示希望再优惠一点，日方沉思片刻后，表示可以降为每吨 415 美元，并郑重声明这是最低价了，否则将很难达成协议。为了获取更多的利益，广州 M 公司代表坚持要求价格降至每吨 400 美元，谈判陷入了僵局，双方争执不下。

后经过一段时间的反复磋商，来来回回的多次发盘还盘，双方决定见面沟通。随后，广州 M 公司邀请对方来广州面谈。见面后，广州 M 公司盛情款待了日方 TK 公司代表。经过友好协商，日方权衡利弊做出了让步，同意以每吨 408 美元成交。

广州 M 公司与对方见面后首战告捷，但谈判并未就此结束。

随后，广州 M 公司转而又提出希望通过增加购进数量而在价格上进一步优惠，M 公司表示购货数量将从原来的 5000 吨增加到 8000 吨。又一个难题摆在对方面前，日方反复比较计算成本、费用、利益，最终同意在购货数量从 5000 吨增加到 8000 吨的基础上，以每吨 400 美元的价格成交。每吨 400 美元已经是广州 M 公司预定谈判方案的最高期望价格了，广州 M 公司完全可以就此收兵。

但在谈判期间，广州 M 公司通过市场调查发现，如果由 M 公司自己租船、订舱，其广州到大阪的运费会更优惠，同时，如果由 M 公司自己对该批货物在中国人民保险公司投保，能获得更为优惠的保费。

于是，广州 M 公司谈判代表提出要求，希望日方在每吨 400 美元 CIF 广州报价的基础上改报为每吨 FOB 大阪（FOB Osaka）价，意思就是要求日方在 CIF 价格中扣除其中包含的从大阪到广州的海上运费和货物的保险费，改报 FOB 价，由广州 M 公司自己租船、订舱、投保，负担海上运费和保费。

在国际货物买卖中要求对方改报价格是很正常、很普遍的现象，但这无疑又给日方提出了难题，日本 TK 公司代表希望明天给 M 公司答复。

日本 TK 公司经过认真的计算和研究，次日，TK 公司谈判代表向广州 M 公司报出了每吨 392 美元 FOB 大阪（Per M/T 392USD FOB Osaka）价，广州 M 公司感觉到此报价完全可以接受，因为如果广州 M 公司自己租船、订舱和投保，作为中国远洋运输公司和中国保险公司的老客户，又可以节省一部分费用，如果折合成 CIF 价要低于对方报出的每吨 400 美元的价格。但是表面上仍然表示对方报价有点高，能否再降一点。直至看到日方谈判代表脸上的愠色，才象征性地略表遗憾地接受了日方的报价。之所以如此做，是为了让日方获得心理上的满足感。

也许谈判到此该完全结束了，但是广州 M 公司感觉还有"羊"可"牵"。

广州 M 公司向日方表示此次交易数量非常大，交易金额很高，而且要负责租船、订舱和办理投保业务，同时，M 公司也开诚布公地向对方分析了己方面临的一系列困难。恳请日方考虑把原来的即期信用证（at sight L/C）改为见票后 60 天付款的远期信用证（at 60 days after sight L/C），日本 TK 公司虽对广州 M 公司频繁提要求很不耐烦，但考虑到此次交易量和双方今后的合作关系，经过双方协商，日方再次做出了一点点让步，同意改为见票后 30 天付款的远期信用证（at 30 days after sight L/C）。这样，广州 M 公司又可以利用和本地开证行的关系凭 T/R（信托收据）借单，提前把单据借出来到广州港提货销售，又节约不少成本。

最后，双方最终以每吨 392 美元 FOB 大阪价，结付方式为见票后 30 天付款的远期信用证成交，并顺利签订了买卖合同。

在此次谈判中，广州 M 公司在价格上等双方谈得差不多时，不断地发现并创造机会，并及时加以引导，多次顺手将"羊"牵到手里，"羊"虽小利，但积少成多，也正是广州 M 公司"顺手牵羊"之计的灵活运用。

所以，只有谈判者胸中有"羊"，才能在谈判中适时发现"顺手"之机，并能迅速出手将"羊""牵"之。

打草惊蛇

[古法原书]

疑以叩实，察而后动；复者，阴之媒也。

[词句注释]

叩：问，调查。

复者，阴之媒也：复者，反复去做，即反复去调查清楚后再行动。阴，此指某些隐藏着的、暂时尚不明显或未暴露的事物、情况。媒，媒介。此句意为经过反复调查核实，而后采取相应的行动，实际是发现隐藏之敌的重要手段。

[原书释义]

有怀疑就要去侦察核实，待情况调查清楚之后再行动；采用试探性的佯动，引诱敌人暴露出隐藏的阴谋。

[谈判用计关键]

打草惊蛇用在商务谈判中，是一种探查谈判对手虚实的计策。关键要明白"打草"的目的是"惊蛇"，不能打了半天"草"，"蛇"却没惊到，反而让己方处于被动局面。所以，"草"一定要有针对性地打，不能乱打。此处的"打草"是指先采取试探性的行动，"惊蛇"则比喻使对手受到惊吓而露出马脚，或者引诱对手暴露出真正的目的、动机和阴谋，之后有针对性地采取行动予以应对。

[商务谈判实例]

山东 HD 公司计划购进某大型仪器设备，经过一段时间的市场调查，认为广州 JL 公司生产的产品质量上乘，后期服务口碑也不错，所以计划从广州 JL 公司购进该大型仪器设备。随后，双方谈判代表首先进行了前期的接触，就一般交易条件进行了磋商。开始洽谈还算顺利，但是在之后的价格谈判中，双方的争议很大，彼此都无法接受对方的报价，谈判一时陷入僵局。

双方就设备价格谈判伊始，广州 JL 公司就一口咬定坚持按照过去卖给北京某公司的价格来定价，理由是对外销售一视同仁，不能破坏了规矩，否则会让他们公司的口碑和信誉受到不良影响，而且坚决不让步。但山东 HD 公司认为市场情势已经发生了变化，对方所报价格太高，根本无法接受。不管山东 HD 公司如何提供证据，如何有利有据地解释和说明，广州 JL 公司始终没有松口的迹象，谈判无法继续进行。山东 HD 公司为了占据谈判主动地位，经过研究，决定采用打草惊蛇的策略，随后安排谈判代表开始与生产同类产品的广州 KB 公司公开地频频接触，洽谈购买同类设备的项目，并有意无意地将此情报进行传播。同时，通过相关人员不露声色地向广州 JL 公司传递价格信息。

广州 JL 公司获得信息后，甚为震惊，不敢掉以轻心。看到山东 HD 公司再无意与他们接触，且态度冷漠，遂信以为真，而且广州 JL 公司非常看好山东市场，不愿失去这笔交易，加之设备价格确有较大降价空间，所以，赶紧派人和山东 HD 公司谈判代表接洽谈判，经过磋商，广州 JL 公司很快接受了山东 HD 公司代表提出的价格条件。而且这个价格比其过去卖给北京某公司的价格低了近三成。山东 HD 公司最终取得了此次谈判的胜利。

此案例中，山东 HD 公司采用与生产同类产品的广州 KB 公司公开接触这种"打草"的行动，使得广州 JL 公司受到惊吓而露出马脚，从而使己方在随后的谈判中充分把握了谈判的主动权。

借尸还魂

[古法原书]

有用者，不可借；不能用者，求借。借不能用者而用之，匪我求童蒙，童蒙求我。

[词句注释]

有用者，不可借：许多看上去有用的东西，往往不容易借助它而为己用。

不能用者，求借：有些看上去无用的东西，有时可以借助它而为己发挥作用。

匪我求童蒙，童蒙求我：语见《易经·蒙》卦。匪：同非，不是。童蒙：孩儿幼稚无知。该句大意为不是我求助于愚昧之人，而是愚昧之人有求于我。

[原书释义]

许多有用的事物，往往都不能被利用；而一些没有什么用的事物，有时可以借助它而为己发挥作用。利用那些没有用的事物，不是我受别人支配，而是我去支配别人。

[谈判用计关键]

借尸还魂之计用在商务谈判中，其关键在于"借"，"借尸"之目的在于"还魂"，因此"借"包含有积极的主动性，可以借的东西很多，包括人、物、舆论、权力、威望等，只要是对己方有利的，都可以借。但是要注意，借尸还魂"借"的"尸"归根结底是别人的，虽然还的是自己的"魂"，但借用之"尸"终归是别人的，如果处置不当就会产生严重的负面后果，所以，"尸"一定要借对。

因此，使用该计时务必要记住，"魂"是自己的，"尸"是别人的，当"魂"

不配"尸"，或者"尸"过于羸弱，无法发挥作用时便会将自己带入巨大的危险中。

［商务谈判实例］

上海 MKUP 公司是一家生产化妆品的大企业，在中国以及东南亚国家有较强的影响力。而浙江宁波 FDC 公司则是在近几年成立的一家仅生产一种化妆品——粉底霜的小公司。由于公司规模小、品种单一，所以公司业务一直难以开展。宁波 FDC 公司通过市场调查发现，上海 MKUP 公司并不生产粉底霜产品。为此，宁波 FDC 公司一直想通过和上海 MKUP 公司合作，来增加自己的销量，进一步扩大自己的市场份额。但是，自己这么小的民营公司和人家声名远扬的大公司合作，谈何容易啊！

宁波 FDC 公司的总经理王璐为此绞尽脑汁，夜不能寐，苦苦思索也想不出什么良策。此时，她的市场部经理马泺见王总闷闷不乐的样子，就主动找到王总：

"王总，你也不用太焦虑，办法总是会有的。上次咱们参加上海—华东六省一市博览会，咱们不是和上海 MKUP 公司市场部岳非经理谈得挺投机吗，你何不找机会邀请他一起坐坐？"

一语惊醒梦中人，王璐总经理立即拨通了岳非的电话，告知岳非自己明天和自己的市场部经理去上海出差，老朋友久未见面，甚是想念，希望岳经理能拨冗相见。岳非接到王璐总经理的电话，也是非常高兴，在广交会上，漂亮、精明、干练的王璐总经理给岳非留下了非常好的印象，听说明日见面，立即表示欢迎。大家见面后把酒言欢，甚是兴奋。

此后，王璐总经理又多次和岳非见面叙旧，在一次见面中王璐表达了希望和上海 MKUP 公司合作的愿望……

"和我们公司合作？这很难吧！因为双方合作必须有合作的基础和需求啊，你们那么小的公司，有什么资源能值得上海 MKUP 公司跟你们合作？这不可能！"岳非没等王璐把话说完就插嘴道。

"岳经理，您说的对，如果我站在您的角度也会这么认为的。不过这次合作是我们公司想免费为贵公司产品做广告……"

"免费为我们公司做广告？就这么简单？"岳非疑惑地问道。

"是的，免费做广告。"王璐回答道。

　　"我知道这事您做不了主，但咱们是好朋友，听说你们欧阳老总是我们宁波老乡，麻烦您在欧阳老总面前多美言几句，邀请你们老总出来见个面。"王璐笑吟吟地说。

　　"欧阳老总很忙，恐怕这很难，不过看在你们老乡的份上也有可能，我尽力试试吧。"

　　后来，经过岳非的牵线搭桥，王璐总经理和上海 MKUP 公司的欧阳总经理见了几次面，彼此都留下了非常好的印象。随后王璐把想为上海 MKUP 公司免费打广告的事项告诉了欧阳老总，并明确告知当然也是想抱上海 MKUP 公司这棵大树。俗话说，大树底下好乘凉嘛！

　　欧阳老总也被王璐豪爽的性格所吸引，并审查了王璐提供的广告词，认为这不影响到公司的声誉，随后同意了王璐的想法。

　　过了不久，当地电视台、报纸纷纷打出广告"上海 MKUP 公司的化妆品是您最美丽的选择，但如果您配上 FDC 粉底霜，更是魅力永存！"并配以唯美的画面。

　　很快，消费者争相购买 FDC 粉底霜，王总的粉底霜终于得到了市场的认可和消费者的追捧，FDC 公司生意越做越好。

　　为什么呢？因为消费者都普遍以为 FDC 粉底霜是上海 MKUP 公司推出的又一款新产品呢。岂不知这正是宁波 FDC 公司王璐总经理巧借上海 MKUP 公司采取的"借尸还魂"策略啊！

　　商务谈判实践中，"借尸还魂"是把"双刃剑"，借得好，事半功倍，借得不好，事倍功半，甚至问题不断。借尸还魂是商务谈判中常用的策略，我们要熟练运用这种策略，不断提高自己商务谈判的技巧水平。

计十五

调虎离山

[古法原书]

待天以困之，用人以诱之，往蹇来连。

[词句注释]

天：指自然的各种条件或情况。

用人以诱之：用人为的假象去诱惑他（指敌人）。

往蹇来连：语见《易经·蹇》卦，"彖曰：蹇，难也，险在前边，见险而能止，知矣哉。"蹇，困难、行走困难；连，艰难。这句意为：往来皆难，行路困难重重。

[原书释义]

战场上若遇上强大的敌人，要善于用谋，用人为的假象使敌人离开驻地，诱使其就范，丧失他的优势，使他处处皆难，由主动变为被动，而我方则出其不意而制胜。

[谈判用计关键]

此计用在商务谈判中，是一种调动谈判对手的谋略。它的关键在于"调"和"离"二字。"调"要通过合理的途径调动对方，"调"是为了"离"，"离"要建立在对方自愿、主动的基础之上，这样才能保证此计的成功。"虎"为"百兽之王"，实力不可小觑，不可强攻，只能智取。如果谈判对手处在有利的地位或有利的形势，且防范滴水不漏，非常严密，此时，己方很难说服对方或者撼动对方有利地位，所以万不可采取强硬态度而硬攻。正确的方法是设计相诱，使对方放松警惕，或者使对方放弃自己的防线，从而使己方处于谈判主动地位，而取得最终胜利。

［商务谈判实例］

山东 W 市的欧阳先生是一个成功的商人，近些年他经营的"鸢都超市""鸢都大酒店""鸢都娱乐城""鸢都健康养生馆"系列被称为"鸢都之光"。由于欧阳先生经营有方，管理到位，生意一直火爆，财源广进，令人艳羡。欧阳先生也成为 W 市的知名人士，是成功商人的代表和榜样。

最近，欧阳总经理通过投标，在优势地段竞买一地，准备新建一个"鸢都珠宝古玩批发城"，并计划从本市的华光大理石加工厂购进一批大理石。欧阳总经理和华光大理石厂的张厂长商定，一周后进行商务谈判。

张厂长也是一个很有头脑的生意人，这些年他严抓质量管理，所加工生产的大理石质量上乘，口碑很好，获得了当地政府质检部门颁发的产品免检证书。张厂长对欧阳总经理经营的"鸢都之光"系列早已垂涎三尺。张厂长知道，"鸢都之光"的欧阳总经理之所以选择他们华光大理石厂，当然是因为附近只有他们厂生产的大理石质量最好，足以和进口大理石媲美，而且价格要比进口大理石便宜得多，因此，张厂长打算好好地利用自己的这一优势。

张厂长是一个很有野心的人，一直想扩大经营，但隔行如隔山，一时难以找到合适的投资项目。因此，他想好好地利用这次谈判机会，希望能借机实现自己的愿望。他计划在谈判时提出以入股"鸢都之光"作为销售大理石的交换条件。

一周后，双方谈判正式开始，彼此经过短暂的寒暄之后，欧阳总经理转入正题，提出需要订购一批大理石，由于所需数量很大，所以其报出的价格也适当偏低。张厂长当即同意，并提出自己想入股"鸢都之光"的想法，并明确表示，如果欧阳总经理不同意的话，己方将不准备把大理石卖给"鸢都之光"。欧阳总经理对张厂长的要求当即否决，没有同意。双方谈判不欢而散。

欧阳总经理回去后，闷闷不乐，因为"鸢都珠宝古玩批发城"工期日近，订购大理石一事必须要马上确定下来，正在为订购大理石一事发愁的时候，一个刚成立不久的大理石厂厂长主动找上门来，表示要以较低的价格将大理石卖给"鸢都珠宝古玩批发城"。欧阳总经理当然明白，这个刚成立的大理石厂的产品质量肯定不如华光大理石厂的产品。但欧阳总经理是见过大世面的商人，捕捉商机的智商实在是高，他决定使用调虎离山之计。于是，他稳住这个刚成立的大理石厂的厂长，并约定第二天见面后详谈。

其实，华光大理石厂的张厂长一直关注着"鸢都之光"欧阳总经理的动向，因为这么大的生意，绝不可以掉以轻心。当张厂长一得知此消息，甚是恐慌，由于之前他对自己的产品和价格过于自信，所以他万万没料到欧阳总经理会和别的厂家交易，只好马上驱车，亲自找到欧阳总经理，答应"鸢都之光"的一切条件，并再也不提入股"鸢都之光"一事。双方很快就订购华光大理石一事达成协议。

该案例谈判中，欧阳总经理成功地运用了"调虎离山"之计，调开了张厂长意图投资"鸢都之光"的野心，使对方主动放弃了自己的防线，从而使己方处于谈判主动地位，促使对方为保住产品销路而和自己做成这笔大理石的生意。

计十六

欲擒故纵

[古法原书]

逼则反兵，走则减势。紧随勿迫，累其气力，消其斗志，散而后擒，兵不血刃。需，有孚，光。

[词句注释]

逼则反兵，走则减势：走，跑。逼得敌人太紧，他可能因此竭力反扑，若故意让他逃跑反而会减弱敌方的气势。

需，有孚，光：语自《易经·需》卦。需，等待。《易经·需》卦曰："需，有享，光享。"孚，诚心。光，通广。此句大意为：要善于等待，要有诚心、耐性，就会有光明的结局。

[原书释义]

逼得敌人走投无路，他就可能会竭力反扑。有时故意放他一条生路，则可能会削减敌人的气势。紧紧地跟踪敌人不要过于逼迫，消耗殆尽他的气力，瓦解消灭他的斗志，待敌溃不成军后再去围捕捉拿，就会避免流血牺牲。按照《易经·需》卦的理论，等待敌人心理完全溃败而信服于我时，就会取得光明的战争结局。

[谈判用计关键]

欲擒故纵用在商务谈判中，关键是要考虑清楚己方要"擒"什么和"纵"什么。也就是说要"擒"的是核心利益或关键利益，要"纵"的是次要利益或蝇头小利。"欲擒"是谈判主题，但却要故意掩饰，造成让对方感到己方不在意、不在乎的态度。"故纵"是非谈判主题，但却要高调地展示己方的行为。所以，欲擒故纵策略实际上是基于谈判双方共同利益上的差异性，采用舍弃己方较

— 160 —

小利益，争取对方较大利益的手段实现双方利益的交换和共享。

[**商务谈判实例**]

上海 RM 公司计划购进某大型仪器设备，随后向生产该设备的几个国家的公司询盘，收到几个公司传回的信息后，经过分析比较，最终决定从日本 AC 公司购买该设备。随后，上海 RM 公司和日本 AC 公司通过函电进行了前期交流，双方决定两个星期后在上海某著名的国际大厦就进口该设备进行商业谈判。

谈判伊始，双方经过短暂的中性话题后，日本 AC 公司率先报价 30 万美元。中方对日方的此次报价并不打算做出还价，而是直接向日方表达了不满：

"我方对贵方的首次报价感到非常遗憾，你们狮子大开口，漫天要价，根本就没有任何谈判的诚意，如果贵公司还有意将谈判进行下去的话，希望你们真正地表达出应有的诚意。"经过交流，日方向中方报出了 25 万美元的价格，同时日方还表达出了低于此价格很难成交的信息。

上海 RM 公司认为这一报价离该设备实际卖价仍然高出很多，对方之所以这样做，是因为以前他们的确卖出过这个价格。如果中方不了解谈判当时的国际市场行情，就会在日方的强硬态度迷惑下以此作为谈判的基础而成交。假若果真如此的话，日方就可以获得厚利。如果中方不能接受，则日方也能自圆其说，有台阶可下，可以说进可攻，退可守，足见日方用计之深。

由于上海 RM 公司事前已经摸清了国际市场行情，所以对于日方试探性报价直接给予了否定，没有给对方任何喘息的机会，明确告知日本 AC 公司此价格不能作为谈判的基础。日方对中方果断地、毫不客气地拒绝而感到震惊和不安。同时，也使他们清醒地认识到中方对该产品国际商场的行情了如指掌，己方原定的高目标已经很难实现。

随后日本 AC 公司谈判代表便转移话题，介绍起自己产品的性能和优良的质量，以求采取迂回前进的方法来支持自己的报价。这种做法既避开了己方的尴尬，又宣传了自己的产品，还说明佐证了己方报价偏高的理由。可谓有一石三鸟之效。但上海 RM 公司的谈判代表并不买账。因为正式谈判之前，上海 RM 公司不仅摸清了国际市场行情，而且研究了日方的产品性能、质量、特点以及其他同类产品的有关情况。

于是，中方谈判代表不动声色地说："请问贵公司生产的此类产品优于美国 T 公司、德国 E 公司产品的依据是什么？"

请注意，上海 RM 公司谈判代表此提问貌似请教，实际暗藏玄机：一方面，表明中方非常了解此类产品的所有情况；另一方面，该类产品并非只有你一家生产，中方是有选择权的。中方点到为止的问话，彻底摧毁了对方的企图。中方话音刚落，日方就领会了其中的含义，顿时陷入无所适从的尴尬境地。但对方毕竟是谈判场上的老手，随机应变能力很强，其主谈人为避免尴尬借故有事暂离。

过了一会儿，日本 AC 公司主谈人员神色自若地回到桌前，他已经利用离席的这段时间想好了应对之策。果然，他一到谈判桌前，就问他的谈判助手："这个报价是什么时候定的?"他的助手对其问话心领神会，便不假思索地回答道："早些时候定的。"于是日方主谈人员笑着解释说："啊，时间太早了，不知这个价格有否变动，我们只有回去请示总经理了。"

老练的日方主谈人员用踢皮球的策略找到了退路。当然，上海 RM 公司谈判代表自然也深谙谈判场上的这些手段，便采取了"给对方台阶"化解僵局的方法，主动提出休会。以便使双方有让步的余地。中方谈判代表深知此次谈判不会再有什么进展，如果追逼得太紧，就可能导致谈判的失败。这也是双方谈判代表都不期望看到的结果。

本轮谈判，从日方的角度看，失败是必然的，因为交易谈判很少有在开局的第一次报价中就获得成功的。但日本 AC 公司谈判人员也在这次谈判中试探了中方的虚实，摸清了中方的态度和中方主谈人员的谈判能力和风格。从中方角度来说，在谈判的开局就成功地遏制了对方的意图并使对方的高目标要求受挫。同时，也展示了自己的谈判实力，掌握了谈判的主动权。从双方的角度看，首轮谈判对双方来说并没有失败者。

第二轮谈判重新开始后，日本 AC 公司谈判人员再次报价："我们请示了公司总经理，又认真核实了产品成本，为了双方的诚意和今后更加密切的合作，我公司同意再让价 8000 美元。请贵方注意，我们此次的让步幅度已经非常大，希望贵公司能慎重考虑。"上海 RM 公司谈判代表认为日方此次的让步幅度虽然不小，但离己方的要求仍然还有一定的距离。因此，中方主谈人员一方面向总部汇报情况，另一方面再次核实该产品在国际市场上的最新价格。

经过分析，日本 AC 公司这个报价弹性仍然很大。鉴于此，上海 RM 公司确定把还盘价格定为 22.5 万美元。日方对此立即回绝，认为这个价格实在很难成交。中方坚持与日方探讨了几次，但日方仍然没有任何让步的迹象。

上海 RM 公司主谈代表考虑到讨价还价的高潮已经过去，该是运用谈判技巧的时候了。于是中方谈判人员郑重地向对方指出："我公司这次引进设备，我们是从几家公司中挑选了贵公司，这说明我们成交的诚意，我们这次报价虽比贵公司销往 F 国的价格稍低，但由于运往上海口岸比运往 F 国的费用低，所以你们的利润并没有减少。另一点，诸位也知道我国有关部门对该产品的外汇政策的规定，这笔生意允许我们使用的外汇只有这些，要增加，需再审批。如果这样，那就只好再等下去，改日再谈。"

这是一种欲擒故纵的做法，旨在向对方表示己方对该谈判已失去兴趣，以迫使其做出让步。但上海 RM 公司主谈人员仍觉得这一招的分量还不够，顺便又把对方推向了一个与"第三方竞争"的境地。中方主谈人员接着说："T 公司、E 公司还在等着我们的邀请。"说到这里，中方主谈人员把一直握在手里的王牌摊了出来，恰到好处地向对方泄露，把中国外汇使用批文和 T 公司、E 公司的意愿传递给了日方主谈人，对方看后大为惊讶，他们坚持继续讨价还价的决心被摧毁了，陷入必须竞买的境地：要么压价握手成交，要么谈判就此告吹。日方一时举棋不定，握手成交吧，利润不大，有所失望；告吹回国吧，跋山涉水，劳师动众，花费了不少的人力、物力和财力，最后空手而归，不好向公司交代。

日本 AC 公司谈判代表思量再三，最后还是认为成交可以获利，告吹只能赔本。最终，双方握手言欢，签订了货物销售合同。

计十七

抛砖引玉

[古法原书]

类以诱之,击蒙也。

[词句注释]

类以诱之:出示某种类似的东西并去诱惑他。

击蒙:语出《易经·蒙》。击,撞击,打击。击蒙:使之蒙蒙上当。

[原书释义]

用极类似的东西去诱惑敌人,便可打击这种被我蒙骗之人了。

[谈判用计关键]

抛砖引玉简单地说就是抛出"砖头"引来"玉石"。其中的"砖"和"玉"是一种较为形象的比喻。"砖"是小利,是诱饵;"玉"是大利,是谈判取得的较大胜利、较大利益。"抛砖"是手段,"引玉"才是目的。所以此计用在商务谈判中,是指己方要用相类似的事物或利益去迷惑、刺激、引诱对方,使其懵懂,入我圈套,或给其甜头,引其上钩,进而击败对手,以实现己方的谈判意图,从而取得谈判的最终胜利。

在谈判桌上,由于双方的利益不同,需求不同,己方认为抛出去的是"砖",而对方却认为是"玉",己方认为是"玉",而对方则认为是"砖",这样双方才有了交换的可能性,也就有了抛砖引玉计策使用的空间和可能性。所以,抛砖引玉策略在商务谈判中的用计关键:其一是己方如何抛出自认为的"砖",而此"砖"又是对方需要的,如果己方抛的"砖"对方不需要,则不可能引来"玉";其二是如何得到己方想要的"玉"。这要求谈判人员必须做好充分的准备。

［商务谈判实例］

有一个经济贸易专业毕业的学生 C 君，大学毕业工作几年后下海经商从事国际贸易，生意做得风生水起，摸爬滚打几年后，对自己出口的产品领域和市场已经非常熟悉，随后自己建立工厂、自己设计生产、自己申请专利，做自己的品牌，实现了"前店后厂"的经营模式，积累了丰厚的资产。

前些年"互联网＋"兴起之时，企业又扩大经营范围，围绕民生工程做文章，投资经营"互联网＋菜篮子工程"，实行线上线下双管齐下，形成"互联网＋菜篮子门店＋有机蔬菜种植园基地＋有机蔬菜瓜果采摘观光园"，生意做得非常成功，财富如滚雪球一样增长。

C 君发现，随着生活水平的提高，人们不但对食品要求越来越高，对身体健康的要求也越来越高，他们越来越舍得在身体健康上投资。随后，经过认真的市场调研和多方努力，又创建了"民生健康查体保健中心"，该中心成立后，运营情况并没有达到预期的目的，经营状况不佳，当然任何企业的发展都有一个循序渐进的过程，不能操之过急，C 君对此仍抱有很大的信心。

国家放开二胎政策后，国字号幼儿园数量明显不足，各级政府也在不断地加强国字号幼儿园的投资建设，但民营幼儿园投资仍然是主力军，由于资金短缺，大部分民营幼儿园的定位层次偏低。此时，C 君发现了商机，决定要进军民营幼儿园市场，但他自己无意去经营幼儿园，而是计划用资本入股，给新建的或者已经运营的幼儿园注入资金的方式投资到幼儿园的建设中。

此后，C 君选择了几家在建或已运营的幼儿园进行谈判，谈判的结果并不理想，可能大多数幼儿园的办学水平及管理模式单一且层次较低，办学理念还不能一下子接受股权经营的模式。后来，C 君经过认真分析，考虑到自己目前公司几个板块经营的关联性，决定使用抛砖引玉的计策，另辟蹊径。

他重新拜访几家幼儿园的负责人，向他们声明，公司将免费给幼儿园注资 5 万～8 万元人民币，如果大家感兴趣，可以坐下来彼此探讨一下下一步的操作。幼儿园负责人听说可以免费注资，大家都很感兴趣，纷纷表示愿意听听 C 君的意见。

C 君开门见山地告诉幼儿园负责人，他可以根据幼儿园的发展情况和规划，分期分批地向幼儿园免费注资 5 万～8 万元资金，但前提是在双方协议期内：第一，幼儿园的蔬菜水果均由他公司的菜篮子门店提供有机健康新鲜的原材料，并保证价格低于市场价格；第二，幼儿园师生的健康体检定期在他的"民生健康查体保健中心"进行，体检费用按最低规定价格收取；第三，公司的"有机蔬菜瓜果采摘观光园"免费向幼儿园师生开放，如果采摘蔬菜瓜果则按最低费用收取。其他事宜双方均可以灵活处理。

幼儿园负责人听了 C 君的要求后，非常高兴，这哪儿是什么要求啊，这是给我们来送福利啊，幼儿园反正要到市场上批发蔬菜水果，有 C 君提供高质量低成本的蔬菜水果，何乐而不为呢？此外，师生健康体检也是必须要进行的，有了固定的体检中心为自己服务，自然是好事；最美的是幼儿园师生有了免费的户外活动基地——"有机蔬菜瓜果采摘观光园"，更适合幼儿的健康和亲子教育。因此，双方的谈判进行得很顺利，很快就签订了合作协议。

此后，C 君以这种模式连续投资了十几家幼儿园，运作得非常顺利，"菜篮子门店""有机蔬菜种植园基地""有机蔬菜瓜果采摘观光园"和"民生健康查体保健中心"经营得相当红火，蒸蒸日上。

C 君的这一抛砖引玉策略运用得非常成功，看似免费投入了一些资金，但他带动的却是一个庞大的消费群体，不单单是幼儿园师生，还包括学生家长、家庭、相关企业等消费的连锁反应。同时，公司免费投资教育又为公司赢得了极好的社会声誉，一举数得。

擒贼擒王

[古法原书]

摧其坚，夺其魁，以解其体。龙战于野，其道穷也。

[词句注释]

龙战于野，其道穷也：见于《易经·坤》卦。本卦是同卦相叠，为纯阴之卦。"象曰：龙战于野，其道穷也。"意思是说即使强龙在田野大地里作战，也必然陷入困顿的绝境。

摧其坚：打击敌方主力。

夺其魁：捕杀敌方首领。

以解其体：瓦解敌方的整体力量。

[原书释义]

摧毁敌方的中坚力量。擒其首领，使其群龙无首，可使敌方瓦解。无首的群龙战于田野，已到了穷途末路。

[谈判用计关键]

擒贼擒王策略用于商务谈判，其关键在于：首先要明确商务谈判中的"王"是什么，商务谈判中的"王"主要是指谈判中起主导作用的核心人物或直接领导，谈判的"重点内容""双方关注的核心点"，谈判双方的"主要矛盾"，谈判对手的"破绽"以及谈判对手的"要害"等；其次是如何"擒"和怎么"擒"，即"擒"的基本手段是什么。也就是说要采用什么样的方式和使用什么样的方法去"擒""王"；最后是在"擒王"战术上一定要抓住机会当机立断，要有胆量、有智慧、不犹豫、速战速决。

[商务谈判实例]

日本 JB 公司是压缩机生产领域的知名企业，由于扩大业务和推广市场的需要，计划在中国华东地区选择一家公司进行合作。经过前期的详细调研和考察，从提出申请的十几家中国企业中最后选定了两家公司，其中一家是山东 LM 公司，另一家是上海 HT 公司，两家公司的硬件和软件设施都达到了日本 JB 公司的合作要求，但是到底选择哪一家中国公司还在犹豫不决，没有最终定夺，这需要日本 JB 公司总裁小林一男亲自到两家公司参观后才能定夺，因此，小林一男的考察结论举足轻重，直接关系到两家中国公司最终能否成为其合作伙伴的撒手锏。所以，中国的两家公司都分别做好了充分的准备，计划好好地向小林一男展示一下自己公司的实力，争取得到他的认可。

小林一男先生首先考察了山东 LM 公司，公司高层率队迎接，公司内欢迎小林一男的大型横幅随风招展，旗帜飘扬。接待大厅内的大型电子显示屏直播着小林一男的行程，整个迎接过程气氛热烈，礼仪周备，规格不俗，让人感动。公司高层认真地向小林一男汇报了公司的发展情况并提供了大量的支撑资料。会后，公司领导宴请了小林一男，为之接风洗尘。用餐期间公司特意把山东鲁菜的特点发挥到了极致，同时把当地的特色菜肴介绍给小林一男，可以说非常用心。同时，山东 LM 公司根据小林一男的行程还安排其参观了山东的名胜古迹、人文景观等，小林一男对 LM 公司的盛情款待甚是感谢，并表达了对双方进一步合作的期待。

随后，日本 JB 公司小林一男一行稍事休息，马上飞往上海考察 HT 公司。上海方面负责安排此次接待任务的是上海 HT 公司的副总经理张君。

张君对这次接待不敢掉以轻心，事前对小林一男的个人情况作了充分的调研，包括其职场经历、身体状况、性格、业余爱好、饮食喜好，甚至对其毕业院校、家庭成员、好友至亲等进行了调研，提前做足了准备工作。同时，张君还一直密切关注山东 LM 公司对小林一男的接待工作情况，并做到了如指掌。

上海 HT 公司对小林一男的到访同样也极为重视，对迎接的各个环节都做了认真的布置和安排，虽没有山东 LM 公司的铺张和大气，但也体现了上海人的精明和国际大都市应有的气度，应该说在接待规格上双方在伯仲之间，不分胜负。

但是，张君在前期调研小林一男的过程中，有几个问题引起了上海 HT 公司高层的高度重视：其一是小林一男的腰间盘疾病较为严重。其二是小林一男因长期超负荷工作有胃炎，饮食需要相当注意。其三是小林一男在日本东京大学读博士期间有一个非常要好的中国博士同学欧阳君，由于师出同门，两人经常一起学习交流游玩，感情甚笃。博士毕业后欧阳君返回中国，几年后联系中断，此后十几年未曾谋面。针对这些特殊情况，上海 HT 公司有针对性地做了安排。

首先，公司为小林一男设计了特殊的靠背，不管是在双方谈判期间还是用餐期间，都为小林一男的座椅放置这种专门设置的靠背，小林一男为此感动得几乎热泪盈眶，完全被张君的真心关怀所打动。

其次，上海 HT 公司把餐宴安排在日式酒店内，使小林一男的饮食不至于有太大的改变，同时使其有宾至如归的感觉。

最后，在最后的行程，考虑到小林一男的身体，公司没有安排参观旅游，而是提前设法联系到了小林一男的同学欧阳先生，欧阳君现在是北京某公司的董事长，欧阳君听说后自然是喜出望外，提前飞到上海等待和小林一男的见面。当上海 HT 公司安排欧阳君出现在小林一男面前时，小林一男几乎不敢相信自己的眼睛，惊愕得说不出话来，随后两位老朋友久久拥抱在一起，喜极而泣，共叙离别思念之情。其情其景感动了周围的人。

上海 HT 公司的安排彻底打动了小林一男，让其为之折服。小林一男认为上海 HT 公司的这种做事风格和人文关怀同样是一个优秀企业文化的体现，是一个企业管理者把企业做大做强不可或缺的素质。

最终，小林一男选定了上海 HT 公司作为自己的合作伙伴。

而上海 HT 公司副总经理张君的做法恰恰就是擒贼擒王计策的完美体现！

计十九

釜底抽薪

［古法原书］

不敌其力，而消其势，兑下乾上之象。

［词句注释］

不敌其力：敌，攻打。力，最强的力量。

而消其势：势，气势。

兑下乾上：出自《易经·履》卦，"象曰：柔履刚也。"意为以柔克刚之意。兑在下，沼泽之意；乾在上，上天之意。从循环规律上讲，下必冲上，于是出现"以柔克刚"之象。

［原书释义］

如果不能有效进攻敌人最坚强的力量，那就避其锋芒去削弱敌人力量的来源。从履卦的意理出发，以"兑"之柔的力量去分离"乾"之至刚至阳的力量。如"扬汤止沸，不如釜底抽薪"[①] 即为此意。若想制止水的沸腾，就要抽去柴草。此计用于军事就是对力量强大的敌人，要避其锋芒，想法去削弱他的进攻气势。

［谈判用计关键］

釜底抽薪策略用于商务谈判，其关键在于：首先要善于发现谈判对手的"釜底"，这是使用釜底抽薪之计的前提。要注意随着谈判的情势变化，"抽薪"的目标自然不同，通常情况下，凡是那些影响谈判对手强劲的力量，就是己方"抽薪"的目标。其次要正确使用釜底抽薪的方法和手段，要针对谈判的具体情况，

---

① 出自《礼部志稿·奏疏·戚元佐》。

去选择使用不同的方法和手段。最后要注意在谈判中，若正面与谈判对手的强劲力量去直面较量，可能会劳而无获，还不如去想法消除谈判对手强劲力量生存的根源，这恰是釜底抽薪之计用于商务谈判的精髓。

[**商务谈判实例**]

山东 ZF 公司是一家以生产席梦思为主的企业，由于信誉良好，席梦思产品质量过硬，赢得了广大客户的信任和好评，在省内市场销售势头良好。长期以来，山东 ZF 公司的总经理张先生一直期望自己的产品能够走出国门，销往国际市场，去开拓更大的市场销售空间。

后来，经朋友建议，张总计划参加国内某大型商品博览会。张总随后安排公司人员联系租赁博览会展销场地事宜，结果公司人员碰了一鼻子灰，对方几乎是一口回绝了公司的租赁场地的要求。博览会举办方给出的理由很简单，他们认为山东 ZF 公司是个名不见经传的小企业，产品品牌的声誉和影响力也不大，博览会场地有限，寸地如金，他们只能把场地租给那些大型企业和驰名品牌的商家。

张总获知此消息后，立即通过朋友联系到举办方负责人，展开商务公关工作，经过不懈的努力，举办方负责人终于答应了他们的要求，但负责人明确告知张经理，租给他们的场地位置不是很好，是在通向卫生间的一个拐角的地方，言外之意是只有客户去卫生间的时候才能注意到公司的展台，但好处是租金要便宜很多，如果认为可以租给你们，如果觉得不行那就实在是没办法了。张总听后也感觉很是无奈，但总比租不到场地要好，所以，张总决定租下展台。随后安排公司人员为参加此次博览会做好充分的准备。

山东 ZF 公司一切准备就绪，只等博览会开始。博览会开始后，公司工作人员才真正感受到现实的残酷，博览会开始的第一天，没有一个客户光临他们的展台咨询或者索要相关产品资料。此时他们才真正意识到展台位置的重要性，因为客户大都认为好企业的好产品都会在博览会的显要位置，而像他们的展柜是在厕所旁边拐角的位置，很多客户根本就看不见他们的展台，即使看见了也早已被头脑中固有的思维定式所影响，认为这家小企业的产品不会有竞争力，所以在客户心里早就已经把他们排除在外了，自然不会去关心他们的展台了。

博览会的第二天，除去几个国内客户前来咨询之外，没有接到一份国内、国外客户的订单。工作人员立即向张总汇报两天来参展的情况。张总得知消息，非常着急，考虑到总共三天的博览会，时间已过大半，只剩最后一天的时间，照此下去，花了租金不说，所有的目标都要泡汤，必须想法打破这一状况，想法实现此次参展的预期目标。

为此，张总绞尽脑汁，突然联想到釜底抽薪策略，旋即有了应对之法。随后张总带上一车席梦思床垫迅速赶到博览会场地，找到博览会场地相关负责人谈了自己的想法，并取得了举办方的许可，并连夜把自己公司生产的席梦思床垫铺在博览会停车场。

第三天一早，客户来到博览会，突然发现停车场铺满了席梦思床垫，任凭车辆上下碾压，经过一上午的踩踏和车轮的碾压，山东 ZF 公司的席梦思床垫坚固如新，没有丝毫的变形、毁损，获得客户的啧啧称赞，大家互相询问这是哪家公司的产品？该公司展台在什么地方？得知公司信息后，客户纷纷寻找山东 ZF 公司的展台，并很快与山东 ZF 公司签下订单。经过最后半天多的时间，公司接到的订单接近 100 万美元，大大地超出了公司的预期，取得了公司产品走出国门的首战胜利！

此案例中，山东 ZF 公司张总面对参加博览会的大公司、驰名商标产品的强势竞争力，如果正面与这些商家的强劲力量去直面较量，可能就会劳而无获、空手而归。针对这种情况，张总采用釜底抽薪的策略，直接向客户亮出自己的肌肉，展示自己产品的优秀品质，用事实赢得客户的心，的确是一步妙招。

计二十

混水摸鱼

[古法原书]

乘其阴乱，利其弱而无主。随，以向晦入宴息。

[词句注释]

乘其阴乱：阴，内部。意为乘敌人内部发生混乱。

随，以向晦入宴息：随，跟随、顺从；晦，夕晚；宴，安、畅；见《易经·随》卦："随，有随时、随人二意……日出而事，其将晦冥，退入宴寝而休息也。"意即人要随应天时变化去作息，到了晚上就应当入寝室休息。

[原书释义]

趁敌人内部发生混乱，利用它力量虚弱而没有主见的局面，抓住敌方的可乘之隙，我们借机行事，使他归顺我方，就像夜晚到了要休息一样自然。

[谈判用计关键]

混水摸鱼策略用于商务谈判，是指谈判一方故意搅乱正常的谈判秩序，把所有问题一股脑儿摆到桌面上来，使对方难以招架、疲于应付，从而达到把对方的思路搅乱，借对方精神不佳、慌乱失误之机使其做出误判，从而使己方在乱中取利，夺得谈判的最后胜利。商务谈判中使用混水摸鱼策略关键要注意两点：其一是要选择好搅乱谈判秩序的时机。通常情况下，选择搅局的时机可以是谈判的开始阶段，将谈判的项目弄得极为复杂，使对方自乱阵脚，如果对方对此次谈判准备不充分的话，己方必会乱中取利，如果对方准备较为充分，己方也可借此探听其虚实，以便后续有的放矢地采取对策。选择搅局的时机也可以是谈判的后期阶段，此时，谈判人员大多身心俱疲，如果谈判一方对谈判前期做出的承诺突然反悔或者将双方前期已经达成共识的内容重新推到和新谈的议题捆绑在一起讨论，

快速成为商务谈判高手

使谈判混乱和复杂化，必然造成对方恼怒，从而达到使己方乱中取胜的效果。但是，此时一定不要使对方误认为己方是一个出尔反尔、言而无信、毫无信用可言的小人，否则就有可能导致谈判破裂，甚至永远失去这个生意上的伙伴。其二是要有针对性地做好搅局的方案，不可以毫无章法地乱搅一气，这样不但起不到混水摸鱼的效果，更会自乱阵脚。

[商务谈判实例]

广州的马小姐大学毕业后应聘到一家化工厂从事进出口贸易工作，由于不甘心永远为别人打工，工作三年后马小姐决定自己创业。于是，和几个同期到工厂工作的、有着共同志向的伙伴一商量，辞职下海成立了自己的化工贸易公司，主营系列化工产品。由于公司成立不久，人手又不够，加之经销单位较多，市场竞争激烈，所以业务开展的不是很顺利，贸易额也不大，公司效益不理想。对此，马总经理十分着急，到处托关系、找门路，努力为公司开拓业务。

真是"山重水复疑无路，柳暗花明又一村"，功夫不负有心人。就在马总到处寻找产品销路的时候，她打工时曾经的一位客户，也是生意上的好朋友，打电话给她介绍了一位印度加尔各答客户辛格尔先生——一个精明强干的商人。辛格尔是印度一家大型化工公司的业务经理，此次来华目的是为其公司订购一批公司生产所需的原材料——C产品。这种产品也正是马总公司经营的主要商品。

马总自成立公司以来，在产品经营上一直没有取得较大的发展空间。这次有幸遇到一位大买家，自是不敢有丝毫怠慢。马总安排手下认真调查了辛格尔的公司背景，辛格尔个人的喜好、习惯、宗教以及性格等方面的情况。辛格尔来广州后，马总在招待上热情周到，细致入微，同时诚恳地向对方表达出合作的诚意和愿景，并表示愿意提供最优惠的条件。

辛格尔通过与马总的数次交谈，印象甚好，尔后又看了产品样品表示愿意成交，并请马总报价。马总报价每吨65美元FOB广州（Per M/T 65USD FOB Guangzhou），事实上，马总为了表达诚意，所报的这个价格也是当时的市场价格，并没有高报价。谁料想辛格尔听后却一副非常吃惊的样子："马总，想不到贵公司如此没有诚意，这么高的要价，让人难以承受，我看这笔买卖就不要谈了。"说罢，离席而去，把马总等人晾在一边。

在此后几天里，辛格尔避而不见马总，马总急于开展业务，也托人捎话给辛格尔说价格可以商量，但辛格尔仍予以推辞，弄得马总一头雾水，不知所措。

— 174 —

正在此时，马总接到来自番禺某化工公司的电话：

"请问印度辛格尔先生是否与你公司商谈过进口 C 产品的事宜？"

"是的"，马总听说过番禺的这家化工公司，但彼此没有联系。

"请问，你们给出的价格是多少？"

"这个……请问你们有什么问题吗？我们报价是每吨 65 美元。"

"好，谢谢，我们只是随便问问。"

放下电话，马总心中想，看来辛格尔是想另找合作伙伴了。不行，我一定要促成这笔交易。想到这儿，马总马上驱车赶到辛格尔下榻的宾馆，表示愿意以每吨降价 1 美元的价格成交。

"马总，我这笔订单数量非常大，您没有表现出足够的诚意啊。"辛格尔不屑一顾地摇摇头。马总感到进退维艰，每吨 64 美元已低于市场价格，公司为此已经损失了一大笔利润，可辛格尔仍然不满意。在随后几天里，马总又分别接到了来自珠海、中山、东莞的几家化工企业的电话，内容还是询问有关与辛格尔交易产品的报价问题。

马总此时感觉到这笔买卖确实不好做，如果就此罢休，一笔数额可观的交易就要夭折，白白浪费了这么多时间和精力。"不行，我一定要做成这笔交易！"下定决心后，她又去找辛格尔，答应把价格压到每吨 63 美元，这已经是价格最低点了。即便以此价格成交，利润额也是非常低了。但辛格尔仍不让步："说实话，马总，我也与珠海、中山、东莞几家化工公司洽谈过，他们的最低报价是每吨 62.5 美元。"

听到此话，马总心中顿生凉意：每吨 62.5 美元正是盈亏分界点的价格，也就是说这笔买卖做成既不赔本也一点不赚。不由地暗暗佩服辛格尔的精明过人之处。但是，做生意如果一点不赚也没什么意思，可是为了和辛格尔建立一个长期的贸易关系，这次就忍痛答应吧。

她根据辛格尔的要货数量，盘算着自己从国内市场购货时再压低一点价格，就可以有一定盈利。于是，她对辛格尔说："辛格尔先生，您对产品的市场价格确实了如指掌，您知道，每吨 62.5 美元的价格，我们没有任何利润可言，但为了咱们今后建立更长久的伙伴关系，我们同意出价每吨 62.5 美元，我想，这次您应该满意了吧。"

辛格尔听后，稍做犹豫，随后说道："好吧，马总，我看到了你们的热情和诚意。虽然其他公司的条件也不比你们差，但因我们联系较早，你们的热情周到也让我感动，我决定和你们做，不过我要回头请示老板后才能决定。这样吧，我马上与总公司联系，待请示后，后天一早签协议。"马总如释重负地松了一口气，这笔交易总算做成了，虽说利润很低，但毕竟在同行竞争中自己胜出了。

她依照辛格尔的提议，回去准备好了相关材料。但第三天早上，辛格尔并没有如约来公司签订合同，马总又来到其下榻的宾馆，据宾馆工作人员讲，辛格尔昨天已退房了，不知去哪里了。马总一下子懵了。

事情过去了数月之后，马总在一次洽谈会上，结识了那家番禺化工公司的张经理。谈起此事，方才明白自己只是做了为同行竞争价格的傀儡。原来辛格尔在与马小姐周旋的同时，其助手正在番禺化工公司那里讨价还价。因为他知道番禺那家化工公司有大量现货，为了用最低价格购进，他精心设计了与数家公司联系，借助各公司之间没有什么联系来相互压价，最后坐收渔翁之利。

马小姐此时才恍然大悟，原来这是辛格尔使用的混水摸鱼策略。他正是利用他们几家化工公司相互之间信息不通的关系，来制造假象，借机搅浑一潭清水，最终他却混水摸鱼，从中取利。

这件事让马小姐终生难忘，感觉自己从中学到了不少知识，也让自己在生意场上得到了历练。后来，马小姐很快成为一个成功的商人，取得了不菲的业绩。

由上例我们也可以得出一点经验启示：对付混水摸鱼的最佳办法，就是要保持机智、沉着、冷静，不要让对方牵着你的鼻子走，对自己不熟悉的情况尤其不能掉以轻心，以防止对方钻空子。耐心和勇气常能帮助我们去对付善于搅和的人，把事情一件件弄清楚，不要让对方有混水摸鱼的机会。

金蝉脱壳

[古法原书]

存其形，完其势；友不疑，敌不动。巽而止蛊。

[词句注释]

存其形，完其势：保存阵地已有原型，进一步完备战斗的阵势。

巽而止蛊：语出《易经·蛊》卦："彖曰：蛊，刚上而柔下，巽而止蛊。"刚上柔下：意即高山沉静，风行于山下，事可顺当。巽：为风为柔；蛊：毒害。

[原书释义]

保持阵地原有态势，进一步完备战斗的既定阵势，使友军不怀疑，敌人不敢妄动，乘敌人不惊疑之时脱离险境，谨慎地转移主力。意即部队设法从此地转移或脱身，脱身时留下各种伪装，制造部队仍然驻扎的假象。其实，部队暗地里早已转移。这其实是一种高明的分身术、逃遁计。

[谈判用计关键]

金蝉脱壳是商务谈判人员运用诡诈之术迷惑对手，伪装和掩盖己方的真实意图，以此摆脱谈判困境的一种策略。当商务谈判人员在商务谈判中遇到困难无法脱身，或不知如何化解对方的策略时，找个合适的理由停止或中止谈判，借故使自己华丽"脱身"，这是商务谈判中的"逃遁计"。当然"脱身"不能一"脱"了之，己方"脱身"的借口既不能使对方生疑，例如将自己脱身的理由归责于对方的原因或者某些客观的原因；又要恰到好处，不能激怒对方，要为双方可能的、后续的谈判留出余地。

[商务谈判实例]

2009 年，受国际金融危机的影响，中国出口受挫，沿海地区不少工厂关闭、破产或停产，各种出口产品被大量积压。5月，山东SHPE公司仓库，堆积如山的某化工原料，因成品出口受挫而找不到买主，公司举步维艰。公司老总谭坤面对此景，亦暗自伤神。

商场如战场，必须学会在逆境中求生存，在夹缝中寻找商机。现在最主要的问题是：如何快速地把这批积压的商品卖出去。这可是不折不扣的大难题，不要说这么多货能不能有人一次性接单，即使接单，又有谁能一次性掏出这么多现钱？如果赊销，赊销方是否有能力在约定的时间内把产品销售出去？如果不能，又有什么办法可以在预定时间内要回这几百万的货款？

现在，谭总也不清楚如何才能干净漂亮地处理这些库存。但他明白一点：那就是时间已经无多，必须立刻行动，尽可能快地处理掉这些库存。毕竟化工产品的特性不同于其他产品，库存时间越长，产品变质的风险越大不说，其成本也会越来越高。公司目前已经别无选择，必须想办法尽快出手！

谭总现在正在思考的问题是究竟谁才会有能力买下这宗数量巨大的产品？谭坤一个人静静沉思，心里一遍遍地梳理：广州GF公司？近几年稳扎稳打，只可惜目前流动资金不足；北京LK公司？地处政治中心，实力当然不可小觑，但尚不足消化数量如此巨大的产品；安徽CH公司？受营销、运输渠道等所限，收货条件一定苛刻；山东JN公司？市场开拓能力稍欠火候。思来想去，只有一家最合适，那就是上海HV公司。

从公司实力、销售网络渠道、公司声望等诸方面来看，上海HV公司在全国都名列前茅，实力不可小觑，更重要的是山东SHPE公司和上海HV公司合作关系非同一般，公司高层之间来往也较密切。不过，上海HV公司对市场行情的了解也一向以精准著称，他们怎么可能同意接下这样一批巨量的产品呢？

但是，不去尝试一下怎么能说不行呢，况且也已经别无他法，谭坤咬一咬牙："知其不可为而为之，上吧！"

现在摆在谭总面前的首要问题是该设一个怎样的局，才能让上海HV公司心甘情愿地拍板购买呢？当然，朋友是朋友，生意是生意，两者本不应该有交集，但这有时又真的是一个伪命题。如若冲突，唯一的说辞也是只有"人在江湖，身不由己"了。其实商场如战场，不是你死就是我活，有时候不得不利用智慧和阴谋，设定一个个陷阱，让别人跳进去，以保自己获利。所以，商场上无论一次商务活动描述得如何光鲜亮丽、如何美好、如何为他人谋福利，到最后都是为了实现自身的商业利益罢了。因此只有不断引导竞争对手和合作伙伴沿着己方设定的线路，一步一步走到己方设的局中，商务目的才有可能最后圆满达成。所以，成功的企业家不但要有判断市场机会的能力，制造产品的能力，还要有挖设陷阱、推销产品的能力，这种能力的核心就是策划，从这个意义上说，任何一种商业行为，都可看作设计陷阱、利诱对方的过程。

这段时间以来，谭坤不断地扪心自问，如果我是上海 HV 公司，自然要首先考虑利润最大化，要购进适销的产品，上海 HV 公司自然也不例外。那么上海 HV 公司最关心什么？自然是产品的市场认可度以及项目的操作风险；谁最能影响上海 HV 公司的决策？当然是市场的反应，尤其是竞争对手和用户的认同度……想到这儿，谭总的眉头舒展开来，一个计策悄然涌上心头。

当上海 HV 公司总经理王乾收到谭坤消息要来上海一叙时，没有表现出任何惊讶和意外。他对于生意伙伴的来来往往早已经习惯了。"当然，谭坤绝非一般的合作伙伴，"王乾再次提醒自己："无事不登三宝殿，还是要多多留意他才是。"

"谭总，欢迎大驾光临，我亲自去机场接你。晚上我给你接风，咱们要不醉不归，可有一点，咱哥俩只谈感情，业务就免谈了。"因为在目前市场环境下，王乾对谭坤的贸然造访还是有一定的戒备之心。

谭坤想，王乾肯定是对自己有戒备之心，先应承再说。

"好的，王总，一言为定，咱不谈产品。我周五下午去沪的航班。"

"好的！"

和上海 HV 公司王总通话完毕，谭坤陷入沉思，思虑再三后，依次电话找到山东 SHPE 公司在上海的其他四家最大的合作商，并和四位老总分别说了一番一模一样的话："这次来沪，一方面看望一下老朋友；另一方面，山东 SHPE 公司这两年生意这么好，多靠弟兄们帮忙，谭坤我无以为报，看看你们有什么要求，无论是产品还是资金，我们应该尽力给些支持。"

"好的，谭总，你什么时间到沪？我们在哪儿见面？"无一例外，四家合作商产生了同样的兴奋和期待。

"本周五晚 18：00 整，我们准时在上海希尔顿酒店 818 房间面谈，OK？"

和四位老总同样的对话，只是会面时间依次改为晚上 18：00、19：00、20：00、21：00。

同样地，四位老总的答复和预期的一致："没问题，我一定准时赶到。"

一切准备就绪，谭总赶往青岛流亭机场，登机前，把手机关掉。下午

17：30，当上海 HV 公司王总再次拨打谭坤的手机时，仍然是"您拨打的电话已关机，请您稍后再拨。"王乾很是纳闷："不是说下午到上海吗，怎么手机是关的？"

拨打几次电话后，王乾有点着急，他赶忙叫过秘书王小姐，嘱咐她每隔 5 分钟就打一次谭坤的手机。当然，王乾根本就没想到，这时，谭坤正在上海希尔顿酒店 818 房间等候他的第一位客人——上海浦华的老总马腾。

18：00 整，马总如约前来。

"马总，这次约您，一是代表公司问候一下老朋友。二是最近 SHPE 公司生意不错，我们的主打产品一直热销，浦华是我们重要的合作伙伴，马总看看，有什么需要我们厂家配合做的事吗？"

"SHPE 公司的产品近期热销？"马腾大大地不以为然，但是，谭坤后面那短短的一句问话，却让马总热情高涨，暗暗打定主意今天一定要从 SHPE 公司取得些实惠。

"谭总，感谢您的盛情，我也知道您的来意，不过该款成品在国际市场滞销，出口大部分受挫，我们近期没有进货的打算，除非您降低价格而且提供赊销，不知谭总能否在这件事上通融一下？"

谭坤沉思片刻，"马总，我非常愿意给您争取相应的支持政策。不过，赊销是一个较大的战略调整，不是我一个人拍脑门就能定下的事，我还要回公司和其他董事商量一下。"

话说到这儿，谭坤忽然停了下来，他轻轻端起茶杯抿了一口，然后淡淡地说："马总是老朋友，我会从中斡旋的，而且眼下本公司正好有一宗几百万的货物尚未敲定最后的促销政策。不过，为了给公司一个圆满的交代，我希望浦华方面能做一个销售计划书出来，不要太复杂，就把当前细分市场现状、产品的竞争优势、客户的需求情况等，再简单说一下贵公司将采取什么手段、搞什么样的促销活动、投入多大的人力，预计将在多长时间把这些产品销售出去……"

马腾一边听一边记，心里一面盘算着如何把这个促销计划写得完美感人。

最后，谭坤好像突然想起了什么："对了，马总，麻烦您在这份促销计划书落款处盖一下浦华的公章，我好回去给董事们汇报。"

"谭总，这没有问题，您什么时候要？"眼看一纸促销计划书就有可能赊到几百万的货，马腾赶忙敲定时间，生怕在机会面前失了先机。

"我乘明天下午的飞机回青岛，辛苦马总，您看明早 9：00 如何？"

"一言为定，我准时送到！"

准时送走马腾，谭坤依次静候其他三位老总。

在接下来的 3 小时中，谭坤如法炮制，笑容满面地送走三位心花怒放的老总。不出所料，每个人都答应第二天一早把盖好公章的促销计划书送到上海希尔顿酒店谭总房间。

第二天，谭坤便从 9：00 一直忙到 11：00，每隔半个多小时，便从一位老总手中接过一份盖着公章的《SHPE 产品促销计划书》。尽管是连夜组织，但每份计划书都一丝不苟，丰富翔实。

上午 11：00 刚过，刚打开手机的谭坤就接到了王乾秘书的电话。电话转给王乾，谭坤连连赔不是：

"王总，实在很抱歉，昨天一个晚上四场谈判，实在没有时间跟您联络。"

"四场谈判？"王乾一惊："都是跟谁谈的？"

谭坤把姓名一一报给他，王乾有点发蒙，四个公司都是强劲的竞争对手。

"谭总，什么事，谈这么晚？"

"王总，咱不是说好了，只叙交情不谈产品吗？他们可都是来抢我家产品的。"

"抢你家产品？你家产品现在这市场还能卖？别蒙人了！"

"王总，您自己过来看看吧，我可没本事在一个晚上刻出四个大红印章啊。"

四家对手同时关注 SHPE？王乾一下子变得心神难定，立即驱车来到上海希尔顿酒店，一眼看到那四个大红的印章，顿时有点傻眼。王乾一边翻看四份促销计划书，一边不断在心中盘算权衡。没错，四大公司对当前的市场分析详细无比，四大公司对 SHPE 产品的认可不约而同，计划书清晰具体，甚至派出多少人力，预计多长时间销出多少产品都一一在案。

白纸黑字，童叟无欺，当王乾合拢最后一份计划书时，简直惊呆了。面对这突如其来的机会，他感到热血沸腾：

"谭总，咱哥俩合作了这么长时间，我们 HV 公司可没少支持你。何况，我们的实力你是最清楚的，为了长远合作，好事您可一定不能忘了我呀。"

"不好办啊，王总，凡事总要有个先来后到。我都答应人家了，而且人家的预付款马上就要打往青岛。"谭坤一脸难色。

"这你不还没有最后成交吗？合同不是还没有签吗？预付款不是还没有付吗？这样，谭总，我们 HV 把这批货全部购进，全额现款一次性付清。您看如何？"

不由分说，王乾马上通知秘书起草合同，然后拉着谭坤回到公司，最后几乎是按着谭坤的手把他"碰巧"带在身上的 HV 公司合同章印在了销售合同上。这时，谭坤还在一个劲地说："王总，不妥，不妥。"

当日下午 18：00 多，谭坤带着上海 HV 公司一次性开出的 200 万元银行即期汇票货款飞回青岛。

SHPE 公司所有的人都惊呆了，员工们面对 200 万元现金和公司空空如也的仓库欢呼雀跃……

直到此时，王乾才一拍脑门，猛然醒悟：中计了！

几天之后，上海 HV 公司及全国其他分号一齐动员促销该产品，八个月后，该产品终于在 HV 公司声势浩大的各种促销活动下销售一空。

而 SHPE 公司，早已金蝉脱壳，成功扭转公司危机。

計二十二

关门捉贼

[古法原书]

小敌困之。剥，不利有攸往。

[词句注释]

小敌困之：对弱小或者数量较少的敌人，要包围起来歼灭。

剥，不利有攸往：语出《易经·剥》卦，"彖曰：剥，削也；柔变刚也。不利有攸往，小人长也。"剥，剥离，割裂；攸，所。"剥，不利有攸往"意为：剥卦说，有所往则不利。

[原书释义]

对于那些弱小的敌人，要包围歼灭之。"剥卦"说，零散小股之敌，虽势单力弱，但往往出没不定，诡诈难防，因而不利于急追远赶，而应断其后路，聚而歼之。如果让他们走掉，便不利于继续追击。

[谈判用计关键]

关门捉贼策略其本意是把门关上，才能将进屋偷东西的盗贼捉住。用在军事上则是指对弱小或数量较少的敌人，要包围起来、断其后路，聚而歼之。关门捉贼之计，首先要布置好包围圈，然后敞开大门，让敌军进来，如果敌军不进来，则必须设法诱敌深入，把敌人引诱进来，再关门予以痛击。在此应注意三点：其一，关弱不关强，关的是弱小的敌人，如果关的是强贼，反而贼敌可能会在门内闹得天翻地覆、鸡犬不宁，结果捉贼不成，反被其害；其二，必须关紧大门，关门不牢，贼必逃遁，前功尽弃；其三，关门和捉贼的时机务必要把握好，这是关门捉贼之计取胜的关键。该计策用在商务谈判上，其关键是己方要事先做好谈判的充分准备，抓住谈判对手的薄弱之处，把其牢牢地"关"在己方所能控制的范围之内，从而轻松地逼其就范，取得谈判的最终胜利。

[商务谈判实例]

2015 年 5 月，澳大利亚墨尔本 B. G Overseas Trade CO. 向我国山东青岛 DF 进出口贸易公司以 FOB 青岛价订购冷冻海鲜 20 吨，质量规格是上好可销品质（Good Merchantable Quality，G. M. Q.），总计 30 万澳元。双方在合同书中明确了具体的索赔条款：货物到达目的港后，澳方对品质、数量和重量如有异议，并经核实与证明系在装运前发生的，应于收到货物后 15 天内向中方提出索赔，逾期中方不再受理。一切争议若不能协商解决，提交中国国际贸易促进委员会对外贸易仲裁委员会仲裁。

此后，澳大利亚墨尔本 B. G Overseas Trade CO. 通过开证行如期开来信用证，青岛 DF 进出口贸易公司收到信用证后，经检验无误，立即按照信用证（L/C）的规定办理装运，并向银行提交全套单据，其中有中华人民共和国商检局出具的产品质量符合合同规定的产品质量检验证书。开证行审单无误后，将款项付给青岛 DF 进出口贸易公司。

随后开证行将全套单据向澳大利亚墨尔本 B. G Overseas Trade CO. 提示并要求其付款赎单。墨尔本 B. G Overseas Trade CO. 付款赎单后凭海运提单（B/L）到目的港提货，未料对方收取货物后，墨尔本 B. G Overseas Trade CO. 发来急电："商品个体有色差，影响销售"，并来信说明："货物到达目的港时品质、包装均系良好，经验关放行后向客户发售，但所有客户严重抱怨商品个体有色差，影响销售……"

墨尔本 B. G Overseas Trade CO. 随后寄来当地一所大学实验室的化验报告，证实商品色差是由于货物变质引起的，担心影响食用。他建议中方派人到实地复验，并称"因客户皆要求退货、赔偿全部损失，所以即使折扣出售也是根本不可能的"。他最后希望中方按客户要求给予友好解决，否则提交仲裁——并称这肯定会"有损中方公司的声誉"。……显然，一场索赔纠纷已在所难免。

青岛 DF 进出口贸易公司面对对方的要求，冷静思考，积极应对。首先就本案而言，合同中并没有对海鲜个体的色差做出任何限制，对方在开来的信用证中也没有对商品个体色差附加规定，至于商品质量，合同规定商品质量规格为 G. M. Q，并附有中华人民共和国商检局出具的产品质量符合合同规定的产品质量检验证书。若依据合同确定责任、分清是非，则可以使对方陷入被动。

于是青岛 DF 进出口贸易公司回复澳大利亚墨尔本 B. G Overseas Trade CO.，干脆利落地关上了索赔的协商之门："我方按合同规定交货，并提供了中华人民共和国商检局出具的产品质量符合合同规定的产品质量检验证书。故不能同意索赔。"

墨尔本 B. G Overseas Trade CO. 既无法推翻"以合同为依据"普遍原则，又不能在合同中找到把柄，只能在"影响销售"上寻求突破口。他在来信中称："G. M. Q 是要求卖方所交货物质量上好，适于销售。而你方所交货物由于色差的问题，市场交易受到影响，应由你方承担一切责任。因此，我方不能接受这批货物，为保持双方业务关系，我方可以同意调换新货，但由此产生的一切费用和损失应由你公司承担。冷藏昂贵，费用不断增加，望迅速答复。"

墨尔本 B. G Overseas Trade CO. 发出此信之后，还与我驻澳大利亚商务参赞处交涉，不断催促，频施压力。青岛 DF 进出口贸易公司经多次分析研究认为，据理可不必承担责任，但对方在当地出售可能确有困难，为友好地解决此案，决定在表示拒赔的同时，介绍一新西兰客商，建议对方与之联系转售。

墨尔本 B. G Overseas Trade CO. 接到中方建议后，一方面同意转售办法，另一方面以"商品有色差影响转售"为由，要求我方赔偿损失 8.5 万澳元。这说明他不打算用友好方式解决问题，想用无理纠缠获得额外收益。既然对方不遵守贸易往来的谦和之道，那么对这些理屈而又纠缠不休者应该"剥，不利有攸住"。

青岛 DF 进出口贸易公司认真研究了 G. M. Q 质量标准的规定和合同书的各项条款，证明我方所交货物是完全符合上好适销品质的，不必承担此责任。同时，中华人民共和国商检局出具的产品质量符合合同规定的产品质量检验证书是有效的官方证明文件，而对方提供的化验报告不属于"有资格的公证人"签发的文书，不具备法律上的反证效用。墨尔本 B. G Overseas Trade CO. 没有再提出付诸仲裁，也表明其确实心虚。基于此，青岛 DF 进出口贸易公司复信申明了中方的严正态度："必须再次指出，我方不能接受你的退换货要求，也没有义务承担你经营损失，因为我方所交付货物符合合同规定，有中华人民共和国商检局出具的产品质量符合合同规定的产品质量检验证书为凭。鉴于你方声称销售有困难，出于好意为你介绍客户，而你竟提出赔偿销售损失和费用，这是完全没有道理的，因而也是不可能接受的。""至于货物个体有色差，这是海鲜个体的自身特点和天然属性所致，这是国际市场也是我方供货的通常品质。我们供给你的货物与供给其他客商的货物品质是完全相同的。其他客商认为品质良好，销量逐年增加，更没有因个体色差而影响转售，因此我们按合同规定供货是无可指责的。"
"为此再次明确告诉你方，不能接受你方的索赔，也不同意你方提出退款和偿付损失的要求。从你方自身利益考虑，建议你方尽快为该批货物自寻出路。"

由于退路被堵死，借口全被驳去，墨尔本 B. G Overseas Trade CO. 除悉数接收货物并撤回索赔之外别无选择。青岛 DF 进出口贸易公司为维护双方的贸易交往，与之建立长期的贸易关系，在后续的生意中给了对方 5000 澳元的优惠，也促使本案不了了之。

就本案而言，对弱手使用"关门捉贼"的计策，确实行之有效。但从长远发展的角度看，做国际贸易一定要提前把各种问题考虑周详，才能避免和减少不必要的贸易纠纷。

远交近攻

[古法原书]

形禁势格，利从近取，害以远隔。上火下泽。

[词句注释]

形禁势格：禁，禁止。格，阻碍。意思为受到地理条件的限制和阻碍。

利从近取，害以远隔：意思是先攻取就近的敌人有利，越过近敌先去攻取远隔的敌人是有害的。

上火下泽：见《易经·睽》卦，"上火下泽，睽，君子以同而异。"睽，乘违，即矛盾。本卦《象》辞："上火下泽，睽。"意为上火下泽，两相离违、矛盾。

[原书释义]

此计运用"上火下泽"相互离违的道理，说明采取"远交近攻"的不同做法，使敌相互矛盾、离违，而我正好各个击破。当军事企图受到地理条件的限制，则有利于先攻取就近的敌人，而不利于越过近敌去攻取远隔的敌人。

[谈判用计关键]

远交近攻策略主要是一种谋取利益的手段。用在商战中是指近攻争夺市场，寸利必争；鞭长莫及的地方则搞合资，投资树形象。远交一般是由于争夺市场的力量尚不够，一旦积足力量，则必将远征。远交近攻策略在商务谈判中的关键是要求己方对谈判中双方关心的最近的问题尽全力解决，而对于较远的问题则采取合作的态度，以利于最终整体谈判利益的实现。在此，务必要注意，己方对较远问题的合作一定要采取务实的态度，否则的话，既有可能影响双方最近问题的解决，又可能会使己方整体的谈判利益受损。当然，远交近攻策略用在商务谈判上，也可以理解为谈判者一定要区分清楚哪些是谈判的主要问题，哪些是谈判的次要问题。主要问题是当下必须要解决的，那就是"近攻"；次要问题是以后再解决的，那就是"远交"。对以后要解决的问题采取合作的、友好的态度，先稳住谈判对手，才有利于当前首要问题的解决。

[商务谈判实例]

山东潍坊的老窦在十年之前成立了自己的地砖卫浴零售批发公司，随着房地产业的快速发展，前几年窦总的生意着实红火，赚得盆满钵满，于是在当地县城开了几个连锁公司，同时涉足装修装饰业务领域，公司的生意做得还挺滋润。但是由于近两年市场竞争激烈，同行业的竞争几近白热化，公司的利润每况愈下，接的单子的数量也越来越少，加上公司的管理缺乏创新、产品种类更新滞后等原因，与当地同行的竞争有心无力，近年大有被超越的趋势，窦总感到压力颇大。

因此，近一段时间以来窦总一直在考虑转型，但尝试了一番后，业务始终没有起色，更为要命的是本地一家 WH 建筑企业涉足地砖卫浴批发零售行业，致使窦总的业务一泻千里，急转直下。老窦的公司在技术实力、资质、客户的数量等各方面都处于下风，所以在几次交锋中老窦的公司都是输得一败涂地。

公司员工也是怨声载道："窦总，不能再这样下去了，你总得想想办法啊，不如我们转行去做餐饮吧，人总要吃饭的，咱准能赚钱。再不济也能混个饱啊。"公司的销售部经理王创不时地嘟囔窦总。

"你以为餐饮业就好干吗？你没看见咱们经常去光顾的几家饭店，有至少两家就已经关门倒闭了，况且，隔行如隔山，如果转行，咱们一切都得从头学起。"窦总一脸不爽地说道。

"窦总，那你带我们出去散散心吧。咱这行业广州可是做得首屈一指，咱们不妨过去找家大公司顺便考察一番，看看人家的最新产品，学学人家先进的管理方法和技术，保不准人家和咱们对上眼，和咱们联手，搞个合作也是有可能的吧，然后咱们借助大公司的力量和 WH 公司抗衡。"销售部经理王创顺口说道。

这真是一语惊醒梦中人，窦总一听觉得很有道理，其实窦总自己这段时间也一直在考虑和大公司合作的事情，只不过由于烦心的事情太多，自己没有沉下心来细想此事，现在经王创这么一提醒，猛然想到自己上次参加广交会时曾经认识了本行业广州 GY 公司的销售部经理贺然，就对王创说："王创，通知咱们公司综合业务部经理、财务部经理、市场部经理、公关部经理、产品部经理以及客户部经理，来我办公室开会，咱们讨论一下南下广州洽谈合作的事宜。同时，你先打个电话给他们的销售部经理贺然探一下口风，看看他们公司有没有向潍坊市发展的意向，如果可以的话我们明天就去广州找他们面谈。并请他出面给咱们安排一下会谈流程。"

"好嘞，窦总，您就放心吧。"

第二天一大早，窦总就带着公司一行人乘飞机奔赴广州，当天下午晚些时候同 GY 公司的销售部经理贺然见了面。一番交谈之后，结果令窦总大喜过望。原来 GY 公司一直想进入潍坊市场，正在寻找合适的合作伙伴。以窦总公司在当地的影响力以及行业内的知名度，可以说是同广州 GY 公司合作的最佳人选了。

随后，窦总就和对方就合作事宜以及双方如何分成等具体问题进行了详谈。第三天上午双方就签订了正式合作协议。下午，窦总一行人高高兴兴地回到了潍坊市。一到公司，窦总就召集公司的所有员工开会，宣布已经和广州 GY 公司达成合作，并开始发动对 WH 公司的反攻。

有了广州 GY 公司做坚强的后盾，老窦公司一改往日的颓废状态。在随后几个订单的争夺上，老窦公司显示了强劲的竞争态势。随着广州 GY 公司支持力度的不断加大，再加上老窦多年积累起来的人脉优势，窦总公司逐渐把失去的市场重新收回自己囊中。窦总这招"远交近攻"策略着实用得高明。

假道伐虢

[古法原书]

两大之间，敌胁以从，我假以势。困，有言不信。

[词句注释]

两大之间，敌胁以从，我假以势：假，借。句意为：处在我与敌两个大国之中的小国，敌方若胁迫小国屈从于他时，我则要借机去援救，造成一种有利的军事态势。

困，有言不信：见《易经·困》卦，"按，处困之时，不见信于人，故有言不信。"大意是说：当人处在困境之时，别人是不会相信他说的话的。故此，他也不能轻易相信别人对他说的什么话。

[原书释义]

处在敌我两个大国中间的弱国，当受到敌方威逼其屈服妥协时，我方常以出兵援助的姿态，把军事力量借机渗透进去。当然，对处在夹缝中的小国，只用甜言蜜语而不采取实际行动是不会取得它的信任的。依此计运用此卦理，一方往往以"保护"为名，迅速进军，控制其局势，使其丧失自主权。再乘机突然袭击，就可轻而易举地取得胜利。

[谈判用计关键]

"假道伐虢"中的"假道"就是"借道"的意思，现实生活中这样的例子不胜枚举。当然，所谓"假道"的方式，必须根据当时的情况来灵活掌握。商业活动中可以理解为利用一些可为对方带来利益的说辞或行为与其搞好关系，其实际目的是获取己方利益。商务谈判中，己方在顺从对方的意思或表达感同身受的前提下，借机向对方进言或者借机提出自己的要求或者主张，自然也是"假道伐虢"计策的灵活运用，因为商务谈判的最高成就本就是使双方达到合作共赢。

[商务谈判实例]

广州市的马总现在经营着一家很有名的生产各种果酱的大企业，回忆当年创业初期的经历，总是唏嘘再三，颇有感慨。但有时也时常回忆自己的一些壮举并引以为豪，时常借此激励自己的员工要广开思路，大胆创新。其中马总巧用"假道伐虢"计策为企业发展杀开一条血路的成功案例广为人们津津乐道。

马总年轻时在广州 G&F 食品公司工作，G&F 公司是一家有名的食品生产企业，他的主要工作是在面包生产车间生产面包，工作三年后，被调入公司市场部主要负责面包的市场推广和售后服务工作。打拼几年后，随着自己生活阅历的丰富，深切感受到这不是自己想要的生活，所以想趁着自己还年轻，辞职创业。但是，说着容易做起来却有不少难度，首先选择什么样的创业项目就是摆在自己面前的一大难题，由于自己之前一直从事面包市场推广和售后服务工作，经过观察，马总发现大家吃面包都很喜欢蘸着果酱，那么我可不可以生产果酱这一大家喜闻乐见的食品呢？随后马总和几个一起辞职并有着共同创业梦想的伙伴一商量，决定从生产果酱入手，合伙注册了公司。

公司成立后，他们购买了仪器设备生产线，聘请了技术工人和专家，并为自己的产品注册了商标——"YUMAM"牌果酱。果酱生产出来后，市场销路一直不理想，企业生产举步维艰。马总组织市场调研人员进行深入调研后，发现不是果酱的味道不好，主要是由于他们的企业太小，生产的产品知名度太低，市场对产品的认知度太低。怎么才能提高产品的知名度并得到市场消费者的认可呢？马总冥思苦想也没有想出很好的办法。当然，如果在省级以上电台、电视台黄金时段做广告，也许效果会不错，但他们这么小的企业根本无法承担巨额的广告费用。所以，马总的公司一度陷入困境。

这几天马总闲来无事到书店闲逛，偶尔翻阅一本商业管理丛书，看到假道伐虢策略，灵光闪现，计上心来，我是不是也可以去借一下别人的道呢？考虑成熟后，马总驱车来到他之前工作过的 G&F 食品公司，通过他熟悉的部门经理的引荐，见到了公司的张总经理，一番寒暄后，马总向对方说明了来意，并希望能和他们合作。

"张总，您好！我们公司希望和贵公司一起合作做一产品广告，以进一步提高产品的知名度。"马总说。

"你们公司和我们合作？你是这个意思吗？不好意思，我们是大集团公司，旗下所有产品知名度都很高，和你们合作，我看没这个必要吧！"

"张总，我们公司只是想给你们的面包做个广告。"

"你们想给我们的面包做广告？我们的面包销售很好啊，做广告就不用了。"张总还是一口回绝了马总的请求。

马总磨破嘴皮也没有得到张总的首肯……

"张总，您看这样好不好？不用您花一分钱，我们公司给贵公司的面包做个广告。"马总赔笑着说。

"你公司出钱给我的面包做广告？哈哈，这还是第一次听说，你在开玩笑吧，你有什么好处呢？"张总疑惑地看了一眼马总。

"张总，我们没有什么目的，说起来贵公司也培养了我，我们绝对不会做有损于贵公司的任何事情，我们的广告词涉及贵公司的内容就一句话：G&F 公司生产的面包绝对好吃。就这一句话，而且不用你们出一分钱广告费！"马总真诚地说道。

"就这么简单？那好，看在你曾经是公司的员工，既然你愿意宣传，就用吧，但是绝不能做有损于公司的任何事情！"

"好嘞，谢谢张总！"

一个星期以后，当地电视台、报纸纷纷打出广告："G&F 公司生产的面包绝对好吃，但如果你配上 YUMAM 牌果酱，更是风味独特，口齿留香！"并配以诱人的画面。

很快，消费者争相购买 YUMAM 牌果酱，一夜之间竟造成 YUMAM 牌果酱脱销。很快马总的果酱得到了市场的认可和消费者的追捧，公司订单雪片似的飞来，从此，马总的生意越做越大。

那么，奥秘在哪里呢？原来，该广告一推出来，所有消费者都以为 YUMAM 牌果酱是 G&F 食品公司新推出的一款产品呢，根本想不到这是一家小企业生产的产品。其实，这正是马总借 G&F 食品公司的道，来使自己产品获得巨大成功的秘诀。

所以，马总这一招"假道伐虢"之计实在是非常高明。

对此，张总也是由衷的佩服。

偷梁换柱

[古法原书]

频更其阵，抽其劲旅，待其自败，而后乘之，曳其轮也。

[词句注释]

《象》辞："曳其轮，义无咎也。"意为，拖住了车轮，车子就不能运行了。如同抽出梁柱，房屋就会坍塌。

[原书释义]

频繁地变动它的阵容，暗暗地抽换它的精兵，派自己的部队去代替它的梁柱，待其自趋失败，然后乘机控制或者吞并它。就像拖住了大车的轮子，自然也就控制了大车的运行。

[谈判用计关键]

偷梁换柱之计在商战中的案例比比皆是，例如盗用名牌商标，生产制造假冒伪劣产品，以谋取暴利；企业在消费者心中形象不佳时，改换企业名称，改头换面以新形象重新示人，来重新树立企业形象；企业产品市场竞争力不强时，及时更新产品商标；模仿驰名商标或者与著名商标打擦边球，以混淆视听，推销自己的产品；等等。偷梁换柱之计用在商务谈判中常常是根据双方想急于了解对方谈判意图的心理，制造一些假象，借此使对方上当，以赢得谈判胜利。例如故意造成疏忽假象，使对方偶然获得己方的底细，或者将假的谈判信息不经意地遗弃在对方容易发现的地方，使对方发现，以扰乱对方的谈判阵脚，最终使己方获胜。

[商务谈判实例]

上海 IMEX 公司向日本 TK 公司出口仪器设备，日方要求中方报出每台的 CIF

东京价。上海 IMEX 公司根据日方的要求报价每台 38 万美元 CIF 东京（US Dollars 380000 Per set CIF Tokyo），后日方又要求改报每台 FOB 上海价，随后中方向对方报价每台 37.5 万美元上海（US Dollars 375000 Per set FOB Shanghai）。后日方又多次要求改报购买三台价格和五台价格等，上海 IMEX 公司识破了日方妄想通过要求多次改报价格来探析中方底价的企图，所以，不管日方怎么要求，我方始终步步为营。经过多轮的讨价还价，最后日方要求中方将价格降为每台 28 万美元 FOB 上海（US Dollars 280000 Per set FOB Shanghai）。对此价格，中方表示无法接受，并表示如果日方真有诚意购买，每台的最低价格为 33.5 万美元 FOB 上海。双方谈判一时陷入了僵局。

一周后，根据日方的提议，上海 IMEX 公司欧阳副总经理邀请日本 TK 公司小林正一副总经理一行到上海面谈。上海方工作人员热情大方，安排周到，从安排酒店入住到安排饮食，从组织企业参观到安排上海景点旅游等都井井有条，小林正一感到非常温暖。但他始终没忘记此行的目的就是要为公司争取更多的利益。所以在谈判桌上小林正一的态度非常强硬，对价格问题始终不让步，而中方在无法得到对方让步的同时，同样不作任何正面的让步。但小林正一认为上海 IMEX 公司的价格仍然有利润空间。因此双方的谈判始终不能统一，彼此的僵局一直无法化解。

上海 IMEX 公司针对小林正一这样的谈判强硬派进行了认真的讨论分析，欧阳认为不能再这样一味地争论下去了，必须想办法从小林正一身上打开突破口。上海公司随后对小林正一其人进行了更为详细的暗地调查，通过调查发现，小林正一曾经在中国留学两年，工作后又被日本总公司派驻中国打理日本 TK 公司在中国业务五年之久，可以说是一个地地道道的中国通，不但讲一口流利的中文，而且喜欢中国的文化，尤其在唐诗宋词方面，更是到了痴迷的程度。看来上海 IMEX 公司提供的翻译就完全是个摆设！小林正一对中方的一言一行完全在掌握之中，这真是太可怕了！对这一调查结果，欧阳副总经理倒吸了一口凉气，感觉浑身直冒冷汗！幸亏这几天中方工作人员口风紧，否则后果不堪设想！对此，欧阳副总经理大为发火，把公司的工作人员狠狠地训斥了一通，对小林正一这么重要的个人信息怎么前期调查就忽视了呢？这真是一个天大的教训！

不过任何事情都有积极的一面，欧阳副总经理突然心生一计，既然小林正一通晓中文，那我们就设计利用他的这一特点，何不来个"偷梁换柱"的策略，也许能使谈判取得转机。随后，欧阳副总经理如此这般地做了安排，工作人员分头去做准备。

第二天，谈判继续进行，双方仍然各持己见，但看得出日方对中方如此坚定的态度也似乎对自己的要价产生了一丝动摇，但小林正一秉承的谈判原则一贯是"谈判桌上不是你死就是我活"，所以始终不作退让。此时中方提议休会一刻钟，双方吃吃茶歇，休息一会。

于是双方谈判人员陆续走出谈判室到大厅吃茶点。欧阳和小林正一也一前一后最后走出谈判室，欧阳一手端着茶杯，一手抱着一摞谈判资料，一不小心，几份文件撒落地上，由于两手无法腾出，分身乏术，显得很尴尬。此时紧跟在欧阳侧身的小林正一看到欧阳尴尬的表情和似乎求助的眼神，很自然地弯腰帮欧阳捡拾掉落地上的资料，小林正一突然发现这份资料是上海 IMEX 公司的仪器成本核算清单，一些重要的数据瞬间映入眼帘。但小林正一久经沙场，很自然地把捡起的资料递给欧阳，两人并肩走出会议室。

茶歇结束，双方返回会议室继续谈判，但日方仍然固守阵地，始终不退让。此时，欧阳副总经理不卑不亢地说："小林先生，我们已经尽了最大的诚意和贵公司磋商，作为卖方，我们非常期望能和贵公司合作，但我们也不能做亏本的生意啊，如果贵公司真有诚意购买，我们再做最后一次让步，每台的最低价格为33 万美元 FOB 上海。如果贵方无法接受，那么我们只有终止谈判。"

此时，小林正一想到刚才看到的上海 IMEX 公司的仪器成本核算清单，感觉到也许自己的要价过低了，当然每台 33 万美元 FOB 上海的价格虽然偏高，但也在自己的接受范围之内。但小林正一不愧是商业谈判高手，任何一点机会他都会去争取。

"欧阳先生，我们是诚意和贵公司合作，既然如此，我们也只好接受，但是在付款方式上我们希望能得到贵公司的通融。咱们原来确定的电汇付款方式（T/T），我方希望改为见票后 45 天付款交单（at 45 days D/P），希望贵公司能同意。"小林正一此举是想通过改变付款方式再获得一些额外的优惠。

欧阳听后，沉思片刻："好吧，小林先生，为了咱们双方今后长期的合作，就这么定了。但代收行需要我方指定才行。"随后双方签订了销售合同。

在本案例中，如果按照小林正一的报价，欧阳公司的利润不到 5%。为了获取更大的利润，只有让小林正一在价格上让步。为了达到此目的，欧阳利用小林正一通晓中文的机会，让工作人员做了一份假的成本核算清单，并找机会不露声色地故意让小林正一看到，以混淆小林的视听，结果小林正中圈套。

欧阳这一"偷梁换柱"策略使欧阳公司获得此次谈判的最终胜利。

指桑骂槐

[古法原书]

大凌小者，警以诱之。刚中而应，行险而顺。

[词句注释]

大凌小者，警以诱之：强大者要控制弱小者，要用警告的办法去诱导他。

刚中而应，行险而顺：见《易经·师》卦。本卦"象曰：刚中而应，行险而顺，以此毒（治）天下，而民从之"。刚，威严；"刚中而应"是说威严适当，才能使三军服从；险，战斗；"行险而顺"是说勇往直前，行事艰险而不会有祸患。"毒"，"督"音，"治"的意思。

[原书释义]

强大者制服弱小者，要用警戒的办法去诱导他。治理军队，有时采取适当的强刚手段便会得到应和，行险则遇顺。此计的比喻意可以从两方面去理解：一是要运用各种政治和外交谋略，"指桑"而"骂槐"，施加压力配合军事行动。二是对于弱小的对手，可以用警告和利诱的方法，不战而胜。对于比较强大的对手也可以旁敲侧击去威慑他。

[谈判用计关键]

指桑骂槐之计通常有三种含义：杀鸡儆猴、敲山震虎、旁敲侧击。该策略用于商务谈判时，主要把握以下几个关键要素：其一，由于指桑骂槐之计通常用于当谈判对方以自我为中心，自以为是、蛮横无理，甚至无视事实、胡搅蛮缠时采取的对策，因此使用时要自然得体，不要牵强附会，更不要留下破绽，以至于让对方抓住口实，使用此计切不可急，要让谈判对手慢慢体会出弦外之音。其二，指桑骂槐之"骂"是一种间接的行为，指的是"桑"，骂的却是"槐"，所以一定是"巧骂",既有巧妙之功,又有含蓄之势,虽有暗指,但不言明,要使己方进退自如。其三,"骂"的言辞不可过于犀利和不留情面。"骂槐"的目的是为了让"桑"明白,只要达到目的即可,切不可图一时口舌之快而忘了此计的要义是言此意彼、出奇制胜。

[商务谈判实例]

山东 A 公司为购买成套大型设备向国内公司招标。经过筛选,最后剩下三家候选公司。随后山东 A 公司派遣代表团分别到各家公司商谈。

山东 A 公司代表团一行到达广州时,广州 B 公司由于一时忙乱出了差错,又没有仔细复核飞机到达时间,B 公司未派人去机场迎接山东客人。山东代表团尽管初来乍到不熟悉广州,但是还是自己找到了广州商业中心的一家酒店住下。随后山东 A 公司代表团负责人张经理打电话给那位局促不安的广州 B 公司毛经理,在倾听了他的解释和道歉后,山东 A 公司代表团同意第二天上午 10 点在广州 B 公司毛经理办公室会面。

第二天广州 B 公司毛经理按时到达办公室等候,直到上午 11 点 30 分,山东客人仍然没有到达,疑惑中毛经理给张经理打电话询问,电话中张经理毫不客气,略带怨气地说:"我们初来乍到,人生地不熟,贵公司始终没有派人前来接我们,对你们这样的接待我们实在不习惯,很感谢贵公司的如此关照,实在不好意思,我们的另一家客户已准备从珠海派专车来接我们了,再见吧。"

此时广州 B 公司毛经理如梦方醒,认识到自己的行为实在不妥,简直可以说是荒谬透顶,悔恨自己怎么能犯如此低级的错误,不但自己的人品大打折扣,而且也使公司的形象尽毁,想到这里,毛经理在电话中百般赔礼道歉,坦承自己近期忙昏了头,自己的失礼行为实在是不可饶恕,希望张经理能够多多担待,毛经理要求双方见个面,也好弥补自己的过错。

山东 A 公司张经理从内心来说也不想因为对方接待不妥这件事而失去和对方做生意的机会,而且广州 B 公司的成套大型仪器设备从质量和价格上来说都非常不错,同时考虑到对方态度诚恳,随即表现勉强地答应了毛经理的要求。

毛经理随后派专车亲自去酒店接上张经理代表团一行人,并安排在五星级酒店共进午餐。餐后稍事休息后,双方代表团进行了较为友好的谈判,在谈判桌上,毛经理再一次真诚地表达了自己深深的歉意之情,并希望张经理海涵。由于双方沟通到位,此次谈判取得了很好的效果,达到了预期的目的。

当然，张经理口中的珠海客户也是张经理使用的指桑骂槐的策略，通过这一策略既表达了己方的态度，同时又让对方认识到自己的错误并意识到此问题的严重性。好在毛经理认错深刻，及时采取补救办法，再加上山东人张经理性格豁达，才没有让毛经理失去这样一笔大生意。

假痴不癫

[古法原书]

宁伪作不知不为，不伪作假知妄为。静不露机，云雷屯也。

[词句注释]

宁伪作不知不为，不伪作假知妄为：宁可假装着无知而不行动，不可以假装假知而去轻举妄动。

云雷屯也：语出《易经·屯》卦。意思是迅猛的云雷，入冬屯隐。运用此象理，是说在军事上，有时为了以退求进，必得假痴不癫，老成持重，以达后发制人，出其不意而获胜。

[原书释义]

有作为的人大智若愚，暗中运筹。表面装糊涂，实际很清楚，假装不行动实际上是在暗中策划等待时机。就如同冬天里的雷电蓄势待发一样，当机会还未来到时，不可操之过急，而是要装作什么都不知道，表面若无其事，其实内心却无比清楚。

[谈判用计关键]

假痴不癫策略，关键在一个"假"字。这里的"假"，是伪装的意思。装聋作哑，装疯卖傻，而内心却特别清楚明白。此计用在谈判中，多是指谈判人员不露锋芒、沉着镇定。这就要求谈判者老成持重、戒骄戒躁，不显山露水，蓄势待发，机会一到则果断行动，以最终取得谈判的成功。

商务谈判中使用此策略要注意两点：其一，谈判者运用此计，其目的是使谈判对手放松戒备，造成对方轻敌；其二，作为一种迷惑对手的谋略，在运用此计谋时，一定要表现得真实自然，才能让对手深信不疑，切不可弄巧成拙。

[商务谈判实例]

广州 SBC 公司计划购进成套设备一宗，遂向国内各生产厂家询盘，随后收到了国内数家公司的发盘，经过认真比较分析，感觉上海 SH 公司产品的性价比比较符合自己公司的要求。于是双方通过电话进行了交流，最后双方敲定在上海 H 大酒店见面，商谈价格和合同条款等事宜。

根据双方约定的时间，第三天上午广州 SBC 公司的王副总率领谈判代表团一行抵达上海，并入住上海 H 大酒店。随后上海 SH 公司欧阳副总经理带领公司相关人员到达上海 H 大酒店宴请广州 SBC 公司的王副总一行并为他们接风。席间双方代表相谈甚欢，并约定下午三点在该酒店会议室洽谈合同事宜。

下午三点，双方准时在会议室落座，经过两个多小时的交锋，双方就合同的一般交易条件基本达成一致，包括商品数量、包装、运输、交货时间等，同时双方基本约定付款方式由买方先预付 30% 作为定金，剩余的 70% 款项由广州 SBC 公司先期（与交付定金同时）向上海 SH 公司提交一份银行保函作为保证，等买方收到全部设备验收后电汇付款给卖方。但是唯有价格一项双方一直没有谈拢。

谈判一开始，第一轮价格交锋，上海 SH 公司成套设备报价为 280 万元人民币，广州 SBC 公司还价为 196 万元；第二轮交锋，上海 SH 公司让步为 260 万元，广州 SBC 公司还价为 200 万元；第三轮交锋，上海 SH 公司让步为 256 万元，广州 SBC 公司还价为 208 万元；第四轮交锋，上海 SH 公司报价为 250 万元，广州 SBC 公司还价为 218 万元。此后，双方在价格问题上互不让步，一时处于僵持状态。其实，双方彼此都心照不宣，离双方最后的成交价格还有一些空间。随后双方决定休会，休息一晚后明天上午继续谈判。

第二天上午，谈判继续进行，在价格上谁也不想让步太多。

最后，广州 SBC 公司王副总主动提出："为了双方公司长期的合作，也为了表达我们的诚意，我公司做最后一次报价 226 万元，但前提是贵公司必须派两名专家来我公司做免费技术指导一年，技术指导期间专家的食宿费由贵公司自己负责。"

上海 SH 公司欧阳副总听后，表现得甚是高兴，右手用力地拍了一下桌子，"好！既然王总这么有诚意，为了我们今后的友好合作，我公司最后报价 236 万元，不过我必须声明，我公司已经做了最大的让步，这是最后的报价……"

"欧阳总经理……"欧阳副总话音未落，就被他旁边的谈判助理李经理打断了讲话，李经理急促地低声说道："欧阳总经理，你报错了，咱们的最低成交价是 240 万元啊，您这是……"

"啊？"此时欧阳副总脸色立变，憋得红红的，"哦，王副总，对不起，实在对不起啊，刚才由于一时兴起，我的报价有点失误，我公司的最后报价是 240 万元，低于此价格，我也无法向公司交代，如果您认为可以，咱们就签合同，如果您不同意，咱们以后再找机会合作！"

本来，广州 SBC 公司王副总听到对方报价 236 万元时，还想继续还价，岂料对方说是报错了，并声言最低价格为 240 万元，而且如若不成，大有下逐客令的意思。王副总通过观察欧阳副总的表现，感觉报错价格也不像是假的，且己方在之前的市场调研中感觉对方报这个价也在情理之中。既然如此，那就争取让他们将错就错，争取以 236 万元成交。

随后，广州 SBC 公司王副总坚持以 236 万元成交，上海 SH 公司的欧阳副总则坚持 240 万元不让步，并表现出有意放弃此次交易的想法和决心。最后，还是王副总提出了让步的办法：

"欧阳副总，这样吧，报价 236 万元不变，我们原来要求贵公司必须派两名专家来我公司做免费技术指导一年，现改为派一名专家，专家住宿费由我公司负担。您看如何？"

"王副总，报错价格实在是我的过错，但也希望贵公司能理解，我同意您刚才的说法，但同时我希望贵公司将原来预付 30% 的定金提高为预付 40% 的定金，这样我回公司也有个交代，希望王副总能理解。"

王副总沉思片刻："好吧，欧阳副总，为了咱们今后的合作，就这么定了。"

随后双方签订了买卖合同。

该案例中，上海 SH 公司的欧阳副总用的正是假痴不癫的策略，你想，欧阳副总久经沙场，怎么会在如此大型谈判中报错价格？但为了尽早结束这种拉锯战，欧阳副总在正确的节点、适当的时机、自然的表现，在己方助理的配合下，沉着镇定地上演了一出假痴不癫的好戏，而且让对手深信不疑。欧阳副总不但把所报价格稳固地控制在自己设计的 236 万元，而且还把前面已经谈好的条件又重新让对方做出了一些让步。欧阳副总不愧是一名谈判高手。

上屋抽梯

[古法原书]

假之以便，唆之使前，断其援应，陷之死地。遇毒，位不当也。

[词句注释]

假之以便，唆之使前，断其援应，陷之死地：假，借。借给敌人一些方便（故意暴露出一些破绽），以诱导敌人深入我方，乘机切断他的后援和接应，最终陷他于死地。

遇毒，位不当也：出自《易经·噬嗑》卦。"噬嗑"，意为咀嚼。本意是说，抢腊肉中了毒，是位不当。这里比喻贪求不应得的利益，必招致灾祸。

[原书释义]

故意（露出破绽）借给敌人一些方便，以便引诱敌人深入我方，然后截断他的后援和接应，使其陷入困境。通常敌人是不会轻易上钩的，你只有先给敌人开个方便之门，让他进入你预先设下的圈套。开方便之门，就是事先给敌人安放一个梯子，只要敌人爬上了梯子，己方就可以抽掉梯子，使敌人陷入危险的死地。

[谈判用计关键]

上屋抽梯策略在商务谈判中经常出现，此计使用的关键是，己方在为谈判对手"置梯"时，所置之梯既不能让对手怀疑，又必须让对手对所置之"梯"看得分明，要诱使对手心甘情愿地进入己方设置的圈套中。同时，"置梯"引诱之法必须要有的放矢，对贪婪之对手，可示利诱之；对狂妄之对手，可示弱诱之；对蠢笨之对手，可设伏诱之；等等，当然"置梯"引诱过程不会一蹴而就，有时需要己方谈判人员要有极大的耐心。

[商务谈判实例]

2015 年，受国际市场大环境的影响，貂皮出口市场疲软，山东 QLH 进出口贸易公司主要以出口貂皮为主，当时库存貂皮 60 万张，公司为了降低成本，加速公司资金周转，最大程度地减少库存，隧以较为优惠的 FOB 青岛价格向海外进口貂皮的公司发盘，很快就收到法国 FBF 进出口贸易公司打算购买全部貂皮的回复。

法国 FBF 进出口贸易公司在复信中明确表示由于己方接了一个大订单，为了赶进度，近期需要大量的貂皮，所以，贵公司的 60 万张貂皮他们全部购买，而且为了表示诚意，他们愿意预付 5 万美元作为定金，并且第二天 5 万美元定金就打到了山东 QLH 进出口贸易公司的账户上，并约定半个月以后他们派人前来签订书面合同。

山东 QLH 进出口贸易公司收到法国 FBF 进出口贸易公司的定金后，公司上下欢欣鼓舞，没想到这么快就可以将貂皮库存归零，这真是有福之人不用忙。

这之后，又陆续接到一些外国公司的询盘、还盘或其他咨询，山东 QLH 进出口贸易公司都礼貌地予以回绝，只等法国 FBF 进出口贸易公司发来租船订舱信息后在青岛港交货。但随后公司工作人员开始自责，是不是我们对国际市场行情了解不足，导致所报价格太低？否则，为何法国 FBF 进出口贸易公司没有讨价还价这么快就接受了呢？如果真是这样，那公司就太亏了！

不过，自责的心情还没有平复下来，随之而来的事情让山东 QLH 进出口贸易公司的工作人员郁闷不已。原来，一个月快过去了，法国 FBF 进出口贸易公司迟迟没有回音，发信息不回，打电话联系不到人……直到此时，山东 QLH 进出口贸易公司才有所察觉，感觉掉进了法国 FBF 进出口贸易公司的圈套了。

山东 QLH 进出口贸易公司随后对此事展开调查，经过调查发现法国 FBF 进出口贸易公司也是一个以出口貂皮为主业的公司，在此之前该公司库存貂皮 100 多万张，他们看到山东 QLH 进出口贸易公司的发盘后，立即表示接受并且为了稳住山东 QLH 进出口贸易公司，预先支付了 5 万美元作为定金。随后法国 FBF 进出口贸易公司以低于山东 QLH 进出口贸易公司发盘价向海外进口貂皮的公司发盘，很快其 100 万张貂皮就销售一空。此时山东 QLH 进出口贸易公司却还蒙在鼓里。

此案例中法国 FBF 进出口贸易公司使用的正是上屋抽梯的谈判策略，通过无条件接受山东 QLH 进出口贸易公司的发盘并预付 5 万美元,来迷惑住竞争对手,使其陷入己方的圈套。随后己方顺利地把自己的貂皮售罄,之后再也不去理会山东 QLH 进出口贸易公司了。致使山东 QLH 进出口贸易公司的 60 万张貂皮无法出售而造成巨大损失。

法国 FBF 进出口贸易公司虽然损失了 5 万美元定金以及由此而引发的道德上的谴责,但与尽快售罄 100 万张库存貂皮所获巨大利益相比,那就是小巫见大巫了。

树上开花

[古法原书]

借局布势，力小势大。鸿渐于陆，其羽可用为仪也。

[词句注释]

借局布势，力小势大：意为借助某种局面（或手段）或采用虚张声势的方法布成有利的阵势，兵力弱小但显出阵势强大的样子，以增强己方的信心。

鸿渐于陆，其羽可用为仪：出自《易经·渐》卦。本卦上九曰："鸿渐于陆，其羽可为仪，吉利。"鸿，大雁。渐，进。陆，喻天上往来无阻的通路。意思是说鸿雁在天空飞翔，羽毛可助其翱翔的气势。

[原书释义]

借其他局面布成有利的阵势，虽然真实兵力弱小，但是外部阵容显得很强大。就像大雁虽小，但凭着它们长有丰满羽毛的双翼在天空翱翔，横空列阵，却很有威势。比喻兵力虽然弱小，但借助外部条件，虚布疑兵造成强大阵势，以此迷惑震慑敌人。

[谈判用计关键]

树上开花策略用于商业谈判，其关键是"造势"，就是设置假情况，巧布迷魂阵，以此来迷惑对手。当然，所造之势必须能达到以假乱真的地步，否则过犹不及就会弄巧成拙。

[商务谈判实例]

对方巧用树上开花，山东 BJ 公司张总疏忽大意被骗。

2015 年，山东 BJ 机械有限公司市场部的孙经理向公司张总汇报了关于大连

PZ 国际贸易集团公司称有外商有意购买山东 BJ 机械有限公司机械设备一事，大连 PZ 国际贸易集团公司是通过网上联系到山东 BJ 机械有限公司市场部孙经理的，并索要报价、产品样本说明书和照片以及营业执照复印件等。张总随后指示市场部孙经理继续跟踪此事。于是，市场部孙经理立刻把相关资料传真过去。

几天后，大连 PZ 国际贸易集团公司沙副总经理来电，称外商对产品比较满意，并希望产品价格报价再降低一点。于是，山东 BJ 机械有限公司市场部孙经理在请示张总以后将报价下调了 5%。

这天，山东 BJ 机械有限公司张总收到了大连 PZ 国际贸易集团公司发来的一纸购买意向书，要求订购 10 台该设备，每台 20 万元人民币，总计 200 万元。这是山东 BJ 机械有限公司在阿里巴巴建立网站以来的第一笔大订单啊！张总感到非常得意。而且，这个购买意向书的条件也十分有利于己方：大连 PZ 国际贸易集团公司同意签订合同时首付 30% 的货款，货到大连港外运仓库凭进仓单付清全部货款。更令张总感到意外的是他们竟然不来工厂看货，按照大连 PZ 国际贸易集团公司沙副总的解释说是怕万一外商来厂，张总会甩了他们而直接跟外商做。张总感到这个理由也能解释得过去，况且，张总也正担心外商如果来了，保不准还看不上自己这个既破又小的工厂呢。

两天后，山东 BJ 机械有限公司张总携公司会计部王经理和市场部孙经理一行三人受大连 PZ 国际贸易集团公司沙副总经理邀请来到大连，大连 PZ 国际贸易集团公司的接待人员在大连机场接到他们后，径直驱车来到某贸易大厦 18 楼大连 PZ 国际贸易集团公司的总部，在总部张总他们看到前台大厅墙上的"大连 PZ 国际贸易集团公司"金光闪闪的大字，看到公司产品展示厅琳琅满目、眼花缭乱的样品，张总深感此行不虚。

随后非常漂亮的公司前台小姐把他们领到一间装饰豪华的会议室，半小时之后，之前一直跟他们联系的沙副总携助手来到会议室，一进会议室，沙副总刚刚落座就开始道歉：

"张总，非常对不起啊，最近业务太忙了，本来我应该亲自去机场接您，但我实在没办法抽出身去机场迎接您，真的非常抱歉啊，请您多多谅解啊，本来我们公司欧阳老总原安排过来看您，但他突然有急事飞往上海了，预计明天就能赶回来。"

"沙总不必客气，业务繁忙无法脱身也是常有的事嘛。"张总大气地挥挥手说道。显出了山东人豪爽的一面。

"张总，今天你们一行人来大连，车马劳顿，我已经在大连最豪华的城堡酒店预订了房间，今天中午在那儿给你们接风，下午我安排公司人员带你们好好地参观一下大连的著名景点，晚上你们在城堡酒店好好休息，咱们明天再会谈，您看如何？"

"客随主便，一切听您的安排。"张总附和道。

张总对大连 PZ 国际贸易集团公司的整个接待过程非常满意。

第二天，双方按约定来到公司会议室，大家稍作寒暄后就直奔主题。沙副总先是一番滔滔不绝的演讲，内容当然是介绍公司的规模、业绩、客户关系、社会平台等。听得张总内心澎湃，大有相见恨晚之意。最后，沙副总及时地、恰到好处地切入正题："为了这笔业务，我公司花了不少心血。本来老外一定要来看厂，最后是我凭三寸不烂之舌再三解释、保证，这才全权委托给我公司。这次先给你们 200 万元合同，完成得好，我们再继续合作，但在这批货款当中我公司要拿3% 的回扣。"

听到这里，张总既感动又激动："没问题，没问题，为了我们今后长期的合作，3% 就 3% 好了，只要把生意能做成就好！"

看到张总如此爽快，沙副总立刻开始起草合同。很快合同就起草完毕。张总仔细看了几遍，和原来他们承诺的一样，于是，双方就签字盖章。

此时，沙副总问张总："你带现金了吗？"

张总说："没有啊，没人告诉我要带现金。"

沙副总说："如果没带的话，你安排人去银行取一下，我去给你办银行汇票手续。"

张总有点为难："按照惯例，我们一般都是全部货款结清以后再付回扣的，这不大妥当吧……"

"这先付后付不是一样的嘛！难道你们还这么不相信我们吗？"沙副总一下黑了脸。

张总心想，从对方的表现来说无可挑剔，况且如果搞不定沙副总，这生意可能就会泡汤。想到这儿，张总随后安排己方随行人员会计部王经理去银行取钱，沙副总也回公司办公室安排人员去办理银行汇票事宜。

王经理去银行取了 60000 元现金，又回到会议室，并交给了正从外面刚进来的沙副总。收好钱以后，沙副总说："张总，真是不巧，欧阳老总去上海因为事情还没处理完，需要滞留几天。这样吧，明后天是周末，你们先回去，等下周欧阳老总一回来，我马上给你办，你放心好了，这事包在我身上。"

看着沙副总如此热心，他们又是这么大的公司，再说自己公司的事也离不开自己，张总就带着随从回到了山东。谁知道，这一等就是一年多，大连 PZ 国际贸易集团公司先是以种种理由搪塞他们，后来干脆就翻脸不认账，气得张总暴跳如雷，却又无可奈何。

这真是：骗子巧用树上开花造势，张总不识庐山面目破财。

反客为主

[古法原书]

乘隙插足，扼其主机，渐之进也。

[词句注释]

乘隙插足，扼其主机：把准时机插足进去，掌握他的要害之处。

渐之进也：语出《易经·渐》卦。就是渐进的意思。

[原书释义]

乘着有漏洞、有机会就抓紧时间插足进去，扼住它的关键要害部位，循序渐进地达到自己的目的。用于战争中就是要尽量想办法钻空子，插脚进去，控制它的首脑机关或者要害部门，抓住有利时机，对其进行兼并或者控制。

[谈判用计关键]

反客为主之计用于商务谈判就是指谈判一方要努力变被动为主动，争取谈判主动权的谋略。使用此计时关键要把握以下两点：其一，时机把握要恰到好处；其二，要抓主要害、有的放矢，做到这一点的原则就是一定要弄明白谈判对手的核心意图、最终需求、终极目标等。

[商务谈判实例]

山东隆昇毛纺织厂成立于 20 世纪 80 年代初，成立的当年张锐高考失利进入该工厂做工，由于聪明伶俐，很快被工厂送到青岛某国棉厂进修学习一年，学成后回到隆昇担任技术副厂长，在张锐的带领下，工厂快速发展，很快成为潍坊乃至山东有名的毛纺企业，而且业务很快拓展到其他省市，并成立了几个分公司，后根据国家政策改制成为民办企业，张锐担任董事长和总经理，并成立集团公司。与此同时，山东的毛纺企业在当时像雨后春笋般破土而出，形成强有力的竞争态势。在这些企业中，还有两家非常有竞争力的毛纺企业，其中一家是李森董事长主持的山东华昌毛纺织集团公司，另一家是由王春董事长坐镇的山东康荣毛纺织集团公司。三家集团公司形成竞争，此消彼长。

由于李森董事长酷爱诗歌创作和组织诗歌沙龙，而且对此近乎痴迷、乐此不疲，所以这一爱好占去了李森董事长大量的时间，由于一心不能二用，很快山东隆昇毛纺织集团公司张总和山东康荣毛纺织集团公司王总便乘着李森分心之机，对山东华昌毛纺织集团公司发起了市场竞争的猛攻。李森董事长一心难以两用，在短短的几年时间里，经不起山东隆昇毛纺织集团公司和山东康荣毛纺织集团公司的合围，山东华昌毛纺织集团公司市场份额每况愈下，公司渐渐接近于倒闭状态。趁山东华昌毛纺织集团公司之危，山东康荣毛纺织集团公司董事长王春派代理人找上门来，对李森董事长说，山东康荣毛纺织集团公司欲要收购华昌。华昌董事长李森可不是个肯轻易认输的人，见王春集团如此居高临下，本人不来却派了个代理前来游说，居然狮子大开口要吞掉华昌，他态度坚决，一口回绝，把王春派来的代理给轰了回去。

时隔几日，山东隆昇毛纺织集团的张锐董事长则亲自找上门来，他也想打华昌的主意，但面对李森说话的态度却十分温和婉转：

"咱们商量商量，您能卖些华昌股份给我吗？"话音刚落李森就毫不客气予以回绝。

"我是绝不会出卖公司股份的。"李森斩钉截铁地回应道。

张锐虽然碰了钉子，但他深知若不是李森痴迷诗歌创作，疏于管理，华昌肯定不至于沦落到这个地步。张锐知道自己面对的是一个具有很深中华文化底蕴的公司老总，所以尽量把后面的话说得温和一些，希望能打动李森。在张锐的游说之下，最后李森还是有所动心，他说：

"不过，让我们联合起来，共同组成毛纺公司，我倒想邀请您参加呢，意下如何？"

张锐当时想，要对付山东康荣毛纺织集团公司的威胁，就必须先和华昌联手。于是，张锐顺水推舟，一口答应愿意与华昌联合，成立山东隆昌毛纺织集团，两家公司签订了相关协议。在签订协议时张锐提出了很多苛刻的条件，由于李森看到隆昇近年发展蒸蒸日上，而自己濒于倒闭，也就违心答应了张锐的要求。

随后隆昌设立了很多子公司，成为盛极一时的毛纺织行业的龙头老大。它的发展壮大却离不开张锐与李森的秘密面晤。张锐本来意欲购买华昌股份，却意外地以配角身份与华昌联手合作。张锐先是迎合李森，打出一张"联手创业"的心理牌，从而赢得了华昌老总李森的欢心，但到了签订协议的关键时刻却提出许多条件，反客为主，一点没吃亏。两家公司合并后，强强联合，大展宏图。合并后的公司，隆昇还反客为主，冠名于华昌之前，隆昌两字取自"隆昇"之"隆"和"华昌"之"昌"。

最后，终于把竞争强手山东康荣毛纺织集团公司彻底打败了。

美人计

[古法原书]

兵强者，攻其将；将智者，伐其情。将弱兵颓，其势自萎。利用御寇，顺相保也。

[词句注释]

兵强者，攻其将；将智者，伐其情。对于兵力强大的敌人，就攻击他的将帅；对于明智的将帅，就打击他的情绪。

利用御寇，顺相保也。出自《易经·渐》卦，意思是说利用敌人的弱点来抵御敌人，顺利地保卫自己。

[原书释义]

对于兵力强大的敌人，就攻击他的将帅；对于有智慧的将帅，就打击他的情绪和意志。将领斗志颓丧，其士兵就会意志消沉，敌人的气势必定会自行萎缩。己方利用这些方法顺势以对，就可以顺利地保护自己。

[谈判用计关键]

美人计用于商务谈判可以从三个方面理解，其一是指在商务谈判中，特别是当谈判陷入僵局时，谈判一方利用谈判对手的弱点使用美人计逼其乖乖就范，当然，如果谈判一方使用此计进行威逼胁迫对方的话，那可能是要负刑事责任的。其二是通过使用此计想办法挫败、瓦解谈判对手的意志，从而使其自行萎缩，这样就可以牵着谈判对手的鼻子走，以实现谈判的最终胜利。其三是利用人们普遍的爱美之心和对美好事物的欣赏和追求，利用"美人"和美好事物的市场效应，使谈判双方形成共鸣，以此取得谈判的预期效果。

[**商务谈判实例**]

上海 S 进出口贸易公司（以下简称 S 公司）是一家以出口化工产品为主的企业，这几年主要的出口市场集中在东南亚国家，随着公司发展战略的转移，现在需要开拓欧洲市场。上个月，上海 S 公司接到西班牙 SR 公司就某化工产品的询盘，随后双方进行了几十次的发盘（Offer）与还盘（Counter - Offer），但价格和付款方式问题一直不能达成一致，鉴于西班牙 SR 公司是一个有名的大公司，该笔生意一旦成交，这对上海 S 公司开拓欧洲市场意义重大。所以，上海 S 公司邀请西班牙 SR 公司安东尼奥（Antonio）副总经理来上海谈判，并派出公司谈判能力最好、成功开拓东南亚市场的副总经理华刚接待西班牙客人一行。

华刚副总经理将西班牙安东尼奥（Antonio）副总经理一行安排进五星级酒店，晚上为客人接风洗尘。由于华副总经理是工作狂，一直以来负责开拓东南亚市场，形成了固有的和亚洲人谈判的风格，第二天双方便展开了激烈的谈判，结果连续两天的谈判，效果不尽如人意，不但价格和付款方式没有最终敲定，而且西班牙客人还对华刚副总经理满腹牢骚，认为华刚副总不是一个可以长期合作的伙伴，并且准备打道回府。

问题出在哪儿呢？公司高层经过研究，认为可能是华刚副总固有的谈判风格出了问题。但是，西班牙客人必须要留住，这笔生意只能成功不能失败。经过研究，S 公司决定派出公司新上任的欧洲市场部经理阮娜小姐担任 S 公司此次谈判的首席。

阮娜经理两年前从欧洲某大学硕士毕业后回国应聘到 S 公司，她精通英语和西班牙语，而且长得美丽大方，气质出众，不失东方女孩的特质。她深谙东西方谈判礼仪，做事干练，有条不紊。

阮娜经理非常清楚西班牙人的特点，西班牙人大多都热情奔放，喜欢享乐，喜欢一切拥有美丽外表的东西，乐观向上，无拘无束，讲究实际。同时，他们热情大方，开朗坦诚但又遵守规则，总喜欢把生活安排得丰富多彩。

阮娜经理见到安东尼奥（Antonio）副总经理后，用西班牙语告诉对方由于华刚副总经理身体不适，现在由自己接替华副总来接待他们。安东尼奥立即对眼前这位美丽的女孩产生了好感，尤其是阮娜一口流利的西班牙语更是让安东尼奥备感亲切。

"安东尼奥先生，听说您要准备启程回国，这样吧，您初次来上海，在您回国之前，我带您游览一下上海的美景，品尝一下上海的美食，也算是给您留个纪念。"阮娜笑吟吟地说。

"OK。"安东尼奥略加思索后说。

随后，阮娜带领安东尼奥一行游览了上海及周边的景点并品尝了地方名吃，整个过程安东尼奥兴奋无比，对阮娜经理的导游也是赞不绝口。

"阮小姐，非常感谢您的盛情安排和付出，尤其是有您这么美丽大方的导游陪同，我们真是非常荣幸，如果您愿意，我想明天还是继续谈一下咱们的合同如何？"

"好啊，安东尼奥先生，欢迎之至！"

第二天，双方在友好的气氛中开始了谈判。

"阮小姐，我们提出的价格是每公吨 156 美元，希望您能同意。"安东尼奥坚持道。

"安东尼奥先生，实在对不起，我们所报价格每公吨 160 美元已经非常低了，您也知道，现在国际市场原材料价格涨了不少，我们的成本已经非常高，您这方面经验非常丰富，我想这一点您是应该知道的吧，而且我们公司产品质量过硬，我们产品的性价比您可是看得比谁都清楚哦。"阮娜经理既表扬了安东尼奥又略显顽皮、不卑不亢地回应道。

"不过，安东尼奥先生，为了表示我们的诚意，如果您经营我们的产品很好的话，明年我们公司可以考虑以每公吨优惠 2% 的价格和贵公司签订一个独家经销协议（Exclusive Sales），这对贵公司来说可是一个不错的选择哦。"阮娜经理进一步抛出了一个具有诱惑性的条件。

安东尼奥思考片刻，"这听起来确实不错，那就这样定了，同意每公吨 160 美元，明年我们签订独家经销协议，但是这次我们必须先另外签订一个合作意向书把您承诺的这件事定下来。"

"好的，没问题。"阮娜经理爽快地回答。

"但是，阮小姐，付款条件我们仍然坚持开立见票 30 天远期汇票的 D/A 付款，这点希望您能清楚。"安东尼奥坚持道。

"哦，您知道，安东尼奥先生……"阮娜经理微笑着盯着安东尼奥，两只美丽的大眼顾盼生辉。

"您知道，D/A 付款对我们来说风险太大，当然我们不是不相信您和贵公司。我有一个建议，您看行不？我们使用远期信用证并开立 30 天远期汇票，但您得按即期给我们付款（The usance draft is payable on a sight basis, discount charges and acceptance commission are for buy's account），用咱们都熟悉的买方远期信用证（buy's usance L/C）①，这样既安全，又能满足咱们双方的要求，您看如何？"

安东尼奥迅速和助手交换了一下意见，然后爽快地说道：

"好吧，阮小姐，和您在一起真的非常愉快！您不但美丽，而且聪明，为了咱们以后的合作，我接受您的建议。而且我诚恳地邀请阮小姐在合适的机会来我们公司做客……"

随后双方愉快地签订了销售合同。

可见，上海 S 公司使用的美人计无疑是十分成功的。这正是利用了人们普遍的爱美之心和对美好事物的欣赏和追求，利用"美人"和美好事物的市场效应，使谈判双方形成共鸣，以此取得谈判的预期效果。

但是此次谈判成功不但是因为阮娜经理的美丽大方，知性达礼，更是由于她过硬的商务谈判技巧和扎实的专业知识，才让对手有所折服，最终取得谈判的胜利。

---

① 在中国习惯上称其为假远期信用证（usance credit payable at sight）。

空城计

虚者虚之，疑中生疑；刚柔之际，奇而复奇。

[词句注释]

虚者虚之，疑中生疑：第一个"虚"为名词，意为空虚，第二个"虚"为动词，意为使它空虚。意为：空虚的就让它空虚，使他在疑惑中更加产生疑惑。

刚柔之际：见《易经·解》卦。《象》辞"象曰：刚柔之际，义无咎也"。是指强弱力量对比悬殊的危急关头，没有灾难。

[原书释义]

在兵力空虚、敌众我寡的危急关头，如果故意显示出不加防守的样子，那就会使敌人难以揣摩。这种用兵之法就显得格外奇妙。

[谈判用计关键]

空城计用在商务谈判中与战争中的空城计有异曲同工之妙，谈判一方往往以"自信"的态度将"无"充"有"，或者卖方虚高开价以及买方虚低还价等。空城计策略的特征在一个"空"字。所以在做法上，第一要有"城"；第二要让其"空"；第三要渲染空城。但尤为要注意的是，谈判如战场，俗话说兵无常势，变化无穷，虚虚实实。在使用空城计时，一定要充分掌握对方谈判代表的心理和性格特征，切不可轻易出此险招。况且，在多数情况下，此计只能当作缓兵之计，还得防止对方卷土重来。所以，使用此计还必须有真实力与对方对抗，要救危局，还是要凭真正实力才行。

[商务谈判实例]

A 公司因为信用证项下款项未能收回，在 B 银行形成垫款。A 公司通过各种手段向下家追讨欠款，前后拖了近两年。B 银行出于金融管理的原因，对 A 公司施压，要求清偿垫款，于是两方代表组织了一次谈判。

A 公司代表首先发言介绍了追讨欠款情况，希望 B 银行再宽容一段时间，等从下家追回钱再还。B 银行代表表示自己也有困难，迫不得已，请 A 公司支持与体谅。双方一来一往各说各的难，各做各的结论。一个上午毫无结果。

下午，谈判重新开始，A 公司代表说："我公司与贵银行关系一向很好，贵行有困难，我们也不能不考虑，但要对账。"

这正是 B 银行代表等待的问题，于是乘势筑了一个"空城"。B 银行代表让其资产管理科用计算机打出一份账单，上面清晰地按时间段采用利息。从 9.5% 到 10.5% 年息，计算去年和今年两年期间垫款利息。此外，还以年 2% 的利息率计算罚息。结果两年利息和罚息之和相当本金的 22% 左右。本息让 A 公司代表吓一跳。

A 公司代表称："贵行利息太高，去年和今年美元利息不断下滑，同期同业银行平均利息均没有超过 8%，贵方还计 2% 的罚息，这太过分了。"

B 银行代表守住"城池"，道："这不是过分，而是依双方协议规定而行。"

A 公司代表："协议规定不合理应修改。"

B 银行代表："这是贵方同意的，钱到手了再说不合理，这不够守信。如不合理，贵方可以不签开证额度协议。"

A 公司代表："我方对贵方贷款态度是积极的，只是目前没有现金，仅有债权。若贵行要清偿债务必须有优惠条件。"

B 银行代表看 A 公司代表态度有松动，继续强调了"空城"非空的道理："我们是依双方免保额度协议上约定计的本息。贵公司的欠款时间 28 个月，为了表示诚意，我方免去 4 个月的利息。"

A 公司代表："这点免息远远不够。贵行利率本来就高，还要计罚息，绝对不合理！"

B 银行代表："可能不合理，但合乎合同、合法。贵公司必须履约。罚息问题需要银行管理层集体决定，但首先要看贵公司的还款计划。"B 银行代表进一步压制 A 公司代表态度。

A 公司代表无奈地说："还款计划可以考虑，但罚息不能认同。首先，我们主动配合贵行清还了一笔欠款，说明我们守约。其次，目前困境因第三者占我公司资金造成，这个客观情况，贵行知道。以违约罚息实不近情理，简直就是'落井下石',该问题不解决,我方难以考虑还款计划。"

B银行代表看A公司方面有考虑还款的意思,又放出了一个"气球"说:"贵方先拿出还款方案,若符合我行要求,罚息问题另议。"

这回A公司代表将原来的强硬态度变得更合理了:"我公司确有困难,但可以拟一个分期还款的方案。本金先还,利息在后,尽量在短期清完:不过,罚息及在分期还款期间的利息应予免除,以支持我公司业务。"

B银行代表:"若贵公司同意按双方约定利率计(前面24个月的)息,那么我们将向银行管理层报告批准贵方的建议。"

最终,双方达成了协议。先支付本金和按约定利率计24个月的利息,分三次在今年12月之前支付完。免去所有罚息和到签新协议之日的5个月利息,冻结以后利息。

该案例中,B银行代表运用"空城计"策略较成功。其一,其"空城",有根有据让公司代表不能不正视。其二,在这虚中见实,实中又见虚的情景,既给B银行方面的谈判提供了支持,增加了对A公司代表的压力,又给B银行自己创造了谈判余地。其三,B银行代表在渲染"空城"方面做得令对手信服,最终迫使公司签下了还款协议,承诺了清债的时间,也避免了一场法律纠纷。

反间计

[古法原书]

疑中之疑。比之自内，不自失也。

[词句注释]

疑中之疑：在疑阵中再布疑阵。

比之自内，不自失也：出自《易经·比》卦。意思是说在疑局中再布设一层"迷雾"，顺势利用隐蔽在自己内部的敌人间谍去误传假情报，这样就不会因有内奸而遭受损失。

[原书释义]

在（敌方）疑阵中布（我方）疑阵，即反用敌方安插在我方的间谍传递假情报，打击敌方，因为辅助来自内部，便不会导致自己的失败。

[谈判用计关键]

反间计用在商务谈判中的关键是能够做到"寻找矛盾，利用矛盾"，或者"没有矛盾，制造矛盾"而且制造矛盾要以假乱真，造假要造得巧妙，造得逼真，才能使对手上当受骗，信以为真，做出错误的判断，采取错误的行动，从而巧妙地利用对方的阴谋诡计去攻击对方。例如在谈判中常用此计故意挑拨多个卖（买）方之间、卖（买）方的主谈人与其上司、同僚之间的矛盾，使之猜忌、不和，或收买、利用对方刺探信息的人员为己方所用，从而创造机会实现己方谈判目标的做法。作为商务谈判策略，它既含有反间的内容，即拉拢或团结对方谈判成员为我所用，又含有离间的内容，即采取挑拨和拉拢相结合的手法使对方不和。由于该策略针对的是人与信息，对谈判影响较大，故运用的效果显著，为谈判者所喜爱。当然，商务谈判中使用反间计要注意三个问题：其一是不要选错对象，其二是选择的理由和方法一定要适合被选择的对象，其三是务必要把握用计时机。

[商务谈判实例]

2015 年 8 月，上海 SBT 公司计划从山东 LHS 公司购买成套的化工设备，经过多次讨价还价，山东 LHS 公司将设备价格降到 180 万元人民币。但是上海 SBT 公司仍然认为价格太高，还有下降的空间。为此，上海 SBT 公司邀请久经谈判沙场、诡计多端的欧阳总经理出山，希望能争取到更大的利润空间。

上海 SBT 公司的欧阳总经理认真听取了公司前期谈判班子的汇报，理清了谈判的思路，为谈判班子成员布置了下一步谈判的具体任务。经过多方调查，他们发现山东 JTT 公司和山东 LHS 公司生产同类产品，彼此之间竞争激烈。

俗话说得好，"同行是冤家"，两家公司为了各自的利益，水火不容。不过这几年山东 LHS 公司的市场做得要比山东 JTT 公司做得好。

调查清楚以后，上海 SBT 公司的欧阳总经理邀请山东 LHS 公司王总经理来上海谈判，并安排了五星级酒店为他们接风，第二天双方正式谈判，可想而知，山东 LHS 公司王总经理咬定 180 万元的价格始终不松口，欧阳总经理也是提出了好多合作的办法和策略，但仍然收效甚微，双方决定暂时休会，商定第二天继续谈判。

晚上山东 LHS 公司王总经理一行回请了上海 SBT 公司欧阳总经理谈判人员，山东人重感情，俗话说，买卖不成仁义在嘛，双方把酒言欢，完全没有了白天谈判场上的严肃气氛，双方都喝了不少的酒。

酒席散场后，欧阳总经理故意把两页文件遗忘在了现场，这是有意留给山东 LHS 公司王总经理看的，因为山东 LHS 公司王总经理也早有耳闻上海 SBT 公司欧阳总经理一直在跟山东 JTT 公司方总经理接触，万万没想到文件上山东 JTT 公司把设备价格压得这么低，王总经理倒吸了一口凉气。

其实，这是欧阳总经理假造的一份文件，意在使王总经理知难而退。山东 LHS 公司王总经理见到文件后，大为震惊，情急之下不知是计，为了防止山东 JTT 公司横插一脚，王总经理决定做出让步。结果第二天的谈判开局就很顺利，王总经理终于在价格上让了步，最后以 170 万元价格成交。

由此案例可以看出，上海 SBT 公司的欧阳总经理真不愧是反间计的高手，谈笑之间就使谈判尘埃落定。

苦肉计

[古法原书]

人不自害，受害必真；假真真假，间以得行。童蒙之吉，顺以巽也。

[词句注释]

人不自害，受害必真；假真真假，间以得行：人不会自我伤害，若他受害必然是真情；我则以假作真，以真作假，那么离间计就可实行了。

童蒙之吉，顺以巽也：见《易经·蒙》卦。幼稚蒙昧之人所以吉利，是因为柔顺服从。

[原书释义]

苦肉计的特点在于利用"人不自害"的常理，做出必要的自我牺牲，达到欺骗敌人的目的。通常情况下人不会自己伤害自己，若受到伤害，必然是真的受人之害。我则以假作真，以真作假，假作真时真亦假。这样就如同蒙骗幼童一样去蒙骗对方，使对方为我所操纵，此乃吉祥之兆。

[谈判用计关键]

苦肉计用在商务谈判中要注意三点：首先，打的对象要对，即要打对目标；其次，打的点要对，即策划点一定要正确；最后，选取的时机要对，即要打对时间。在谈判学上，谈判人员所接收的信息，实际上是谈判者准备接收的信息。因此，信息传递的内容和方式必须符合人们的价值取向和思维习惯，在意料之外，情理之中，苦肉计方能取得成功。

[商务谈判实例]

山东 BT 公司计划购进一套办公设备，经过对比筛选最后选定了深圳 SOG 公司的产品。随后两家公司的业务部经理进行联系协商，经过前期双方来往函电，最后商定该月末双方在深圳面谈。

月末，山东 BT 公司业务部张经理一行来到深圳，受到了深圳 SOG 公司业务部孙经理的热情欢迎和款待，双方约定第二天在深圳 SOG 公司会议厅举行会谈。会谈从一般交易条件着手，双方气氛友好，稳步推进，最后谈到价格时，几个回合下来，双方像挤牙膏一样进展缓慢，经过两天的谈判，深圳孙经理最后咬牙让步该套办公设备 165 万元，而山东张经理仍坚持要求将价格降至 155 万元，双方谈判陷入僵局。

"张经理，我们欧阳老板出差了，估计很快就能回来。我已经把我所报价格汇报给老板了，老板在电话里大为发火，把我臭训一通，希望您能站在我的角度考虑一下。"孙经理无奈地说道。

"孙经理，我能理解您的说法和处境，但我认为价格还是应该降下来，请您再和老板汇报一下。"张经理还是坚持不退步。

"张经理，您看这样吧，您也不要为难我了，再降恐怕我就被炒鱿鱼了，还是等我们老板回来亲自和您谈吧。"

正在此时，工作人员走进会议室，告诉孙经理欧阳老板刚回办公室，说要亲自来会议室了解一下情况，请大家稍等。话音刚落，欧阳老板就走进了会议室，和张经理寒暄一通并做了简短的客气的发言后说道：

"对不起，张经理，请您稍候，我请孙经理出去一下。"

他们出去了不一会儿，会议室谈判人员就听见隔壁传来了怒吼声，对，没错！是欧阳老板的声音。

"孙经理，你这是怎么谈的，你有没有搞错？我们这套设备的成本就 160 万，你报价 165 万，公司还要给你们发工资，水电、厂房、设备运转都需要钱，照这样下去，公司还怎么运营，公司员工怎么养家糊口？处理完这件事，你到财务结账，赶紧离开公司回家吧……"不一会就听见隔壁"咣"的一声摔门声。

随后，孙经理一脸沮丧地来到会议室，眼里还有委屈的泪花。

"张经理，我这是最后和您谈判了，谈完我就被炒鱿鱼了，既然我已经把价格报给您了，您看 165 万您能接受的话，咱们就签合同，如果您不能接受，咱们谈判就到此为止吧。"说完话，孙经理还用纸巾擦了擦眼里的泪花。

此时，张经理看到一个大男人被老板训哭，心里也挺不是滋味的，于是同情地说：

"孙经理，真是难为您了，算了，165 万就 165 万吧，您也别难过了，为了缓和您和老板的关系，我们也不要求分两期付款了，等咱们签完合同后，一次性把款项付给贵公司。"张经理爽快地说。

随后双方签订了购货合同。

各位，您看看，要不怎么说山东人心软豪爽呢，已经中了人家的苦肉计，张经理不但不自知，还硬是要替人家孙经理着想呢。

计三十五
连环计

[古法原书]

将多兵众，不可以敌，使其自累，以杀其势。在师中吉，承天宠也。

[词句注释]

在师中吉，承天宠也：出自《易经·师》卦，"象曰：在师中吉，承天宠也。"师，王师、军队；吉，吉祥、顺利；天宠，天助。意思是说军中有英明的将帅指挥，吉利，用兵作战就像得到上天的神助一样。

[原书释义]

敌军兵力强大，不能同其硬拼，应该运用计策使它自相牵制，借此削弱敌军的战斗力。

[谈判用计关键]

连环计用在商务谈判中指多计并用，计计相连，环环相扣。此计的关键是要使谈判对手"自累"，就是指互相钳制，背上包袱，使其行动不自由。通过使用连环计，让谈判对手跟着自己的意愿及进度来谈判，并且始终让对手觉得自己是在以客观、合理的价格或服务与自己谈判。一步步引导谈判对手放松警惕，最终使其降低自己的心理预期而达到意见一致。

[商务谈判实例]

山东 Q 市 ALC 贸易公司是出口化工产品的专业大公司，近期收到南方 GLC 化工公司发来的某化工产品的报价。随后，山东 ALC 贸易公司业务部经理张强给南方 GLC 化工公司驻山东 Q 市办事处业务部经理马琦发去了对所报化工产品价格异议的邮件通知：

马琦经理，对于贵公司 3 月 8 日发来的 P 化工产品每吨 15 万元人民币的报价，我们甚感意外（第 1 计，永远不要相信对方的第一次报价），该价格比我们实际能接受的价格高出 30%（第 2 计，用貌似精确的数字回击，增加谈判说服力），通过我们对该产品的市场调查，这个价格我们根本没有可操作的空间，即使按照成本价出口，该产品也没有竞争优势。为了更好地帮助贵公司出口产品，实现我们共同的目标（第 3 计，双赢策略），我们只能接受每吨 10.56 万元的价格（第 4 计，报价精确到小数点后两位，使对方感到经过精心计算）。如果接受此报价，请办事处马琦经理 3 月 10 日上午 10 点到我公司面谈，否则，我们只能表示遗憾（第 5 计，最后通牒，增加对方压力）。

ALC 贸易公司　张强

随后，张强给马琦打电话确认其收到邮件后，在电话中张强不停地抱怨："马经理，你给我报的什么价啊，让我在总经理面前受尽了白眼（第 6 计，表示委屈，让对方确实感到自己报价有问题），同类产品人家 PLC 公司才报每吨 11 万元（第 7 计，用对手信息做证，不管信息正确与否，都给对方增加压力），说心里话，要不是看在咱俩多年交情的份上，不然这次合作肯定没戏（第 8 计，打一巴掌再给对方一个甜枣）。"还没等马琦辩驳，张强就把电话给挂了（第 9 计，表示自己的怨气，让对方感到紧张）。

挂断电话后，张强分别给南方 GLC 化工公司的两个强力竞争对手 PLC 公司和 PB 公司的业务经理郑华和管弘打电话，约请郑华 10 日上午 9 点 30 分来公司叙旧；同时约请一直想和公司合作的 PB 公司的业务经理管弘 10 点 30 分带部分样品过来看看（第 10 计，约谈时间讲究，一个在马琦前一个在其后，利用竞争对手让马琦感受到竞争压力）。

10 日上午 9 点 45 分，马琦提前来到 ALC 贸易公司洽谈室，却发现 1 号洽谈室内张强和 PLC 公司郑华相谈甚欢，并在一张纸上讨论着什么，但无法听见对方说什么。服务人员把马琦领进 2 号洽谈室并端上热茶。马琦感觉很紧张，总觉得郑华来者不善。等到 9 点 50 分时，马琦发现张强和郑华从洽谈室出来，两人满面红光，握手庆贺。张强一直把郑华送到电梯口。

9 点 55 分，张强来到 2 号洽谈室面见马琦，马琦有心想打听一下郑华来此的目的，但是张强答非所问，表现得并不热情。不一会儿，双方言归正传，马琦把新的报价表递给张强，张强的态度稍微缓和了一些，但对新报价表现得仍然不十分热心。但张强对每吨 11.2 万元的新报价内心还是很高兴的，因为已经接近了公司

10.8 万元的报价。但张强的表现很冷静。随后，马琦把成本分解表递给张强（第 11 计，让对方提供成本分解表，以便从中找出破绽）。张强认真查看着分解表，马琦感到十分紧张，生怕张强又生出什么事端。几分钟后，张强抬起头说：

"马经理，据我们所知，贵公司近期增加了两条新的生产线，加上近期原材料成本下降，你们的原材料成本至少降低了 25%，而你的分解表和去年的一样啊，这里边你们的水分太大了吧！"（第 12 计，抓住证据点，始终对对方数据保持异议）马琦暗自一惊，这点也让张强给发现了。随后马琦问道：

"张经理，你看多少钱能做？"

"每吨 10.56 万元！"（第 13 计，当对方留有余地时，己方态度要更加坚决）

昨天，马琦得到总经理的授权价是每吨 10.9 万元，因为公司太想拿下 ALC 贸易公司这个客户，所以，马琦一咬牙，把价格降到了每吨 10.98 万元。张强内心非常高兴，因为这个报价几乎等同于自己公司的报价了，但张强仍强势表示（第 14 计，咬定青山不放松，坚持到最后就是胜利）：

"马经理，每吨 10.56 万元是最高价，这个价我们可以保证贵公司明年出口量增长 15%。"

马琦听后心中窃喜，这个增长量也是自己确保的增量，于是，不动声色地说：

"如果张经理能保证明年这个增量，我们价格降到每吨 10.95 万元，不过这也是我能报出的最低价了。"

"哈哈，马经理，我们这是做生意，不是过家家，实话和你说，我们看上的是贵公司正在开发的新系列产品，如果该款产品都谈不下来，以后新产品咱们也别谈了。"（第 15 计，声东击西，给对方一个美好的预期）

10 点 30 分，工作人员把 PB 公司的业务经理管弘领进 3 号洽谈室，并报告给张强。

"马经理，实不相瞒，贵公司不做，有人想做，PB 公司的业务经理管弘已经找上门来了，我先失陪一下，过去打个招呼再回来。"（第 16 计，利用竞争对手施加压力，谈判间隙适当离开，给对方回旋、请示的余地）

马琦透过洽谈室的玻璃看见张强和管弘讨论热烈，不时地讨论着样品，马琦注意到这些样品和自己公司的产品很相似。马琦感到神经都绷起来了，赶紧拨通了自己老板的电话，向老板汇报和请示。这一幕也被 3 号洽谈室的张强余光所看到，张强甚是高兴，十几分钟后，直到看见马琦挂断电话，张强才告别管弘回到 2 号洽谈室。

"马经理，实不相瞒，PB 公司这次是专门为明年合作而来的，如果咱们不能达成一致，公司只能另选他人，到时我也无能为力了，咱们是老朋友，丑话说在前边。"（第 17 计，拥有更多选择的一方要时刻显示力量）

"张经理，我刚才请示了我们老板，如果明年你们能够确保增量 18%，我们可以折中报价，每吨 10.75 万元。"马琦非常无奈地说道。

这个价格出乎张强的预料，已经低于公司下达的指标。但张强还是不动声色：

"马经理，我所报价格不变，但要保证明年的增量达到 18%，这个我必须向我们老板汇报后再行确定。"这个公司对张强没有要求，只是张强的应变之道（第 18 计，谈判中永远给自己设置一个老板，即使这个老板不存在，也好给自己留有余地）。

"张经理，你的价格太低，我不能接受，我马上打电话向老板汇报。"

11 点 50 分，马琦向张强报价每吨 10.7 万元，但前提是必须保证年增量 18.5%。但张强仍然没有答应，还是坚持每吨 10.56 万元的价格（第 19 计，谈判一定要坚持、再坚持，不是你死就是我活）。

中午，张强留马琦一起用餐，马琦谢绝了，这哪有心思吃饭啊，还是得赶紧回办事处向老板汇报。

12 日上午，马琦收到了张强寄来的快递，里面是一式两份的合同书，单价一栏赫然是每吨 10.56 万元，同时确保来年增量为 19%（第 20 计，一旦合同可以确定，就要快刀斩乱麻，不让对手有还手之力。同时，再略施甜头，双赢计）。

马琦收到合同书后，飞回公司总部，忐忑不安地把合同书交给总经理，总经理看后，虽然觉得价格非常不满意，但是 19% 的年增量确实大大地出乎总经理的预期，这对明年来说就是一笔大订单，最终还是在合同书上签了字，并表扬马琦干得不错。

马琦也是长长地舒了一口气，毕竟明年的业绩有了保障，还得到了老总的表扬。15 日上午，马琦把签字后的合同书交给张强，自然张强万分高兴，自己打了一场漂亮的胜仗。

当天，马琦接到张强的电话，在电话中张强告诉马琦，说他是自己见过的最出色的业务经理，并恭喜马琦明年业绩再争第一（第 21 计，谈判结束后，要真诚地祝贺对方，让对方感受到成功，获得心理上的愉悦）。

张强的连环计使用得确实非常成功。

走为上

[古法原书]

全师避敌。左次无咎，未失常也。

[词句注释]

全师避敌：全军退却，避开强敌。

左次无咎，未失常也：出自《易经·师》卦。《象》辞："左次无咎，未失常也。"意思是说军队在左边扎营（左边或右边，要依时情而定），没有危险，并没有违背行军常道。意思是在不利的情势下，全军要主动退却，避强待机。这种以退求进的做法，并没有违背正常的用兵之道。

[原书释义]

为了保全军事实力，有计划地主动撤退避开强敌，寻找战机。虽退居次位，但以退为进，保存实力，这也是一种常见的用兵法则。

[谈判用计关键]

走为上策用在商务谈判中主要是指当谈判人员遇到商务谈判中难以化解的僵局或矛盾时，要辨清形势，不要慌乱，伺机而动，以退为进，寻机制人。"走"不是真走，"退"也不是真退，而是表面上避免同谈判对手直接交锋，以"能而示之不能"，以蒙蔽对手，使其放松戒备，从而寻机而动，最终取得谈判的胜利。或者当双方陷入僵局时，采取休会策略，双方离开正式的谈判场所，代之以在非正式场合且比较舒适宽松的环境中，重新建立一种信任合作的气氛，这也是一种"走为上策"的用计策略。当然，在使用此策略时，要注意以下两点：其一，"走"要表现得坚决、果断，不要拖泥带水，不能使对方洞察己方的真正意图；其二，不要使对方丧失对此次谈判的期望。

［商务谈判实例］

20 世纪 80 年代中期，10 月的某天，中国、突尼斯 SIAP 和科威特石油化学工业公司的三方代表，就合资建立化肥厂事宜进行谈判。

早在三个月前。中国和突尼斯经过几次会议，把合资办厂的地点设在条件优越的 Q 市的 Q 港。仅是编制可行性研究报告，中突双方就动员了 10 多名专家费时 3 个月，耗资 20 多万美元才定下来。可是，后来加入合资项目的科威特的石油化学工业公司的董事长却不同意这个报告。

这位董事长在科威特的地位仅次于石油大臣，威望很高，他还是国际化肥工业组织的主席，以他为代表的公司在突尼斯许多企业里拥有大批股票。为了显示他的权威，他断然表示："你们前面所做的工作都是没有用的，要从头开始！"

"说得倒轻巧，20 多万美元就这样扔到东洋大海里去了吗？"中方 Q 港所在地 Q 市的市长很是痛心，但面对这位拥有巨大权威的董事长，他的一切解释全是多余的。退让是没有出路的，那么现在唯一的办法只有采用"走为上"的策略。

市长沉思了片刻，突然激动地站起来说：

"现在我代表地方政府声明：为了建立这个化肥厂，我们特地安排了一处靠近港口、地理位置优越的厂址。也为了尊重我们的友谊，在许多合资企业表示要得到这块土地的使用权时，我们都断然拒绝了。即使这样，这些合资企业还在等待机会。现在如果按照董事长的提议，重新编制可行性研究报告，使事情无限期拖延下去的话，那我们地方政府只好把这块地方让出去！而且明天就可以出手。现在我还要去处理别的事务，十分抱歉，我只能宣布退出谈判。下午，我等待你们的最后决定！"

市长严肃地发布完声明后，立即走出会议室。中方的一位化工厅长不知是计，喊着追出去，叫他不要把事情闹僵。在走廊里，那位市长朝化工厅长微微一笑说：

"不来这个撒手锏是毫无办法了。我想，下面准会有好戏看的，我为什么要走呢？我是回我的房间去，就等这场好戏的结局了。"

过了大约半小时，有人敲开了市长的房间，告诉他说，那位董事长"强烈要求迅速征用 Q 市的厂地"。

半天后，会议纪要出来了，里面有"科威特的石油化学工业公司董事长强烈要求迅速征用 Q 市的厂地"等语。最终，三方代表在友好的谈判气氛中，为这份可行性研究报告画上了一个圆满的句号。

可见，在关键时刻，这位市长的"走为上计"策略成功地扭转了谈判的局势，为最终取得谈判的胜利奠定了坚实的基础。

参考文献

［1］Nicholas Reid Schaffzin. Negotiate smart：The secrets of successful negotiation［M］. New York：Random House，1997.

［2］Ronald M. Shapiro，Mark A. Jankowski，James Dale. The power of nice：How to negotiate so everyone wins – especially you!［M］. New York：Wiley，2001.

［3］赫布·科恩. 谈判天下：如何通过谈判获得你想要的一切［M］. 谷丹译. 深圳：海天出版社，2006.

［4］理查德·吕克. 谈判［M］. 冯华译. 北京：机械工业出版社，2005.

［5］刘园. 国际商务谈判［M］. 北京：首都经济贸易大学出版社，2007.

［6］方飞. 三十六计［原注］［M］. 南宁：广西民族出版社，1995.

［7］周贺来. 商务谈判实务［M］. 北京：机械工业出版社，2010.

［8］仲鑫. 国际商务谈判［M］. 北京：机械工业出版社，2011.

［9］汤秀莲，王威. 国际商务谈判［M］. 天津：南开大学出版社，2005.

［10］黄漫宇. 商务沟通［M］. 北京：机械工业出版社，2010.

［11］吕维霞，刘彦波. 现代商务礼仪［M］. 北京：对外经济贸易大学出版社，2006.

［12］李嘉珊，高凌云. 国际商务礼仪［M］. 北京：电子工业出版社，2011.